JN232975

新・はじめて学ぶ こころの世界

山崎 晃・浜崎隆司 編著

Psychology

北大路書房

■執筆者一覧

編者
山崎　晃　　広島文化学園大学学芸学部
浜崎隆司　　鳴門教育大学大学院学校教育研究科

執筆担当
1章　山崎　　晃　　編者
2章　田口　雅徳　　獨協大学国際教養学部
3章　石橋　尚子　　椙山女学園大学教育学部
4章　八島美菜子　　広島文化学園大学看護学部
5章　小川内哲生　　尚絅大学短期大学部幼児教育学科
6章　田村　隆宏　　鳴門教育大学大学院学校教育研究科
7章　森野　美央　　長崎大学教育学部
　　　芝﨑　美和　　新見公立短期大学幼児教育学科
8章　富田　昌平　　三重大学教育学部
9章　原　　孝成　　目白大学人間学部
10章　芝﨑　良典　　四国大学生活科学部
11章　丸山(山本)愛子　日本赤十字広島看護大学専門基礎領域
　　　白川　佳子　　共立女子大学家政学部
12章　浜崎　隆司　　編者

まえがき

『はじめて学ぶこころの世界』の初版が発刊されて，すでに11年が経過しようとしています。幸いにして，これまでに8刷を重ねることができました。これも学生や読者の賛同と支持によるものと感謝しております。各章の内容には普遍的な内容や理論的記述など改訂する必要のないものも多く含まれていますが，今日の社会環境や技術革新にともなうさまざまな変化のなか，その内容が最適であるとは言えなくなったり，また，新たに付け加えられるべき内容も出てきました。

そこで，はじめて心理学を学ぶ人を対象に，改めて基本的・普遍的内容と最近の研究とをバランス良く配置し，現実の生活で起きる問題と関連づけながら学ぶことができる内容を備えた本を作成する，という基本方針で章立てをし，内容を構成するように心がけました。活字離れしたといわれる最近の若者にも抵抗なく受け入れられやすいように，できるだけ多くの図・表を入れるように心がけました。また，大学に入学したばかりの学生がもっている心理学についてのイメージと，実際に大学の講義で学ぶ心理学との間にギャップがあるという点にも考慮しました。そのギャップを生じさせる理由のひとつに，自分の生活と講義内容・記述とがあまりにもかけ離れ，自分の生活に即して考えにくい点があることが考えられます。そこで本書では日常生活のなかで，ともすれば見落としやすい心理学的事象と理論とを結びつけるようにしました。読者や学生の皆さんが自分のこととして心理学的な知識，心理学的なものの見方を理解することができると思います。

『新・はじめて学ぶこころの世界』の特徴としては次のようなことがあげられます。

- 最近，社会問題となっている内容についての記述がある。
- 各章に，学生・読者が自分でやってみる課題を提示し，課題に参加し，体験し，自分に当てはめてものごとを考えることができる。
- 図・表をふんだんに入れ，読みやすく，わかりやすい記述とレイアウトである。

各章の執筆者は，いずれも各領域の気鋭の若手・中堅の研究者です。各執筆者には「読者が自分の行動について，ふり返り，考えることができる記述にし，また，日常生活と心理学を結びつけることができるような知識や姿勢を身につけられるように記述する」ということを心にとどめて執筆していただきました。多くの学生の皆さんにこの本が読まれ，日常生活に心理学の知識と理論とを関連づけることができるようになることを祈っております。

　最後になりましたが，本書の出版を快諾してくださいました北大路書房代表取締役関一明氏，編集部の奥野浩之氏，柏原隆宏氏，営業部西村泰一氏（当時）に大変お世話になりました。記して感謝申し上げます。

　2006年7月

山崎　晃

目　次

まえがき

1章　こころの世界を探る　1

1節　こころってなに？　2
1．こころのとらえ方——こころはどこにあるの？
2．こころのなかみ
3．こころを理解するとは

2節　こころの科学史　4
1．これまでのこころの研究史
2．氏か育ちか
3．構成主義と機能主義
4．行動主義
5．ゲシュタルト心理学
6．精神分析学
7．これからの心理学の方向

3節　こころをどのようにとらえるか　10
1．自然観察法
2．実験法

4節　こころと行動を知るねらい　12
1．行動の記述・叙述
2．行動の予測
3．行動の説明
4．こころをはかる

2章　こころをとらえる　15

1節　こころのはたらきの基礎を知る　16
1．ものをみるって？
　(1) こころの目でみている！？　(2) かたちを切りとる　(3) 立体的にみる
2．音をきくしくみ
　(1) 耳をすませば……　(2) 君の声しかきこえない

2節　日常のなかのこころのはたらき　24
1．ものを見分ける
　(1) 一瞬でどれだけみえる？　(2) デーモンの館　(3) 文脈がものをいう！？
2．赤ちゃんのまなざし
　(1) 顔が大好き！　(2) おっと危ない，崖がある　(3) 経験が大事

3節　脳とこころ　32
1．頭のなかはどうなっているの？
2．感じる脳・考える脳

自分でやってみよう！　絵が飛び出してみえる——立体視の実験　36

3章　こころとからだの発達　37

1節　私づくりの基礎知識　38

1．発達ってなに？
　　　2．これだけは知っておきたい発達の基礎知識
　　　　　(1) 遺伝か環境か　　(2) 初期経験
　　2節　これまでの私づくり――胎児期から思春期まで　41
　　　1．かしこい赤ちゃん
　　　2．幼児の世界
　　　　　(1) イメージと自己中心性　　(2) 質問魔
　　　3．子ども期の完成
　　　　　(1) 学校生活の始まり　　(2) 仲間のなかで育つ　　(3) 道徳性の発達
　　　4．子どもから大人へ
　　　　　(1) 思春期ってなに？　　(2) 大人のからだになる　　(3) 親なんてきらい！
　　3節　これからの私づくり――青年期から老年期へ　49
　　　1．私はいま大学生
　　　　　(1) モラトリアム時代　　(2) 自分さがし
　　　2．私のライフデザイン
　　　　　(1) ある女子大生の将来設計　　(2) 働くということ　　(3)「働き盛り」と「中年の危機」
　　　3．老いることって……
　　　　　(1) 老いのイメージ　　(2) 年をとることはマイナス？　　(3) 生きがいを求めて
　　　自分でやってみよう！　「質問魔」にどう答える？　57

4章　私らしさの形成　59

　　1節　私らしさとは――性格を知る　60
　　　1．性格ってなに？
　　　　　(1) キャラクターとパーソナリティ　　(2) タイプに分ける――クレッチマーの類型論，ユングの類型論　　(3) 特性を組み合わせる――ビッグファイブ
　　　2．性格を診断する
　　　　　(1) YES-NOでわかる――質問紙法　　(2) 何にみえるかな――投影法　　(3) たし算でわかる――作業検査法
　　2節　私らしさを育てる　66
　　　1．私らしさはどこからくる？
　　　　　(1) 親譲りの無鉄砲――遺伝説　　(2) どのような人間でもなれる？――環境説
　　　　　(3) 氏も育ちも
　　　2．「私」を育てる
　　　　　(1)「私」との出会い　　(2) 男の子？　女の子？　　(3) 自分らしく生きる
　　　自分でやってみよう！　性格診断を体験する　75

5章　人をかりたてるもの　77

　　1節　情動とはなにか　78
　　　1．情動の基礎を知る
　　　　　(1) 情動ってなに？　　(2) 情動の生理的基礎　　(3) 人間は感情の動物
　　　2．情動の発達
　　　　　(1) 情動発達の基礎　　(2) 情動の形成　　(3) 情動の発達的変化
　　　3．情動表出とコミュニケーション
　　　　　(1) 泣くから悲しい　　(2) 悲しいから泣く　　(3) コミュニケーション機能
　　2節　人を行動にかりたてるもの　83
　　　1．行動はどのように生じるの？
　　　　　(1) 動機づけってなに？　　(2) 動機づけと階層性　　(3) 社会的動機
　　　2．外からのやる気と内からのやる気

　　　　　(1) 外からのやる気　(2) 内からのやる気　(3) 外発と内発の関係
　　　3．やる気を高めるには
　　　　　(1) 効力感と無力感　(2) 目標の設定　(3) 失敗したのはだれのせい？
　　自分でやってみよう！　内発的—外発的動機づけ測定尺度　93

6章　学ぶことのしくみ　95

1節　学ぶことの基礎になるもの——記憶　96
　　1．「おぼえる」ってどういうこと？
　　　(1) どうやって成り立っているの？　(2) 頭のなかではどんなことが起こっているの？
　　2．おぼえたものは変わらない？
　　　(1) 「おぼえた」はずなのに……　(2) おぼえたものがいつのまにか……
　　3．「おぼえ上手」になるには？
　　　(1) おぼえる工夫を知ろう！　(2) 知識を上手に利用しよう！

2節　学ぶことのメカニズム　103
　　1．「学ぶこと」への強い欲求
　　　(1) 怒れる赤ちゃん　(2) 何もせずに破格のバイト料！……これってオイシイ？
　　2．「学ぶ」ってどういうこと？
　　　(1) 学んだ動物たち——「イヌの巻」「ネズミの巻」「サルの巻」　(2) 学びにも山あり谷あり？
　　3．「学び上手」になるには？
　　　(1) 一気にやるよりコツコツと　(2) 休憩って必要なもの？

3節　学んだことを利用する力——知能　111
　　1．「知能」ってなに？
　　　(1) どんなしくみをしているの？　(2) どうやってはかるの？
　　2．知能って変わらないもの？
　　　(1) 発達とともに変わる知能　(2) 個人のなかで変わる知能

　　自分でやってみよう！　記憶テスト　118

7章　新しいものをつくり出す　119

1節　新しいものをつくり出す力　120
　　1．創造的思考力とは？
　　　(1) 人間の武器　(2) 天才から凡人まで使っている
　　2．創造的思考力をはかる
　　　(1) 答えは1つじゃない？　(2) 頭のやわらかさチェック
　　3．問題解決の道すじ
　　　(1) 新しい問題にぶつかったとき　(2) 創造的な問題解決の4ステップ　(3) 休憩で答えが見つかる！？

2節　新しいものをつくり出す力を支える　129
　　1．知能と創造性
　　　(1) 子どもは大人よりも創造的？　(2) 日常生活における知能——人とつながる力
　　2．創造性の高い人ってどんな人？
　　3．成功者のヒミツ
　　　(1) EQとは？　(2) ストレスと生きていく——レジリエンス

　　自分でやってみよう！　頭をやわらかくする方法　136

8章 わかることと考えること　　　137

1節 「考える葦」になるまで　138
1. わかることの成り立ち
   (1)「今ここがどこだかわかる？」　(2) 手品はなぜ不思議なの？　(3) 3歳と5歳のなにが違うの？
2. 考えることの発達
   (1)『おおきなかぶ』で一番力持ちなのはだれ？　(2) 相手の立場でものを考える
   (3) 上手なうそのつき方

2節 考えるってどういうこと？　149
1. 考える人たち
   (1) 考えるときにはどうする？　(2) 考えるときに役立つこと
2. 思考の謎を解き明かす
   (1) 思考を科学する　(2) 思考とコンピュータ　(3)「火星人襲来！」でパニックにならなかった人たち

自分でやってみよう！ 論理的に考える　159

9章 人と人との結びつき　　　161

1節 人と人とのきずなの始まり　162
1. 乳児期――第1段階（0～1歳ごろ）
2. 幼児期――第2段階（1～3歳ごろ）と第3段階（3～6歳ごろ）

2節 友だち関係のなかで育つ自分自身　164
1. 児童期――第4段階（6～12歳ごろ）
2. 不快感・劣等感の必要性

3節 親密な2人の出会い　166
1. 対人魅力を高める要因――環境的要因
2. 対人魅力を高める要因――個人的要因

4節 親密な関係を継続するために　169
1. 愛の三角形理論
2. ＳＶＲ理論

5節 親密な関係が壊れるとき　171
1. 別れの理由
2. 別れのプロセス

自分でやってみよう！ ①ものごとを現実的にとらえる練習　177
　　　　　　　　　　　②別れの時期はなぜズレる？　178

10章 私たちとコンピュータ　　　179

1節 コンピュータ，無限の可能性を秘めた道具　180
1. 考える力を高め増幅させる機械としてのコンピュータ
2. 情報発信装置としてのコンピュータ

2節 情報社会ってなに？　182
1. インターネットがなかったら？
2. インターネットの歴史
3. インターネットの特徴
   (1) 隔靴掻痒，一方向のメディア――テレビ　(2) 具体的，双方向のメディア――インターネット

3節　情報社会を生き抜く　187
　　1．I'm Nobody！ Who are you？
　　2．「真昼の悪魔」自殺サイト
　　3．電子商取引トラブル
　　4．虚報——自転車日本一周中の高校球児
　　　　(1) ウワサはどう広まるの？　(2) 虚報から身を守るために
4節　子どもたちのために大人がすべきこと，できること　196
　　1．有害な情報から子どもを守る
　　2．「おや，なんだろう」がある環境づくり
　自分でやってみよう！　子どもへの虐待が急増している？　200

11章　社会に適応すること　201

1節　関係のなかから　202
　　1．適応する私たち
　　　　(1) 人はひとりで生きられない（適応とは）　(2) 社会の一員になるためには
　　　　(3) 社会への適応を学ぶのは子どもだけ？
　　2．他者・異文化との関係のなかで
　　　　(1) けんかするほど仲がいい　(2) だれかとつながっていると安心だ　(3) 多文化・異文化を理解する
2節　ストレス社会のなかで生きること　210
　　1．ストレス社会のなかで生きる大人
　　　　(1) ストレスとは　(2) 欲求不満とストレス　(3) ストレスとのつきあい方
　　2．ストレスを受けやすい子どもたち
　　　　(1) 中学生になって増加する不登校　(2) さまざまな生徒への対応
　　　　(3) 大学生のストレス　(4) ストレスの対処法
　自分でやってみよう！　もしかして「タイプA」？　220

12章　こころのトラブル　221

1節　こころのトラブルが原因になる症状　222
　　1．心身症
　　2．神経症
　　3．精神障害
2節　こころのトラブルはこう克服しよう——カウンセリングってなに？　225
　　1．自分の力を信じて——来談者中心療法
　　2．過去にさかのぼって自分を見つめ直す——精神分析療法
　　3．まずは行動から変えよう——行動療法
　　4．家族みんなで考えてみよう——家族療法
　　5．仲間のなかで自分自身を見つめる——グループカウンセリング
　自分でやってみよう！　ストレスで病気になる可能性は？　232

引用・参考文献　235
索引　245

イラスト／浜崎壽賀子

1章

こころの世界を探る

1節 こころってなに？

1．こころのとらえ方——こころはどこにあるの？

　心理学は，人間を含む有機体・生活体の行動を科学的に研究する学問です。心理学と聞くと何かむずかしいこころの問題を扱う学問であるように感じることが多いかもしれませんが，実際にはけっしてそうではありません。むずかしいと考えられる理由として，心理学はとらえどころのない，実体のないものについて考えていることや，人間のこころはどこにあるのかわかりにくいことなどが考えられます。国語の辞典には，こころに関係することばがたくさんあげられていますが，それだけ人間のこころに対する思いが日常の生活に満ちあふれていることを示しているともいえます。

2．こころのなかみ

　人はなぜ人を愛するようになるのでしょうか。初対面の人とすぐに友だちになれる人がいる一方で，友だちのなかになかなか入っていけず，孤独感を味わう人もいるのはなぜでしょうか。中学生くらいになると男の子と女の子がしだいに相手を意識するようになるのはどうしてでしょうか。また，同じころ，親の言うことがいちいち気になって，イライラしたり，反抗的な態度をとったりするのはなぜでしょうか。読者のみなさんもこのような経験をおもちではないでしょうか。また，親の愛情は子どもにどのように伝わってゆくのでしょうか。このような疑問に答えるための学問が心理学です。

　心理学の内容を少しのぞいてみましょう。生まれてから大人になり死ぬまでの間には，それぞれの時期の心理的な特徴や精神的な特徴，身体的な特徴が示されます。そのような変化を発達といいますが，その実態を明らかにしたり，学校でどのように教えていけば，みなさんがよくわかるようになるのかなども研究します。また，実際には存在しないものが見えたり，逆にあるものがそのとおりには見えなかったりすることについても説明します。自分自身の行動やまわりにいる人の行動について，見通しや洞察を与えてくれるものが心理学で

あるといえるでしょう。

　心理学の知識は基本的には日常の生活に密着したものなので、それは私たちの日常生活のことにあてはめて考えることができますし、役立てることができるものです。しかし、心理学は私たち人間に関することがらだけから知見を得ているのではありません。動物の行動を研究することによって、人間で得ることができない多くの知見を得ているのです。一人の人を生まれてから死ぬまでの間ずっと研究対象とすることは、むずかしいことです。そこで、もっと短い期間で一生を終える動物を使います。そうすることによって短期間に、また比較的容易にデータを得ることができます。ですから人間ではむずかしいことも、動物の行動などを研究することによって初めて明らかになることも多いのです。

3．こころを理解するとは

　現にみなさんが心理学についてもっているイメージと、実際に心理学として学んでいる内容とがずれていると感じているかもしれません。そのズレの原因の1つとして次のようなことが考えられます。心理学に興味をもっている人は、自分自身をモデルにした、あるいは自分の体験をもとにした「個々」の心理現象に興味をもっているのに対して、学問としての心理学では、そのような個々

の現象を越えて，あるいはそれをふまえて，より一般化した原理や法則を見つけたり，それを説明しようとしています。そこにズレの原因があるのではないでしょうか。有名なエビングハウス（Ebbinghaus, H.）のことばに，「心理学の過去は長く，その歴史は短い」というのがあるそうです。古来，人が人とのつながりをもちながら文明を構築し，それを何千年にもわたって今日まで伝え，文化を創造してきたなかで，私たちは人の個々の側面についていろいろと考えてきました。つまりギリシャやローマの時代から，人のこころはいろいろと考えられてきたのです。それは現在でもずっと続いているのです。しかし，現在のように心理学が科学として成立したのはそれほど昔のことではありません。約100年くらいの間に広く認められるようになってきたのです。

2節 こころの科学史

1．これまでのこころの研究史

多くの哲学者や科学者が何世紀にもわたってこころとからだの両方の機能について研究を進めてきましたが，19世紀の終わりごろにヴント（Wundt, W.）が最初にドイツのライプチッヒ大学に心理学研究室を設立したときが，科学的心理学の基礎の始まりといわれています。ほかの科学，たとえば，宇宙・惑星，化学，人体と同じように人間のこころも行動も科学的分析の対象となるべきだという考えがその基礎にあったと言えそうです。ヴント自身の興味は感覚，とくに視覚にあったのですが，彼とその共同研究者は注意，情動，記憶についても研究をしていました。

ヴントの心的過程についての研究方法は「内観」を重視したものでした。内観とは人が自分自身の知覚，思考，感情などの性質について観察したり，それを記録することです。たとえば，ものを持ったときにどれくらい重いと知覚しているかについての，自分自身の心的過程についての報告などがそれにあたります。内観法は哲学の流れを引き継いではいましたが，ヴントはそれに新しい実験という方法をつけ加えました。つまり，純粋に自己観察するだけでは十分

ではなく，実験によってそれを補う形をとろうとしました。ヴントの実験では，刺激の物理的側面，たとえば刺激の強さなどを体系的に変化させて，それにともなう経験の変化を内観法でとらえる方法を採用しようとしたのです。しかし，内観法の信頼性はそれほど高くなかったため，それ以外の実験法や調査法など信頼性の高い方法を採用する方向となり，現代心理学のなかで内観法は中心的位置を占めることにはいたっていません。

2．氏か育ちか

人類の歴史のなかで，人間の能力が生得的なものであるのか，経験をとおして獲得されるものであるのかについては，多くの人々がさまざまな意見を主張し，論争が行なわれてきました。

「氏」を重視する立場の人々は，生まれながらにして現実世界についての知識や理解をしています。人間に関する知識や理解は，注意深い推理や省察をとおして明らかになると信じていました。たとえば，17世紀の哲学者のデカルト (Descartes, R.) は，神，自己，幾何学的公理，無限などについての議論や省察から「氏」の考え方を支持しています。また，機械と人のからだの類似点に気づいていたようです。この考え方は今日の情報処理に基づく考え方・視点のルーツとなったとも言われています。

それに対して，「育ち」の立場では，知識は経験によって，また外的世界との相互交渉によって獲得されるものです。ギリシャの哲学者もこのような主張をしていたと言われていますが，最も有名な主張者は，17世紀のイギリスの哲学者ロック (Locke, J.) でしょう。彼の主張の中心的考え方は，人のこころは生まれたときには「白紙」（タブララサ：tabula rasa）であるという考え方です。タブララサとは，まっさらの状態にある白紙のことであり，個人の経験や成熟によってさまざまな内容が描かれると考えられました。このような見方・考え方は連合主義心理学に受け継がれていきます。連合主義心理学の考え方では，生まれつきの概念や能力の存在を否定しています。その代わりに，こころは感覚をとおして得られるという考え方に立ちます。すなわち，前に経験したもの，見たものに似ているとか，前のものとはまったく違った対照的なものという認識をすることをとおして，知っていることがらと新しい経験との連合を

築いてゆき，その結果，新しいことがら・知識・概念などさまざまな能力が獲得されるという考えです。最近の記憶研究や学習研究は初期の連合理論と関連があるということができます。

しかしながら，最近になってこの2つの立場からの論争は少し変わってきているようにも思われます。生物学的なものだけが基本であり，そのほかのものはまったく考えないという考え方，あるいは経験がすべてだという極端な考え方から，両方を統合して考えていくという方向性が示されているようです。生物学的要因が思考，感情，行動に影響し，経験もまた思考，感情，行動に影響すると考えられるようになってきています。人間の心理の特性やその発達が遺伝と環境のどちらの影響を受けるかという極端な考え方に立つことから，思考，感情，行動などに遺伝と環境がどのように関連しているかを考えることが中心になってきているのです。

3．構成主義と機能主義

アメリカのティッチナー（Titchener, E. B.）はヴントに師事し，経験の内容を，それ自体としては意味をもたない単純な感覚要素に分析し，その結合のしかたを考えることによって意識を記述することを強調したのです。そして，彼は心理的構成の分析に基づいた**構成主義**を唱えるようになりました。

それに対してジェームス（James, W.）は，入力された情報を処理する，どちらかというと生得的な能力のような特質や個々人の生得的特質に関して，意識の要素を分析することを重要視しています。この研究アプローチは**機能主義**とよばれ，個々の有機体が環境に適応していくなかで，意識がどのように機能しているかを研究しようとする立場です。

4．行動主義

構成主義も機能主義も20世紀初期の心理学の発展に寄与しました。それぞれの視点からさまざまな領域で組織的研究が行なわれ，各学派が競っていました。しかし，1920年代に，行動主義，ゲシュタルト心理学，精神分析にとってかわられました。

行動主義では，アメリカのワトソン（Watson, J. B.）が意識経験が心理学の

分野であるという意見・見解に反対しました。彼は動物や乳児の行動を研究する際に，意識についてはいっさい言及しませんでした。動物心理学も児童心理学もそれ自体科学ですが，ワトソンにとっては（大人の）心理学が科学であるためには，心理学で用いられるデータがほかの科学と同じように，だれにでも納得できるオープンなものでなければならないと主張しました。実際の外顕的に示される行動はだれが見てもわかるものであり，意識は個人的経験にすぎないものであるとしたのです。彼は，科学はだれにでもわかるものを取り扱うべきだと考えていました。このような考え方は，内観に辟易していた心理学者，とくに若い心理学者に急速に受け入れられるようになっていきました。

　ワトソンを中心とする行動主義者は，すべての行動は条件づけの結果であり，また環境が特定の習慣を強化することによって行動が形成されると主張しました。行動主義者は，心理学的現象における刺激と反応のつながりを強く考えていたので，刺激と反応の心理学（Stimulus-Response：S-R）とよばれています。しかし，S-Rはそれ自体理論ではなく，心理学的情報を示すために用いられる専門用語であることに気をつけなければなりません。このS-Rという用語は現在でもしばしば使われています。

5. ゲシュタルト心理学

　ゲシュタルト心理学は，行動主義と同時期にドイツで生まれました。ゲシュタルトとは，「形態」の意味をもち，ゲシュタルト心理学はウェルトハイマー（Wertheimer, M.）やコフカ（Koffka, K.），ケーラー（Köhler, W.）らによって提唱された理論です。

　ゲシュタルト心理学は知覚を中心としたことがらに基本的な関心を向けていました。知覚経験は刺激によって構成されるパターンや経験の構造に依存するというものでした。実際に見ているものは，個々の刺激ではなく，その刺激とその視野のなかにあり，多くの対象物を含む背景とを関連づけられたものです。全体は個々の寄せ集めではなく，部分の寄せ集めが全体ではないと考えます。たとえば，運動の知覚，大きさの判断のしかた，さまざまな照度下での色の見え方の違いなどがそれです。この理論は認知心理学における最近の研究のバックグラウンドとなっているものです。さらに，ゲシュタルト心理学の考え方は

社会心理学における基本的問題にも影響を及ぼしています。たとえば，人については，対象の認知から対人知覚の複雑なケースまで全体を見ることについて研究が進められてきています。

6．精神分析学

精神分析学はパーソナリティ理論です。これはフロイト（Freud, S.）によって始められました。この理論の中心は無意識－思考，態度，衝動，意志（欲望），動機づけ，無意識の情動の概念です。フロイトは児童期に生じた受け入れられない意志（欲望）が意識外に生じる，無意識の一部になり，それが原因として思考，感情，行動に影響を与えると考えています。無意識思考が夢に現われたり，言いまちがえてしまったり，身体的性癖に影響を及ぼしたりします。心理療法において，フロイトは，自由連想法によって，無意識の意志（欲求）を「意識」にあげるようにしてきました。

古典的フロイト理論においては，無意識の意志（欲望）に隠れた動機づけはほとんど性と攻撃に限定されているために，広くは受け入れられない大きな理由となっており，今日の心理学ではフロイト理論は完全には受容されていません。

7．これからの心理学の方向

ゲシュタルト心理学と精神分析学が心理学に大きな寄与をしたにもかかわらず，第二次世界大戦までは，とくにアメリカにおいては行動主義が中心的役割を果たしました。その後，心理学の対象となることがらや研究の領域は非常に広くなってきました。

その背景には1950年代以降，コンピュータによるさまざまな課題遂行が可能になってきたことがあげられます。サイモン（Simon, H.）はコンピュータによって心理現象をシミュレートすることができると述べています。認知心理学者など心理学者の多くが，人間を情報処理系として考える，情報処理の観点に依拠した考え方をとるようになってきました。そうすることによって，行動主義よりも心理学にダイナミックにアプローチすることができるようになりました。また，**情報処理的アプローチ**によって，ゲシュタルト心理学においても精

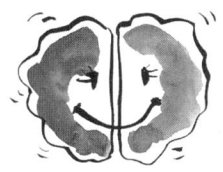

神分析学においても，いくつかの概念をより明確なものにすることができるようになったと考えられています。

　さらに情報処理的観点を用いることによって，こころについての初期の考え方は具体的でかつ実証可能な用語で表現されるようになってきました。たとえば，記憶の研究においては，情報の保存や検索などのコンピュータ用語を使って考えられるようになってきています。コンピュータには内的記憶装置があります。一時的記憶からハードディスクドライブのメモリに転送されることは，ちょうど人の記憶では作動記憶から長期記憶に情報が転送されることと対応させることができます。

　1950年代の研究において心理学におけるもう1つの重要な影響は，近代言語学です。言語学者は言語を理解したり，話したりするために必要な心理的構造の理論化を開始しました。そのパイオニア的存在は『文法の構造』により変形生成文法の理論を提唱したチョムスキー（Chomsky, N.）です。その後，彼の研究に刺激され言語の心理学的分析や心理言語学が生まれてきました。

　同じ時期に，神経心理学が生まれました。脳や神経系についての多くの発見が神経学的事象と心理過程との関係を明確にすることにつながりました。この10年間でこの領域での研究に急速な進歩が見られるようになりました。脳の特定の分野と思考や行動との関係を明らかにしたスペリー（Sperry, R.）は1981年にノーベル賞を受賞しました。

　このように，20世紀になって，心理学は人間にかかわるありとあらゆるもの

に関心を向けるようになってきています。科学的研究として適切ではないとして意識経験を拒否し，外顕的に観察できる行動の研究に方向転換してから，今心理学は再び，新しくかつ力強い道具を使ってこころの内在的な側面についての研究を進め，理論化を始めています。

3節 こころをどのようにとらえるか

こころや行動をとらえ，どうしてそのような行動が生じるのか，またどのような要因がその行動の発生に関係するのか，あるいは課題を効果的に解決するためにはどのような条件があるのかなどを明らかにするためには，いくつかの条件を満たすことが必要となります。その条件の1つが，こころをとらえるための研究の方法，行動をとらえる方法です。ここでは，自然観察法，実験法について説明します。

1．自然観察法

自然観察法は，対象となる事象やことがらをありのまま観察するという基本的立場に立つものです。ほかの人の行動を外から観察することによって，前に述べたこころや行動を理解することができるのです。自然観察のしかたについて，以前は，できるだけ観察する状況に立ち入らないようにする，つまり，部屋の壁のようになって，いっさい観察者の主観を排除し，観察される人からも注目されないように，ひたすら「客観的研究法」に徹することが強調されてきました。しかし，最近ではそのような観察のしかたではなく，積極的にかかわりをもった観察をすることが求められることもあります。たとえば，子どもと母親との相互作用を観察するのには，子どもの行動やことばや，それに対する母親の行動やことばを正確に記述することが大切です。さらに子どもや母親がその状況での行動やことばをどのようにとらえているかを尋ねたり，そのときのまわりのようす，文脈や前後関係などを子どもに質問して，できる限りの情報・ことがらを記録し，それをもとにこころや行動を理解しようという新しいとらえかたや研究のしかたも考えられてきています。

2．実験法

　自然観察法が，期待する行動が自然に生じるのをひたすら待つということなのに対し，**実験法**は意図的・人為的に一定の条件を設定し，その条件のもとで生じた特定の行動を観察する方法です。条件を限定してその要因が行動にどのような影響を及ぼすかをはっきりととらえることができます。

　自然観察法の場合には，いろいろな要因が重なりあうことが多いので，どの要因がその行動に作用したのかを特定することはむずかしいのですが，実験法ではそれがとても簡単にできます。この要因がこの結果に影響するだろうと予測し，**仮説**を立て，その仮説を検証することをとおして，因果関係をとらえることができます。必要であれば，同じ条件で何度もくり返して実験することができるという長所もあります。しかし，それとは逆に，あまりにも条件を整えすぎるため，自然な行動とはまったく違う条件のもとで生じた行動を観察することになってしまい，現実の人間の姿とはかけ離れたものを扱うことになる危険性も含んでいます。

　実験法では，特定の条件のもとでその行動が生じるか否か，あるいはその条件の内容や程度によってその行動の生起に変化がみられるか否かを観察します。そのために，その行動の生起に影響する要因を変数として取り上げ，その効果をみます。一般的な手順としては次のようなステップが考えられます。まず，母集団を等質なグループに分け，一方のグループについては，特定の要因のある条件のもとで行動を観察し，もう一方のグループについては，そのような要因のない条件のもとで行動を観察します。そして，その特定の行動の差異を比較し，要因の影響を明らかにするという方法をとります。たとえば，大学1年生の100人を運動能力の等しい2つの群に分け，一方の群（**実験群**）にはビタミン剤を練習後に飲ませ，もう一方の群（**統制群**）にはそのビタミン剤と形や色がまったく同じ錠剤（これは偽薬とよばれるものです）を練習のあとに飲ませます。そのようなことを3か月続け，その後の運動能力を測定します。もちろんその間両群は同じ練習をします。3か月後の測定の結果を比較して，実験群の運動能力のほうが優れていることがわかれば，それはビタミン剤を飲んだことによるものということができます。

どのような要因を取り上げるかということや，それらの要因をどのように組み合わせるかということは，何を明らかにしたいかということに関係します。一般に，特定の行動に影響するであろうと考えられる変数で，実験者の操作する変数を**独立変数**，そしてその変数を操作することによって変化する変数を**従属変数**といいます。従属変数に影響すると思われる独立変数は1つとは限らず，いくつかの変数が組み合わされることもあります。ただし，次のことについては十分に注意しておく必要があります。心理学では，自然科学の場合とまったく同じように実験群と統制群を設定し，それを比較することはできないということです。なぜなら，ある有機体とすべて同じ有機体はこの世の中には存在しないからです。そのようなことを念頭におきながら慎重に実験することが必要です。

4節 こころと行動を知るねらい

心理学を学ぶことは，行動の記述，行動の予測，行動の説明をすることにつながります。この3つの側面を順に説明しましょう。

1．行動の記述・叙述

行動の記述は，たんに記述することにのみ重点がおかれる受動的過程ではなく，記述したことをもとにそれらを概念化する活動を導きだす役割をもつものです。記述の目的は，行動の理解に役立つユニット（単位）を見つけだすことです。最近の心理学では，行動を記述するために1つのユニットを用いるのではなく，多くの異なったユニットを用いるようになってきています。これらのユニットは，相互に排他的ではなく補足的な性質をもちます。

2．行動の予測

行動の予測は，通りに立っている人が次にどのような行動をするかを予測することと同じだといえます。行動はいつもおおまかな単位で予測されます。科学としての心理学では，さらにその上にいくらかの厳密さを求めることになり，

それはつきつめると説明ということになります。

3．行動の説明

　予測が強められ，さらに一般的な原理になったとき，**行動の説明**となります。それは直接に対象としなかったことがらについても，さまざまな状況や条件を考慮して行動を予測したとき，行動が説明されたことになります。多くのことがらや事象について説明され，しだいに単純化され，明確化されるようになると，正しい予測ができるようになり，科学として成立することになります。もちろん，心理学のテキストを読まなくても，私たちは日常生活のなかで，心理現象であるこころの動きや行動については多くのことを知っています。人間や人間以外のほかの動物についても知っています。また，精神的・心理的なことがらについての規則性は，物理的世界のそれと同じように常識として多くのことを知っています。しかし，常識的であると考えられていても，実はそのなかに，まだわかっていないこと，不思議なことがいくつもあるのです。常識と考えられているものでも，よく考えてみるとおもしろく，興味深いことはたくさんあります。

4．こころをはかる

　心理学を学ぶことによってその人の顔を見るとその人のこころが読みとれるようになる，というイメージは，「心理学とは」というような大上段に構えた講義によって，もろくも崩れ去ってしまいやすいものです。心理学が学問として成り立っている以上，科学としての基礎条件を備えているのはあたりまえのことです。次にそうした科学的心理学として成り立つための課題を考えてみましょう。

　心理学が科学的心理学として成り立つためには，人間がどのような状態でどのように行動するのかについて，データを集め，さらにそれを法則化し，理論化しなければなりません。たしかにデータの**数量化**だけが科学的心理学のすべてを担うものではありません。数量化することのできない数多くの資料もあります。子どもの行動を数量化することによって，子どものその年齢の特徴が明らかになったとしても，数量化する過程でそれが落ちてしまったりすることも

ありますし，数値化したり，数量化することすらできないデータも数多くあります。数量化しないほうが人間の心理的特徴を正確にとらえ，表現することができる場合も数多くあります。しかし，数量化はこころを研究するうえで，有用な手段であることにかわりはありません。数量化することによってより明らかになるものと，数量化しないほうがよりその特徴を示すものとを区別して考えることが大切です。

2章 こころをとらえる

1節 こころのはたらきの基礎を知る

1．ものをみるって？

　こころのはたらきというと，何かを感じること（**情動**），あるいは，考えること（**思考**）だと読者のみなさんは思っているかもしれません。しかし，私たちが何かを感じたり考えたりするためには，まず周囲の環境からさまざまな情報を取り入れる必要があります。これらの情報は**感覚器官**をとおして得られ，その情報の意味が理解されます。たとえば，ある音が聞こえてきたときに，ただ「音が聞こえる」というだけではなく，私たちは「だれの声か？」「何と言っているのか？」を理解します。この過程を心理学では**知覚**とよびます。知覚は，こころのはたらきの基礎となるものです。そこでまず，「みる」こと，すなわち**視知覚**のはたらきについて考えていきましょう。

(1) こころの目でみている!?

　私たちは外の世界を見るとき，ありのままを写し取っているのでしょうか？図2-1を見てみましょう。実際には平行線であるのに2本の線が曲がって見

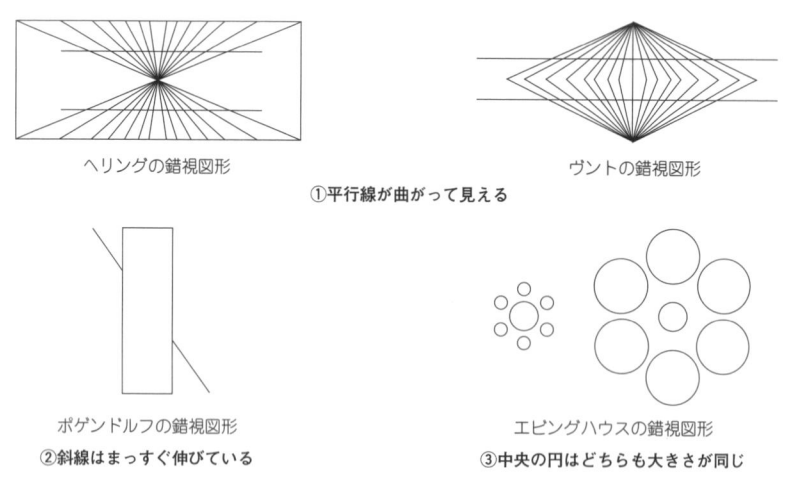

図2-1　さまざまな錯視図形

えたり，一直線であるのに途中でずれているように見えたり，同じ大きさの図形なのに大きさが違うように感じられませんか？　私たちは事物をありのまま写し取って見ているわけではないようです。ある事物の本来の姿（客観的事実）と，私たちの知覚経験との間にはズレが生じることがあるのです。ものを見るときに生じるこのズレを**錯視**といいます。錯視は，私たちが外界をこころの目でとらえていることを示す，よい例だといえるでしょう。

(2) かたちを切りとる

　今度は図2-2を見てみましょう。何に見えましたか？　白い盃に見えた人もいれば，向かい合っている2人の横顔に見えた人もいるでしょう。白い盃に見えた人は，白い領域を「形」として知覚しており，黒い領域は背後に広がっているように見えているはずです。一方，向かい合っている横顔として知覚した人は，黒い領域を「形」として知覚しており，白い領域を背景として見ているはずです。このとき形として浮かびあがっている部分を**図**，背景となっている部分を**地**とよびます。たとえば，白い盃として知覚する場合，白い領域が「図」であり，黒い領域が「地」となります。

　それでは，図や地にはどのような特徴があるのでしょうか？　まず，図と地の境界線は図の輪郭線となり，図のほうに含まれます。輪郭線により図は形を与えられ，背景よりも手前に浮かびあがって見えてきます。地は後方に広がっ

図2-2　ルビンの盃（Atkinson et al., 2000）

て見え，どこからどこまでといった範囲が定まりません。また，図はものとしての性格をもち，地よりも印象的で記憶に残りやすいとされています。

　図が1つではなく複数ある場合には，また違う「こころのはたらき」が見られます。図2-3の①を見て，どのように見えるか説明してみましょう。多くの人は，四隅に黒い小さな四角形が3×3個ずつまとまっていて，その間を白い小さな四角形が2列になって十字に伸びているように見えているのではないでしょうか。このように，図が複数ある場合に，私たちはそれらをバラバラにではなく，相互にまとまりをもって知覚しようとします。これを**知覚的群化**とよびます。たとえば，星座を見ているときなどは，知覚的群化が起きています。

　群化はいろいろな要因で起こります。先ほどの例では，**類同**とよばれる要因が作用しています。すなわち形や大きさ，色などが類似しているものは，まとまって知覚されやすくなります。このほかにも，時間的・空間的に近いもの（**近接の要因**），なめらかにつながるもの（**よい連続の要因**），いっしょに動いたり変化するもの（**共通運命の要因**），互いに閉じ合う領域（**閉合の要因**）な

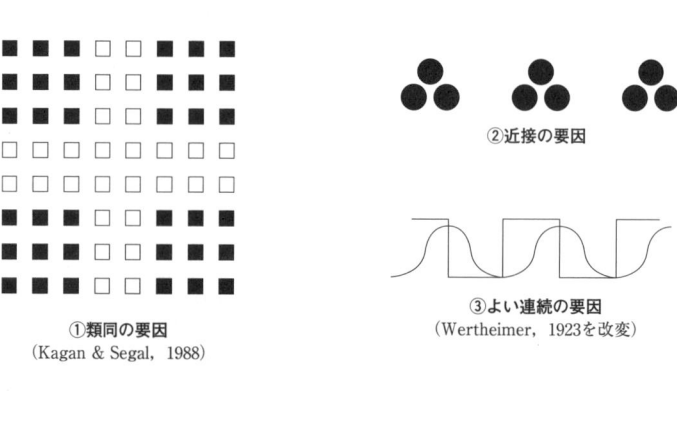

①類同の要因
(Kagan & Segal, 1988)

②近接の要因

③よい連続の要因
(Wertheimer, 1923を改変)

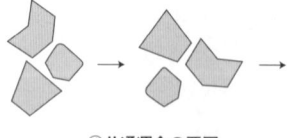

④共通運命の要因
(北尾ら，1997を改変)

⑤閉合の要因

図2-3　知覚的群化

どがまとまって見えるとされています。

このように，私たちは対象を見るときには，個々の要素をバラバラにではなく，相互に関連させながら見ているのです。前に述べた錯視も，直線や図を個別にではなく，周囲の刺激と関連づけて知覚しているために生じるのだといわれています。

(3) 立体的にみる

対象を知覚するときに，図となる部分は背景（地）よりも手前に浮かびあがって見えます。これには，対象を立体的に見ようとする「こころのはたらき」がかかわっています。

私たちの目の構造は，図2-4のようになっています。外界の像は，まず網膜に写し出されます。この網膜に写る像は，2次元であり平面的です。この網膜像は脳に送られて処理されるのですが，そのときいろいろな奥行きの手がかりが利用されて2次元の像が3次元の立体的な像として知覚されるのです。奥行き知覚の手がかりには，**生理的な手がかりや視差による手がかり，絵画的手がかり**などがあります。

私たちがものを見るとき，対象に焦点が合うように眼の**水晶体**の厚さが調節されます。遠くのものを見るときには水晶体は薄くなり，近くのものを見るときには厚くなります。この水晶体の厚みを調節する筋肉の収縮が，奥行きを知覚するための生理的手がかりとなります。また，遠くのものを見るとき，両眼

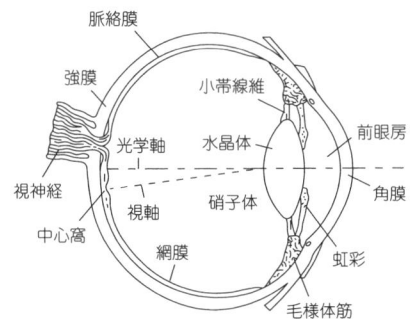

図2-4　目の構造

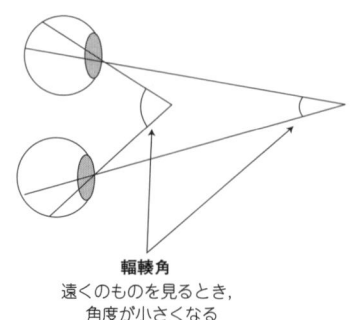

図2-5 奥行き知覚における視線の角度

の視線のなす角度（**輻輳角**）は小さくなり，近くの対象を見るときには大きくなります（図2-5）。この視線を制御する眼筋の収縮が，もう1つの生理的手がかりです。

また，遠くにあるものと近くにあるものとでは，動きに違いが見られます。電車や車に乗って窓の外を見ているときのことを思い出してみましょう。遠くにあるものほどゆっくりと，近くにあるものほど速く動いて見えますね。これを**運動視差**といいます。運動視差も奥行きを感じる手がかりになります。

視差には，もう1つ**両眼視差**もあります。私たちの眼は左右に6cmほど離れており，そのため左右の眼の網膜に写る像にはズレが生じます。このズレを脳のなかで処理するときに奥行きを知覚するのです。

さらに，私たちは絵や写真など2次元の世界を見ても奥行きを感じることができます。このときには，絵画的手がかりが利用されています。たとえば，図2-6のように，重なりがある場面を見た場合，覆っている対象のほうが手前にあるように感じます（**重なり**）。また，大きさがわかっている対象では，小さく見えるときほど遠くに，大きく見えるときほど近くにあるように知覚されます（**相対的大きさ**）。一様な模様が広がっているときには，観察者から遠くなるほどきめが細かくなります。これを**きめの勾配**とよびます。さらに，直線道路を思い出してもらえばわかるように，平行線は遠くにいくほど幅が狭くなっていきます（**線遠近法**）。これらの手がかりを使いながら，私たちはものを立体的に見ているのです。

同じ大きさの樽が奥のほうから並んでいるように見える

図2-6　絵画的手がかりの例（Atkinson et al., 1983）

2．音をきくしくみ

(1) 耳をすませば……

　ちょっと耳を澄ましてみましょう。どんな音が聞こえてきますか？　風の音や小鳥のさえずり，車のエンジン音，友だちの笑い声，そして先生の足音……。さまざまな音が聞こえてくるでしょう。では，その音はどこから聞こえてきますか？　私たちはどのようにして音のありかを探すのでしょうか。

　音がどこから聞こえてくるのかを知る（**音を定位する**）ために，私たちは両耳に届く音のわずかな違いを利用しています。音源に近い耳には，最初に，しかも強い音で聞こえ，反対に遠い耳には，少し遅れて弱い音で聞こえます。たとえば，自分の左前に音源があるなら，その音は左の耳に先に強く聞こえてきます。顔や頭が音をさえぎるため，右耳には遅く弱く聞こえてきます（図2-7）。このように，両耳に到達する音のわずかなズレを利用して音の定位をしているのです。ヘッドフォンステレオで音楽を聴くと，左右で少し違った音が聞こえてきませんか？　音にわずかな違いをつけることで，立体感や臨場感を演出しているのです。

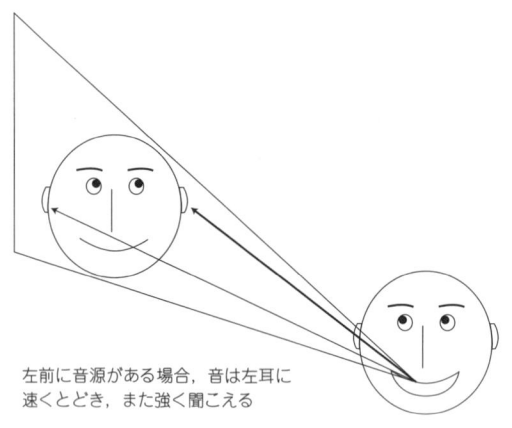

左前に音源がある場合，音は左耳に
速くとどき，また強く聞こえる

図2-7　音の定位

(2) 君の声しかきこえない

　好きな人と，あるパーティーに出席したとします。パーティー会場は人々の話し声や笑い声，流れる音楽でとてもにぎやかです。そんな騒がしい会場のなかでも，きっとあなたは好きな人の声だけは聞き逃すことはないでしょう！会話がはずみ，ほかのグループの話し声や流れる音楽はほとんど気にならないかもしれません。それは，あなたが好きな人のことばに常に注意を払っているからです。こうした現象は**カクテルパーティー効果**とよばれています。同じような大きさの音が同時に存在していても，特定の音に注意を払うことで私たちはそのなかから自分に必要な音だけを選択し，聞き取ることができるのです。

　このことは，音だけに限られたことではなく，ほかの刺激にもあてはまります。私たちの身のまわりにはさまざまな刺激があふれていますが，それらの刺激すべてを処理できるわけではありません。自分に必要な刺激にだけ注意を向けることで，刺激を選別しているのです。こうした「こころのはたらき」を**選択的注意**とよびます。選択的注意は必要な情報だけが意識にのぼるように，フィルターの役割を演じているのです。

　それでは，注意を向けられなかった刺激は，まったく処理されていないのでしょうか？　この点を調べるために，**両耳分離聴**という実験が行なわれました。図2-8のように，ヘッドフォンをつけてもらって左右の耳に別々のメッセー

ジを流します。そのとき，どちらか一方のメッセージに注意を向けてもらうため，片方のメッセージをそのまま復唱（**追唱**）してもらいます。その後，追唱されなかったメッセージの内容について質問します。その結果，注意を向けていなかったメッセージの内容はほとんど憶えていませんでした。ただし，声が聞こえていることや，男性の声か女性の声かなどは憶えていました。注意を向けていない刺激では意味までは処理されませんが，音の高さなど物理的な特徴は処理できるようです（Moray，1970）。また，自分の名前のように，よく知っていることがらについては注意を向けていなくても認知されやすいとされています（Atkinson et al., 2000）。

両方の耳に別々のメッセージを流し，一方の耳から聞こえるメッセージを復唱させる。それにより，一方の情報にのみ注意を向けさせることができる。ここでは，右耳から聞こえる情報に注意を向けさせている。

図2-8　両耳分離聴の実験（Lindsay & Norman，1977を改変）

2節 日常のなかのこころのはたらき

1. ものを見分ける

　日常生活のなかで，文字を見ない日はないでしょう。雑誌や新聞，メールやインターネット，どこかで文字や記号を見ているはずです。これらの文字や記号を，私たちはどのようにして認知しているのでしょうか？　「あ」という文字をほかの文字と区別して「あ」と認識するには，どのような「こころのはたらき」が必要なのでしょうか？

(1) 一瞬でどれだけみえる？

　はじめに述べましたが，私たちは外界からの情報を感覚器官をとおして受け取ります。受け取った情報を過去の経験的知識に照らしながら，どのような意味があるかを判断していくのです。過去の知識と照合するのは，ほんの一瞬のできごとですが，その一瞬のできごとのために私たちは受け取った情報をまずどこかに保存しておかなければなりません。その役目は感覚記憶貯蔵庫が担っています。そしてここに保存された記憶を**感覚記憶**とよび，感覚記憶は視覚，聴覚など感覚器官ごとに存在しています。

　では感覚記憶は，どれくらいの時間，どれくらいの容量を保存できるのでしょうか？　スパーリング（Sperling, 1960）は，この点を実験的に調べています。図2-9①のように，文字列を上中下の3行に配列して50ミリ秒（1秒の20分の1秒）という非常に短い時間，瞬間的に提示しました。その直後，実験参加者には見えた文字をすべて報告してもらいます（**全体報告法**）。すると，平均して4文字程度しか答えられません（図2-9②）。

　感覚記憶の容量はこの程度なのでしょうか？　しかし，実験参加者に尋ねてみると，もっと多くの文字をたしかに見ていたというのです。つまり，もっと多くの文字が感覚記憶に保存されていたのですが，全体報告をしている間に失われた可能性があるのです。そこで，今度は文字列を提示したら，すぐに高さの違う3種類の音を聞かせます。そして，高い音が鳴ったとき上段，中位の音

こころをとらえる **2**章

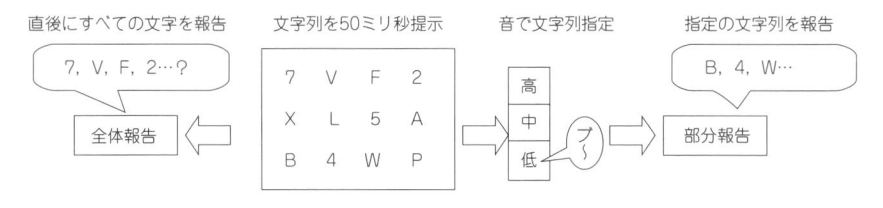

図中のラベル

- 直後にすべての文字を報告：7, V, F, 2…？ → 全体報告
- 文字列を50ミリ秒提示：
  ```
  7  V  F  2
  X  L  5  A
  B  4  W  P
  ```
- 音で文字列指定：高／中／低
- 指定の文字列を報告：B, 4, W… → 部分報告

①**スパーリングの実験手続き**（北尾ら，1997を改変）

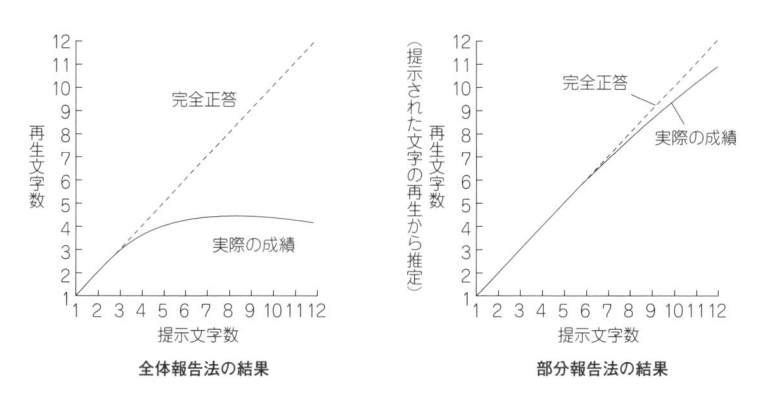

全体報告法の結果（再生文字数 × 提示文字数）：完全正答（破線）／実際の成績（実線、4程度で頭打ち）

部分報告法の結果（提示された文字の再生から推定）：完全正答（破線）／実際の成績（ほぼ完全正答に近い）

②**全体報告法と部分報告法の結果**（Sperling, 1960；Lindsay & Norman, 1977）
（斜めの破線は提示文字をすべて正しく報告できた場合の文字数を示す）

図2-9　スパーリングの実験手順と結果

のときには中段，低い音のときには下段の文字列を報告させました（**部分報告法**）。もちろん，どの高さの音が出るかは，事前に実験参加者にはわかりません。

その結果，どの行の文字列が指定されても，3～4文字程度は報告できたというのです。各行につき3～4文字ですから，文字列が提示された直後は，少なくても9文字程度は保存できていたことになります（図2-9②）。しかし，保存していた情報も，報告しているほんのわずかな間に失われてしまったのです。その証拠に，部分報告法で文字列を提示してから指示音を鳴らすまでの時間を遅らせると，報告できる文字数は減少していくことがその後の実験により明らかにされています。

このように，**感覚記憶は保持時間が非常に短い**のが特徴とされています。ちなみに，視覚における感覚記憶は**アイコニックメモリー**，聴覚における感覚記憶は**エコイックメモリー**とよばれています。

(2) デーモンの館

　感覚記憶に保存された文字情報は，次に何という文字なのかが分析されます。ところで，同じ「R」という文字でも，「R」，「**R**」，「*R*」などさまざまな形があります。手書きの文字であれば，そのパターンは無数に存在することになります。それにもかかわらず，私たちはこれらの文字を「R」と読むことができるのです。このときに，「こころ」のなかではどのようなことが起こっているのでしょうか？

　文字や記号などの形を読みとることを，**パターン認知**とよびます。このパターン認知の仕組みを説明するために，セルフリッジ（Selfridge, 1959）は**パンデモニアム（Pandemonium）モデル**を提唱しています。話を簡単にするために，いろいろなデーモン（悪魔）がみんなで住む館を想像してみてください。この「デーモンの館」には4種類の違ったデーモンが住んでいます。そして，それぞれが違った役割を分担して作業しています（図2-10）。

　ある文字（たとえば，R）がこの館にやってくると，1階に住むデーモンがまず対応します。このデーモンはイメージデーモンとよばれ，感覚器官から入力された文字のパターンをイメージ化して，短時間だけ記録しておく役割を担っています。次の2階には，特徴デーモンが住んでいます。特徴デーモンには，垂直線を分析するデーモン，水平線を分析するデーモン，さらには曲線や角度を分析するデーモンなどがいます。これらの特徴デーモンは，イメージデーモンが記録してくれた文字イメージから，自分の担当する特徴がいくつあるのかを探し出していきます。そして，分析した情報を3階に住む認知デーモンに伝えます。認知デーモンには，A，B，Rなどそれぞれ自分が担当すべき文字が決められています。そして，特徴デーモンが分析した文字の特徴を監視し，それが自分の担当する文字の特徴にどの程度あてはまるかを検討します。分析した特徴が自分にあてはまるほど大きく反応し，大きな叫び声をあげて4階のデーモンに知らせます。最上階の4階に住むのは決定デーモンです。決定デーモンは，どの認知デーモンが一番よく反応し，大きな声をあげているかを監視します。一番大きな叫び声を出している認知デーモンを選び，入力された文字が何であるかを決定するのです。

　パンデモニアムモデルでは，入力された情報を一度細かい特徴に分けて分析

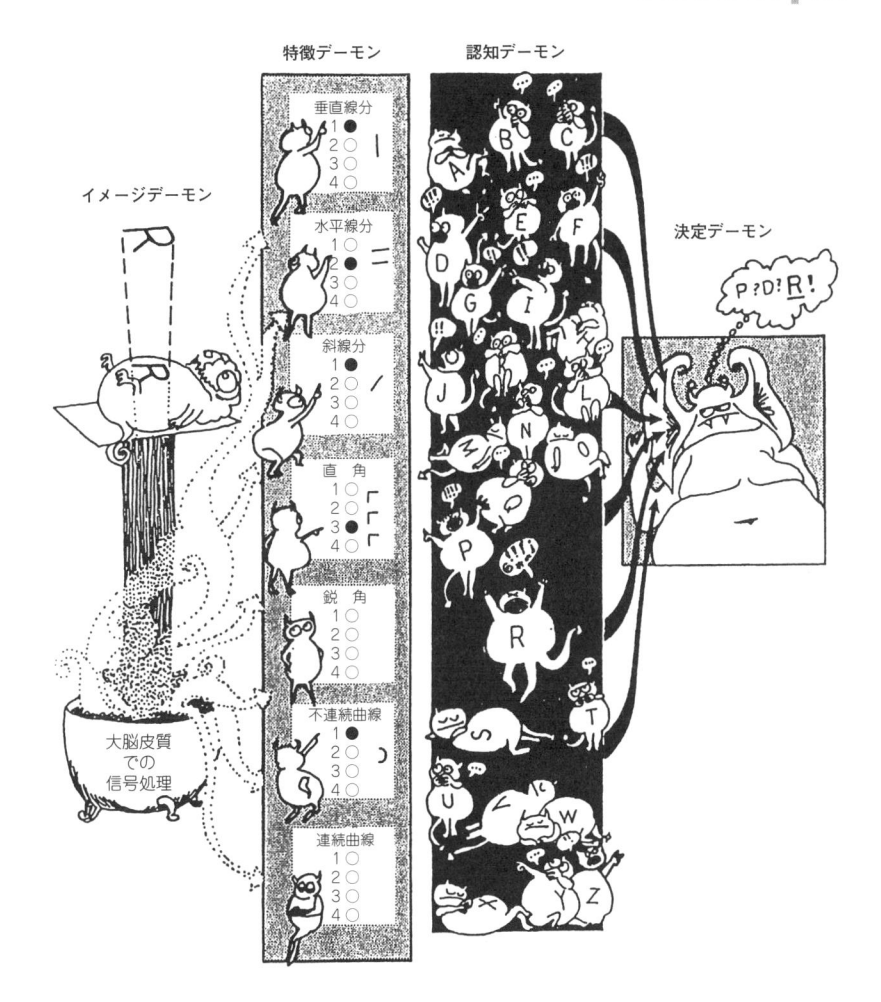

図2-10　パンデモニアムモデル（Lindsay & Norman, 1977）

し，その後，それぞれの特徴を統合してどのような文字であるかを決定していきます。このように，入力された情報に基づいて分析を行なう方法を，**ボトムアップ処理（データ駆動型処理）** とよびます。

(3) 文脈がものをいう!?

　ところで，私たちが文字や記号を認知する場合には，前後の文脈や経験，知

```
        12
     A  B  C
        14
```

```
THE CAT
```

①横に読むと「B」，縦に読むと「13」
(Bruner & Minturn, 1955)

②HとAは同じ形をしている
(Spoehr & Lehmkuhle, 1982)

図2-11　文脈効果の例

識なども利用しています。図2-11の①を見てみましょう。縦に読んでいくと「12→13→14」，横に読めば「A→B→C」と読めるでしょう。しかし，まんなかの文字は同じです。特徴を分析するだけでは，この文字を読むことはむずかしいでしょう。また，図2-11の②は，「THE CAT」と読めるでしょう。しかし，「H」も「A」も同じ形をしています。日常のなかで文字を認知するときには，まさに「文脈がものをいう」のです。このように，前後の文脈や期待・予測，経験や知識を利用しながら情報を処理していくことを**トップダウン処理（概念駆動型処理）**とよびます。ボトムアップ処理とトップダウン処理の両方をうまく使いながら，私たちの「こころ」は複雑な情報を瞬時に処理してくれているのです。

2．赤ちゃんのまなざし

(1) 顔が大好き！

　私たちは，いつごろからものの形や模様を見分けることができるようになるのでしょうか？　ものの違いを識別することを**弁別**とよびます。ここでは，赤ちゃんを対象とした実験をとおして，視知覚における弁別能力の発達についてみていきたいと思います。

　ところで赤ちゃんの視力は，どれくらいだと思いますか？　生後6か月までに赤ちゃんの視力は急速に発達していくそうです。それでも，大人の視力の0.1に相当する程度だといわれています（山口，2003）。そこから考えると，生まれたばかりの赤ちゃんの視覚世界は，かなり「ぼんやり」としたものだと想

こころをとらえる **2**章

像できます。そのような状態で，赤ちゃんはものを見分けることができるのでしょうか？

　ファンツ（Fantz, 1961）は，模様を見分ける能力が生後間もない赤ちゃんにも存在するのかどうかを実験的に調べています。赤ちゃんを仰向けに寝かせて，図2-12に示すような6種類の円形図版を目の前に提示しました。このとき，赤ちゃんがそれぞれの図版をどれくらい注視するか（注視時間）を計測します。みなさんもそうでしょうが，好きな人や好きなものはどれだけ見ていても飽きることはありません。赤ちゃんも同様で，長い時間ずっと見ている対象に対しては，興味をもっているだろうと推測できます。興味あるものを注視できるということは，それぞれの刺激の違いを見分けているということにもなります。図2-12の結果を見てみると，顔に似せた図版への注視時間が最も長くなっています。生後間もない赤ちゃんでも，顔とほかのものとの違いを見分けているのです。そして，人の顔に対しては特別な興味があるようです。

　赤ちゃんと接する機会が多い人はわかるでしょうが，実際，赤ちゃんは人の顔をよく見ます。いつもそばにいてくれる母親の顔は，ほかの人の顔よりも長

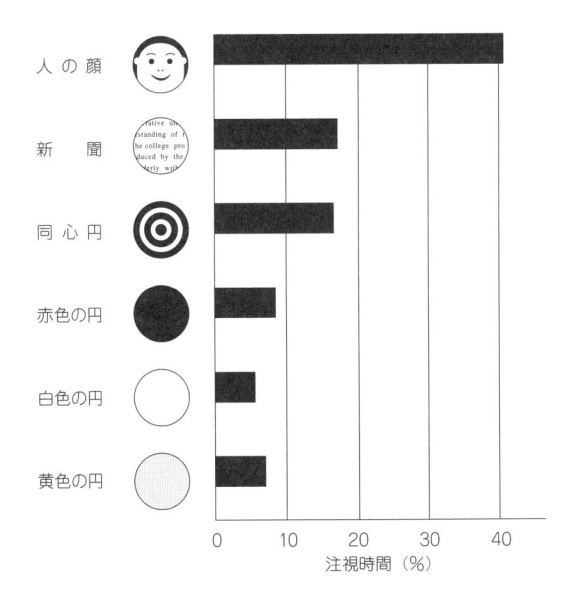

図2-12　各図版に対する赤ちゃんの注視時間（Fantz, 1961を改変）

く見ることになります。そうすると，赤ちゃんは母親の顔とほかの人の顔とを見分けるようになります。たとえば，ブッシュネルら（Bushnell et al., 1989）は，実の母親と，母親そっくりの女性に赤ちゃんの目の前に並んでもらい，赤ちゃんがどちらの顔をよく見るかを観察しました。その結果，やはり実の母親の顔を赤ちゃんは好んで見たそうです。生後数日の赤ちゃんでも，実の母親の顔を見分け，好んで見ることがわかっています。赤ちゃんの視覚世界は，お母さんの顔を見つめることから始まるといえるようです。

(2) おっと危ない，崖がある

　私たちは奥行きのある世界に生きています。目の前の障害物をよけたり，階段から落ちないようするためには奥行きの知覚が不可欠です。私たちがさまざまな手がかりを使って奥行きを知覚していることはこの章の1節で見たとおりですが，人間やほかの動物の赤ちゃんは，奥行きを知覚する能力をもっているのでしょうか？

　ギブソンとウォーク（Gibson & Walk, 1960）は，**視覚的断崖**とよばれる実験装置を使って，赤ちゃんに奥行き知覚の能力があるかどうかを検証しました。図2-13のように，高さ50cm程度の実験台の半分に硬質のガラスを張ります。ガラス張りのところは下の床がのぞけるので，まるで断崖のように見えます。このガラス張りの少し手前に赤ちゃんを座らせ，反対側から母親が声をかけたとき，ガラスの上をハイハイして渡っていくかどうかを観察します。奥行きが

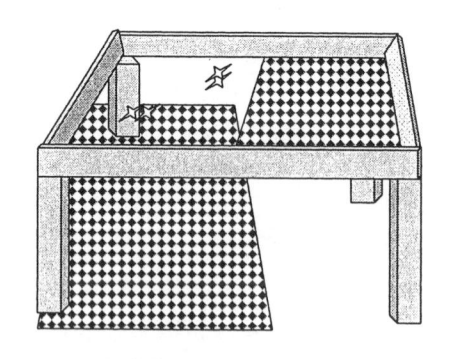

図2-13　視覚的断崖（Gibson & Walk, 1960）

知覚できれば，ガラス張りのところで断崖があるように感じられ，「落ちるぞ！　危ない！」と思ってそこを渡ろうとはしないでしょう。

　実験の結果では，6〜14か月の赤ちゃんでも断崖のところで止まり，それ以上渡ろうとはしなかったそうです。ほかの動物，たとえば，ネコやネズミの赤ちゃんでも，同じように断崖のところで止まり，それ以上渡ろうとしないことが明らかにされています（山口，2003）。ニワトリのヒナでは少なくとも24時間以内，人間ではハイハイができるようになる6〜14か月以内に，奥行きの知覚が可能になると考えられています。赤ちゃんは生まれながらにして，かなりすぐれた能力をもっているようです（詳しくは3章2節を参照）。

（3）経験が大事

　視覚的断崖の実験結果からもわかるように，人間やほかの動物の赤ちゃんは**生得的**にかなり高い知覚能力をもっています。しかし，そうした高い能力も生後の経験しだいでは，うまく発揮されないことがあります。ブレイクモアとクーパー（Blakemore & Cooper, 1970）は，この点を動物実験により明らかにしました。

　図2-14のように，子ネコを縦縞模様しか見えない環境で育てます。子ネコは首に丸い輪をつけられ，自分の手足さえみることができません。こうした環

図2-14　子ネコの視覚遮断実験（Blakemore & Cooper, 1970）

境で5か月育て，その後，ここから出してさまざまな対象物への反応や行動を観察しました。その結果，この子ネコは縦縞以外の環境ではうまく歩くことができず，ものの知覚も困難であることがわかりました。この結果は，生後の初期経験が，その後の知覚の発達に大きな影響を与えることを示しています。何事も，経験が大事といえるようです。

3節 脳とこころ

1．頭のなかはどうなっているの？

　みなさんは，こころのありかをどこだと考えていますか？　頭だという人もいれば，胸のあたりだという人もいるでしょう。古代から，こころがどこにあるのかについてはいろいろな議論がなされてきました。しかし，近年ではこころのはたらきは，脳の活動によるものと考えられています。そこで，ここでは脳の仕組みやはたらきについて簡単にみていきたいと思います。

　これまでみてきたように，私たちはまず感覚器官をとおして周囲の情報を取り入れます。その情報は，脳に集められて処理されます。情報の処理や伝達にあたるのが，脳の**神経細胞**（ニューロン：Neuron）です。脳にはたくさんの神経細胞が集まっています。脳全体で少なくとも1000億の神経細胞があるといわれています（甘利ら，2004）。こころのはたらきは，こうした多くの神経細胞の活動に支えられているのです。

　図2-15に示すように，脳は非常に複雑な構造をしています。そこで，ここでは大きく**脳幹，小脳，大脳**に分けてみていきます。脳幹は頭の奥のほうにあり，**延髄，橋，中脳**から構成されます。**間脳**（視床下部などがある）とよばれる部位を含める場合もあります。脳幹はおもに**生命の維持に必要な機能**を担っています。たとえば，呼吸や心臓の動き，内臓の動き，血管の収縮や拡張などをつかさどっています。こうした生命維持に必要な機能は，自分で意識しなくても自動的にはたらいてくれるので，**自律神経**とよばれています。脳幹が損なわれると自律神経が機能しなくなるため，生命の維持がむずかしくなります。

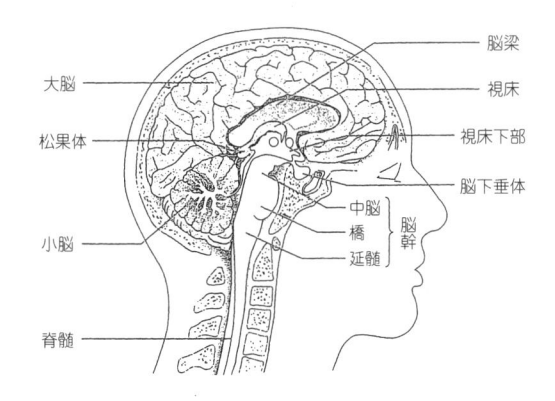

図2-15 脳の構造 (Atkinson et al., 2000；無藤ら, 2004)

　小脳は脳幹の脇にくっついており，運動や姿勢のコントロールに深くかかわっています。そのため，この部位が損傷を受けると，正常な姿勢が保てなくなったり，歩行や運動を正常に行なえなくなったりします。
　脳幹と小脳の上にかぶさるようにして大脳があります。**大脳は左右2つの半球**に分かれていて，**脳梁**とよばれる部位がこの2つの半球をつないでいます。ところで，左右の大脳半球は形はほぼ等しいのですが，機能が異なっています。左半球には言語を操る機能があり，右半球には音楽に関係する機能，図形や空間を理解するための機能などがあります。本を読んだり，だれかとおしゃべりをしているときには左脳がはたらき，音楽を聴いたり地図を見ているときは右脳がはたらいているのです。このように，右脳と左脳はそれぞれ別々に優れた機能をもっています。これを**大脳半球の優位性**とよびます。こころのはたらきは，左右の脳がうまく機能してくれるかどうかにかかっているようです。

2．感じる脳・考える脳

　大脳はかなり大きな構造をしていますので，もう少し詳しくみていきましょう。大脳はふつう3つの部位に分けられます。一番奥深くに**大脳基底核**があり，ここでは無意識的な基本的運動（平衡感覚，姿勢）や，本能行動などをコントロールしています。大脳基底核のまわりを取り囲むように**大脳辺縁系**があります。大脳辺縁系には**扁桃体**とよばれる部位や，**海馬**とよばれる部位があります

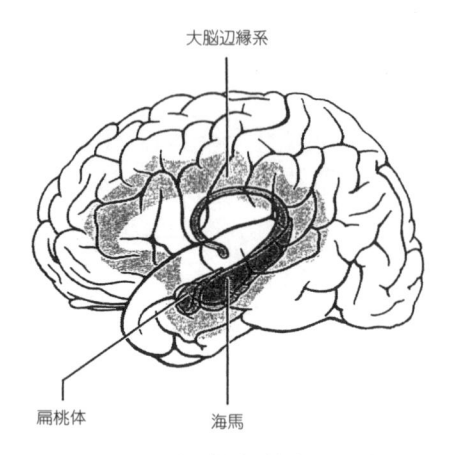

図2-16 大脳辺縁系（吉成，1999）

（図2-16）。扁桃体は恐怖などの基本的な情動を生み出し，逃避や攻撃行動，食行動，性的行動にかかわっているといわれています。また，海馬は記憶の形成に重要なはたらきをしていることがわかっています。

　大脳の表面を覆っているのが**大脳皮質**です。大脳皮質はおよそ140億の神経細胞からできています。高等動物ほど皮質は発達しており，ここで「みる」「きく」「はなす」「感じる」「考える」などの知的な活動をコントロールしています（図2-17）。

　さきほど，「左半球には言語を操る機能がある」と述べましたが，左脳全体で言語活動をコントロールしているわけではありません。左脳の大脳皮質の一部に，ことばを操る機能が備わっているのです。その部位を**言語野**とよびます。また，「ことばを操る」といっても，ことばを話す場合と，ことばを聞いたり，読んだりして理解する場合があります。ことばを話すときには**ブローカ領野**とよばれる言語野が機能し，ことばを理解する場合には**ウェルニッケ領野**とよばれる言語野が機能しています。

　このほかに，大脳皮質には目から入ってきた情報を処理する**視覚野**，耳から入ってきた情報を処理する**聴覚野**，自分の意志で手や足などを動かすときに指令を出す**運動野**，皮膚などで受ける刺激の感覚（温度の感覚，痛みの感覚など）を処理している**体性感覚野**などがあります。また，大脳皮質の前側には**前頭連**

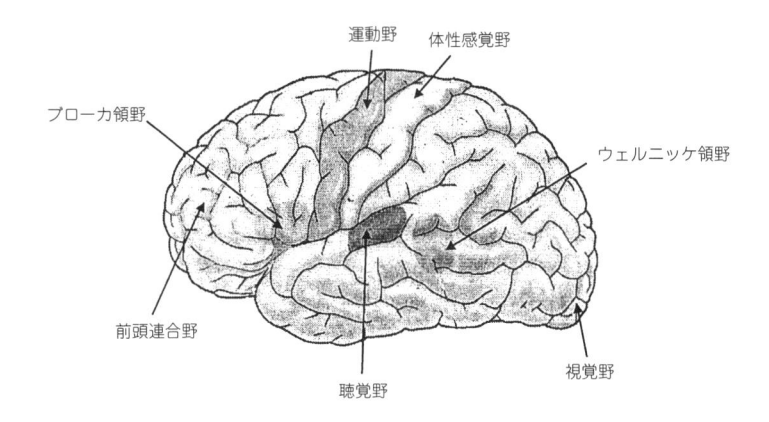

図2-17 大脳半球の機能地図（Atkinson et al., 2000を改変）

合野とよばれる部位があります。前頭連合野はヒトやサルなどで非常によく発達しており，ヒトでは大脳皮質の約3割を占めています。ここは「ものを考える（思考）」「決断をくだす」「行動を計画する」など非常に高い次元の知的活動を担っています。まさに「脳の中の脳」といえるでしょう。

このように，大脳皮質は部位によりそれぞれ担当する機能が異なります。これを**脳の機能局在**とよびます。私たちのこころのはたらきは，こうした脳の分業体制に支えられているのです。

自分でやってみよう！

絵が飛び出してみえる——立体視の実験

　この章の前半では視知覚について学びました。私たちが世界を立体的にとらえるためには，どのような要因がはたらいていたでしょうか？　もう一度，みなさんでまとめてみましょう。

　ところで，「こころ」の仕組みがわかってくると，それを応用していろいろおもしろい現象を人工的に作り出すことができます。下の図を見てください。同じような絵が左右に並んでいますね。ではこの本を30cmぐらい目から離し，右目で右の画像，左目で左の画像を眺めてみてください。そのとき焦点を画像のさらに20cmほど奥に置く感じにします。しばらくすると，左右の画像が1つに重なってみえてきます。そうしたら，さらにその像をしばらくながめていてください。どのようなことが起こるでしょうか？

左の絵を左目，右の絵を右目で見ます。図よりも奥に焦点を合わせてみましょう！

図　立体視

　これは両眼視差を応用した立体視です。肉眼では焦点を後方に置くことになるため像がどうしてもぼけてしまいます。凸レンズを用いると焦点をうまく画像に合わせることができ，はっきりした立体像を見ることができるそうです。

3章

こころとからだの発達

今の私の体型，容姿，性格，思考パターンなどはどうやってできあがったの？

これからの私って，いったいどうなっていくの？

このような疑問をもったことはありませんか。

本書には，これらの疑問に対する答えがさまざまな方面から用意されていますが，この章では，生涯発達という面から大きくとらえてみたいと思います。

1節 私づくりの基礎知識

1. 発達ってなに？

心理学でいう発達（development）とは，受胎から死にいたるまでの人の心身の形態や機能が変化していく過程のことです。つまり，「私」が生まれてから死ぬまでの間に，こころやからだがどのように変化していくのか，その変化の道すじをさすことばが「発達」です。ですから，赤ちゃんが歩けるようになるのも発達の1つですし，年老いてだんだん歩行が困難になっていくのも，やはり発達なのです。Developには，もともと「包みを解く」という意味がありました。包みを解くように，内にあるものが少しずつ表に出てくる，それが発達のイメージです。

しかし，これまでの発達心理学では，「どのように大人になるか」という非常に興味深い問題の解明に情熱が傾けられてきたために，ややもすると，「発達」ということばも「子どもが大人になること」という狭い意味に使われがちでした。けれども，今日の高齢化社会の到来が，老年期への関心を高めるとともに，人生全般を見通して発達を考えていこうという気運を盛りあげました。そして登場したのが**生涯発達心理学**（life-span developmental psychology）です。ここでは，受胎から死にいたるまでの，こころやからだの量的・質的変化をとらえ直そうという試みが進められています。一生を通した「私づくり」の過程が検討されているのです。

かけ足の旅ではありますが,「これまでの私」と,「これからの私」を知るために,今から,過去,現在,未来を発達の船で旅してみることにしましょう。どのような「私づくり」が営まれているのでしょうか。
　その前に,発達のことをもう少しお話ししてから出発することにしましょう。

2. これだけは知っておきたい発達の基礎知識

(1) 遺伝か環境か

　私が読書好きなのは,お母さんが本好きのせいかなぁ？　それとも,家に本がたくさんあったからかなぁ？　――このように,私の能力や特質の起源やその発達を考えるとき,**遺伝**と**環境**のどちらがより強い影響力をもっているのか,という問題は,これまで長い間論争の種になってきました。
　「子どもの発達は遺伝によって規定されている」とする**遺伝説**の代表者としては,ゴールトン（Galton, F.）とゲゼル（Gesell, A. L.）が有名です。ゴールトンは,バッハやダーウィンなどの天才の家系を調べることで,遺伝的要因の重要性を主張しました。また,ゲゼルは,一卵性双生児の研究をとおして,環境の影響が非常に少ないことを示しました。
　他方,「子どもの発達は環境しだいである」とする**環境説**を強く主張したワトソン（Watson, 1930）は,その著書のなかで,「健康な赤ちゃんと子育てのための特殊な世界を与えてさえくれれば,その子たちをあらゆる専門家に育ててみせよう」と言っています。
　しかし,今日では,遺伝か環境かという極端な立場に立つ研究者はほとんどいません。「遺伝も環境も」とするシュテルン（Stern, W.）の**輻輳説**や,「遺伝的資質の発現は環境要因による」とするジェンセン（Jensen, A. R.）の**環境閾値説**のように,両者が関連して発達に影響を及ぼしているとする考え方が一般的です。
　図3-1は,ジェンセンの環境閾値説を説明したものです。身長のような特性Aが,環境にほとんど左右されることなく遺伝的資質を顕在化させていくのに対して,絶対音感のような特性Dは,きわめて豊富な環境条件を必要としていることがわかります。つまり,私たちが遺伝的な発達可能性としてもっている特性のなかには,環境からの刺激が少なくても現れてくるものと,豊富な

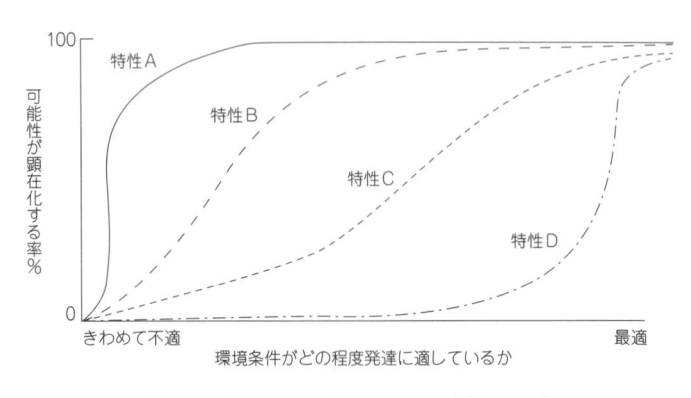

図3-1　ジェンセンの環境閾値説（東，1976）

刺激が与えられた場合にだけ現われてくるものがあるというわけです。

(2) 初期経験

このように，私づくりには，環境の影響をけっして無視することができません。なかでも，生涯のうちでも最も著しい発達をとげる成育初期に，環境から与えられる刺激（経験）は重大です。

成育初期（胎児期，乳児期，幼児期）の限られた時期（**臨界期**）に与えられた経験が，その後のからだやこころの発達にかなり不可逆的な影響を及ぼす場合，そのような経験は，とくに「**初期経験**」とよばれ，重要視されています。母親や仲間から隔離されて育ったアカゲザルは，母親になっても自分の子どもを育てることができなかった，というハーローの研究結果（Harlow et al., 1971）は，この「初期経験」の重要性を強くアピールするものです。また，初期経験における臨界期の存在や不可逆性などを明らかにしたものとしては，ローレンツ（Lorenz, K. Z.）の**刻印づけ（刷り込み＝インプリンティング）**の研究が有名です。

私たち人間の場合にも，初期経験が重要な意味をもつ場合が少なくはありません。しかし，人間は，ほかの動物に比べるとずっと可塑性に富んでいます。一生の間に出会うさまざまな人やできごとなどの影響を受けて，変わっていく可能性をも合わせもっているのです。私は，私を，私の望む方向へ変える可能性をもっています。

2節 これまでの私づくり——胎児期から思春期まで

1. かしこい赤ちゃん

　1人の女性がもつ卵子の数はおよそ400個。男性が1回の射精で放出する精子の数は1億個以上。つまり，今私たちが存在するのは，400億分の1以上の奇跡なのです。そして，お母さんのお腹のなかで，わずか280日ほどの間に驚くべき進化を遂げて，生まれ出てきたのです。

　生まれたばかりの赤ちゃんは首がすわっていないので，ふにゃふにゃとしていて，弱々しく無力そうに感じられます。ポルトマン（Portmann, A.）が人間の赤ちゃんの出生を「**生理的早産**」とよんだのもうなずけます。でも，何もできないなんて思わないでください。図3-2に示すように，赤ちゃんには，生まれながらに多くの能力がそなわっています。まだそれぞれが十分に機能しているとは言えませんが，赤ちゃんは結構かしこいのです。しかも，からだ中の能力を総動員して，環境とかかわろうとします。それは，環境に適応するための基礎となる「反射」を中心とした行動です。

　誕生から1年半あまりの間に，赤ちゃんは急速に人間らしくなっていきます。二足歩行が可能になり，泣き声もことばへと変化していきます。もちろん，その過程は平坦ではありません。個人差もありますし，まわりの環境が微妙に発達に影響を及ぼすこともあります。しかし，赤ちゃんは，発達の道すじに沿って力を蓄えながら，着実にさまざまなことが「できる」ようになっていきます。図3-3は，シャーレイ（Shirley, M. M.）が，赤ちゃんが歩けるようになるまでのステップを月別に示したものです。歩くという動作の習得のために，どれだけたくさんの動作の習得を必要とするかが理解できます。わが子が歩けるようになった日と，片言のことばを話すようになったときのことを，親はけっして忘れることはありません。

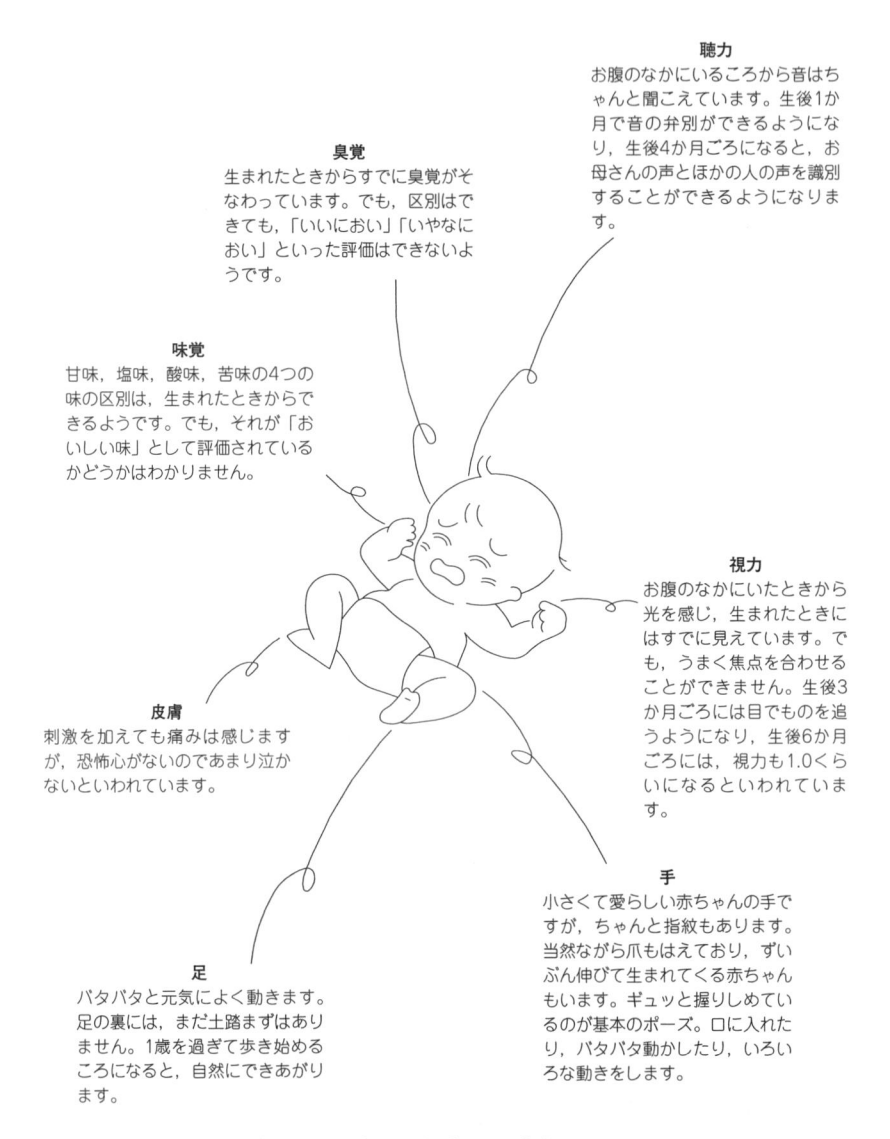

聴力
お腹のなかにいるころから音はちゃんと聞こえています。生後1か月で音の弁別ができるようになり，生後4か月ごろになると，お母さんの声とほかの人の声を識別することができるようになります。

臭覚
生まれたときからすでに臭覚がそなわっています。でも，区別はできても，「いいにおい」「いやなにおい」といった評価はできないようです。

味覚
甘味，塩味，酸味，苦味の4つの味の区別は，生まれたときからできるようです。でも，それが「おいしい味」として評価されているかどうかはわかりません。

視力
お腹のなかにいたときから光を感じ，生まれたときにはすでに見えています。でも，うまく焦点を合わせることができません。生後3か月ごろには目でものを追うようになり，生後6か月ごろには，視力も1.0くらいになるといわれています。

皮膚
刺激を加えても痛みは感じますが，恐怖心がないのであまり泣かないといわれています。

手
小さくて愛らしい赤ちゃんの手ですが，ちゃんと指紋もあります。当然ながら爪もはえており，ずいぶん伸びて生まれてくる赤ちゃんもいます。ギュッと握りしめているのが基本のポーズ。口に入れたり，バタバタ動かしたり，いろいろな動きをします。

足
バタバタと元気によく動きます。足の裏には，まだ土踏まずはありません。1歳を過ぎて歩き始めるころになると，自然にできあがります。

図3-2　生まれたばかりの赤ちゃん

こころとからだの発達 **3**章

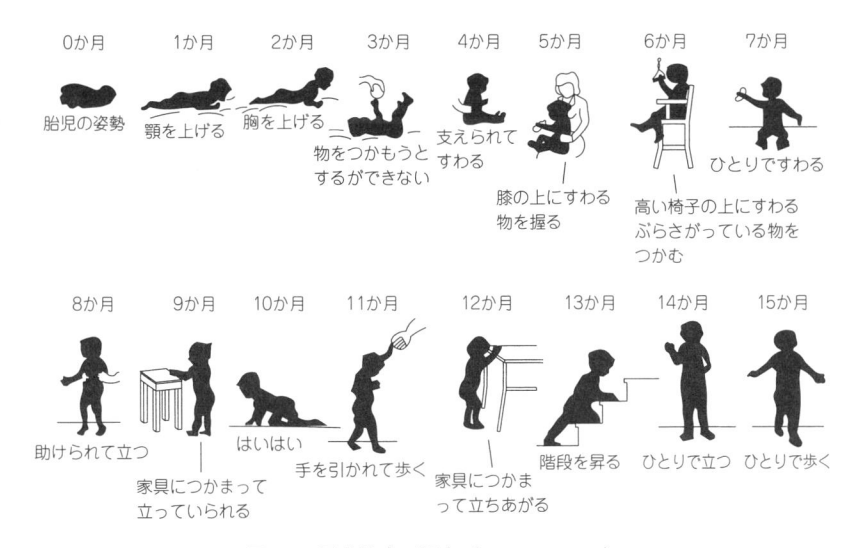

0か月	1か月	2か月	3か月	4か月	5か月	6か月	7か月
胎児の姿勢	顎を上げる	胸を上げる	物をつかもうとするができない	支えられてすわる	膝の上にすわる 物を握る	高い椅子の上にすわる ぶらさがっている物をつかむ	ひとりですわる

8か月	9か月	10か月	11か月	12か月	13か月	14か月	15か月
助けられて立つ	家具につかまって立っていられる	はいはい	手を引かれて歩く	家具につかまって立ちあがる	階段を昇る	ひとりで立つ	ひとりで歩く

図3-3　運動発達の順序（Shirley，1933）

2．幼児の世界

(1) イメージと自己中心性

　1歳半ごろまでの乳児が，ほぼ感覚と知覚の世界に生きていたのとは違って，ものごとに対する一定のイメージができ始め，そのイメージを蓄えたり，イメージに従って自分なりの考えをもつようになります。それが，イメージ豊かな「ごっこ遊び」の世界や「はず」「つもり」の世界を生み出すのです。

　「はず」の世界に住む幼児は，過去の経験を思い出し，「こうなるはずだ」という仮説を立てて行動できるようになります。そして，がんことも思える熱心さで，自分の仮説を一つひとつ検証していきます。また，「つもり」には，幼児が自分なりに何かしようとする強い意志が込められています。よく言い聞かせれば，3歳児でもひとりで留守番ができるのも，「〜するつもり」という「未来に立ち向かう意志性」（野村，1990）が芽ばえてくるからだといわれています。しかし，自分の「はず」や「つもり」に固執して，状況に合わせて自分の考えを変えることができないのも，この時期の特徴の1つです。そのことが原因で，周囲の大人（とくに母親）の意見とぶつかったり，ほかの子どもの

「はず」や「つもり」の世界とぶつかって，トラブルを起こしてしまうこともたびたびです。

このような幼児期の思考の特色について，ピアジェ（Piaget, 1964）は「自己中心性（ego-centrism）」という用語を用いて説明しています。自己中心性は，乳幼児期にみられる一般的な思考様式で，客観的現実と主観的現実とを区別することができないこと，視点を変えて考えることができないこと，他人の立場に立って考えることができないことを意味しています。たとえば，泣いている友だちに自分の母親を差し出して慰めようとしたりします。たんにわがままな状態をさす「自己チュー（自己中心的）」ではありません。

(2) 質問魔

幼児期に入ると，子どもの知的能力が伸び，まわりの世界への探索も進んで，さまざまなことがらに強い関心をもつようになります。そして，1歳半ごろから獲得してきたことばを用いて，大人にさかんに質問をするようになります。「**質問魔**」の始まりです。

まず最初はものの名前を知りたがり，「コレナーニ？」を連発します。2歳半を過ぎて，ものごとの理解が進み，自分なりの考えがもてるようになると，「ナゼ？」「ドーシテ？」が多くなります。つまり，自分の理解や考えとずれていることについて，その理由が知りたくてたまらなくなるのです。質問は納得するまでしつこくくり返されることも多く，また簡単には答えられない場合もあり，大人たちを困らせます。しかし，とにかく，幼児が質問魔であるということは，幼児のこころが知的好奇心や探究心に満ちあふれている証拠です。幼児は，知りたがり屋さんなのです。

3．子ども期の完成

(1) 学校生活の始まり

ピカピカのランドセルを背負って小学校の門をくぐった日から，卒業するまでの6年間を，一般的に児童期とよんでいます。この時期は，家庭のなかだけでなく，学校や社会のなかでさまざまな刺激や影響を受け，豊かな発達を遂げていく時期です。また，精神的には比較的安定していて，第一反抗期にあたる

幼児期と，第二反抗期である思春期のはざまにあって，「**なぎの時期**」ともいわれています。子どもとしての一定の完成を迎える時期，それが児童期なのです。もちろん，同じ小学生でも，低学年児と中学年児，さらに高学年児とでは，からだやこころの特徴に大きな違いがあります。低学年児は，幼児期の特徴を残しながらも，そこから急速に脱皮しつつある子ども，中学年児は，心身ともに安定した，もっとも子どもらしい子ども，そして，高学年児は，思春期への移行を始めた子どもです。ここでは，もっとも子どもらしいといわれる中学年児の仲間関係に焦点をあててみましょう。

(2) 仲間のなかで育つ

児童期になると，子どもは決まった友だちと遊ぶようになります。この集団には，仲間だけに通じるルールや秘密ができ，ほかのグループの子どもたちを寄せつけないといった行動がみられるようになります。このような時期を**ギャング・エイジ（徒党期）**とよび，これは中学年児から高学年児にかけての顕著な行動だといわれてきました。男の子どうし，女の子どうし，徒党を組んで遊ぶなかで，「競争や協力，思いやりや助け合い，義務や責任，社会的規範や公共心，チームプレイや約束履行などが学ばれ，社会生活技能の形成と社会的視野の拡張が図られる」（今泉・加来，1984）ことが指摘されています。ギャングということばにはちょっと驚きますが，子どもの発達にとっては欠かせない集団行動なのです。子どもたちは，仲間のなかでもまれて育っていくのです。このことは，道徳性の発達においても重要な意味をもっています。

(3) 道徳性の発達

ピアジェは，児童期の道徳的判断の発達が，権威的道徳から協同に基づく相互信頼，尊敬の道徳へと発達していくことを明らかにしています（Piaget, 1964）。またコールバーグとヒギンズ（Kohlberg, 1976；Kohlberg & Higgins, 1971）は，10歳から16歳の子ども72人の事例研究に基づいて，3水準6段階からなる道徳性発達段階を設定し，前慣習的水準の道徳から慣習的水準の道徳をとおり，自立的，原則的水準の道徳にいたる道すじを提唱しています。いずれの場合も，児童期が，大人に依存する人間関係のなかで既存の道徳を受容する

表3-1　道徳性の発達段階（Kohlberg, 1976）

水準	段階	概要
前慣習的水準	1：罰と服従への志向	苦痛と罰を避けるために、大人の力に譲歩し、規則に従う。
	2：道具主義的な相対主義	報酬を手に入れ、愛情の返報を受けるしかたで行動することによって、自己の欲求の満足を求める。
慣習的水準	3：対人的同調、「良い子」志向	他者を喜ばせ、他者を助けるために「良く」ふるまい、それによって承認を受ける。
	4：「法と秩序」志向	権威（親・教師・神）を尊重し、社会的秩序をそれ自身のために維持することにより、自己の義務を果たすことを求める。
後慣習的水準	5：社会契約的な法律志向	他者の権利について考える。共同体の一般的福祉、および法と多数者の意志によりつくられた標準に従う義務を考える。公平な観察者により尊重されるしかたで行為する。
	6：普遍的な倫理的原理の志向	実際の法や社会の規則を考えるだけでなく、正義についてみずから選んだ標準と、人間の尊厳性への尊重を考える。自己の良心から非難を受けないようなしかたで行為する。

「他律的道徳」から、仲間どうしの対等な関係のなかでみずからのルールをつくり出そうとする「自律的道徳」へと発達する重要な時期であることを説明しています（表3-1）。児童期は、こころを育てる好機です。児童期の効果的な「こころの教育」が強く望まれます。

4．子どもから大人へ

(1) 思春期ってなに？

　児童期を卒業した中学生から大学生ごろまでの間を、青年期とよびます。青年期は、本格的な自我の目覚めのときで、「自分は何か」「これからどうなっていくのか」などをみずからに問いかける時期です。中学生から高校生の時期は、その前期にあたり、**思春期**とよばれています。子ども時代の殻を砕き、新しい世界へ歩み始めたものの、急激なからだやこころの変化にとまどい、ゆれる時期、それが思春期です。とまどいやこころのゆれは、外に親しい友人を求め、内に話し相手としてのもう一人の自分を求めます。この思春期の急激なからだやこころの変化について、もう少し詳しくみてみましょう。

(2) 大人のからだになる

　思春期は，乳幼児期や老年期とともに，心身に大きな変化が起きる時期です。変化はまず身体面に現われます。生殖器が急速に発達し，性ホルモンの分泌がさかんになり**第二次性徴**が現われてきます。性徴とは，男女の差を示す特徴のことです。男子では骨格や筋肉が発達し，肩幅が増し，体毛の発生，声変わり，さらに射精の出現がみられます。女子では脂肪が豊かになり，身体が丸みをおびてくるとともに，乳房の発育，体毛の発生，初潮の出現などがみられます。このような身体の変化は急激です。とくに射精や初潮の出現は不安や恐れ，羞恥心を生み，精神状態を不安定にしてしまうものです。また，それとともに，異性に対する興味や好奇心も膨れあがってきます。この時期には，自分自身を，そして相手を大切にするための適切な性意識や性知識を身につけることが，重要な課題となります。

(3) 親なんてきらい！

　図3-4を見てください。これは，ある女子学生の，自分の親への反抗の程度をグラフに表わしたものです。思春期にあたる中学生から高校生のあたりに，反抗の山ができています。このような状態を**第二反抗期**とよんでいます。
　自我に目覚めた思春期の子どもたちには，親から自立したいという気持ちが

わき出してきます。友だち関係，異性や性的事象，これからの進路，日常生活のさまざまなことがら，流行やファッションなどを，親に干渉されずに自分の力だけで追求していきたいと思うようになるのです。しかし，親にとっては，まだまだ未熟で不安定な子どもとしか思えません。それで，ついついこれまでどおりわが子を管理しようとします。それが，親子間に摩擦を生み，ことごとく衝突する結果になってしまうのです。親にとっては手に負えない反抗期ですが，子どもが，親や社会によるおしきせの自分ではなく，真の自己を確立していくためには重要なステップなのです。そして，親や教師への反抗のかたわらで，親しい友人を求めてやまないのが思春期の子どもたちです。自分と同じ悩みや不安，喜びや興奮を共有できる，気の合う友だちが，一番ほしい年ごろなのです。

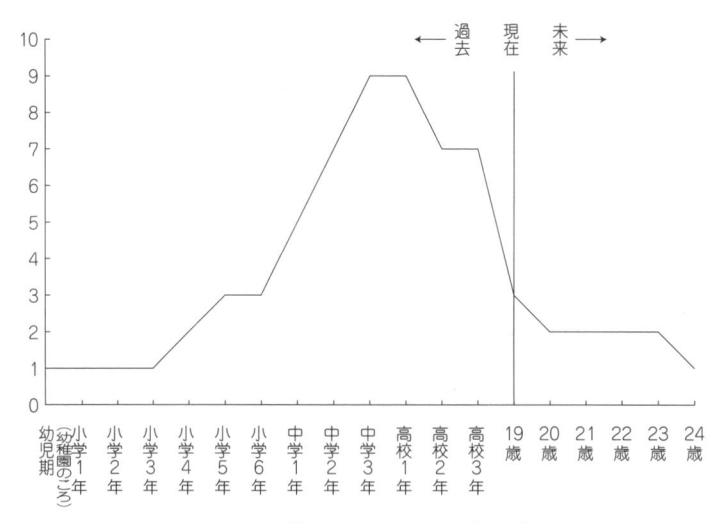

教示文は次のとおりである：「親への反抗の程度を10段階で表に書き込み，線でつないで下さい（未来も予想）」

図3-4　ある女子学生（19歳）が描いた，過去から現在，未来についての親への反抗の推移（小沢，1991）

3節 これからの私づくり——青年期から老年期へ

1．私はいま大学生

　一生という長い道のりのなかの青年期。人生，残り60年。これから歩む道をイメージしてみましょう。

(1) モラトリアム時代

　　　長かった受験生活をやっと終え，私は大学生になりました。もう子どもじゃないし，「勉強，勉強」と追い立てられることもない。久しぶりの自由を謳歌しなくちゃ。でも，なんとなく中途半端な気分……。成人式に参加して「立派な社会人になります」って言ったって，いまいち実感がわかないんです。どうして？

　青年期，とりわけ大学生のこの時期が，**モラトリアム**とよばれる時期に位置しているからなのです。モラトリアムとは，猶予期間のことであり，この時期の若者が，身体的・性的には成熟しているものの，心理的・社会的にはまだ一人前には扱われず，社会的な義務や責任の遂行をしばらく猶予してもらっているような状態にあることを表現したことばです。社会に出るのをちょっと待ってもらっている感じでしょうか。特別待遇を受けているわけです。しかし，このモラトリアム時代には，果たさなければならない重大な課題も用意されています。それは，「**アイデンティティの確立**」です。

(2) 自分さがし

　アイデンティティとは，自分が一貫性をもった自分であることに対する自信，確信であり，社会的現実のなかに生き生きと自分らしく生きるパーソナリティを育てているという実感をもつことです。「自分とは何かという問いに関する答えのすべてを包括したもの」（内藤，1991）。つまり，「**これこそが自分である**」という「**自分らしさ**」**の感覚**のことであり，エリクソン（Erikson, E. H.）

により提唱され，支持されてきました。

　エリクソン（Erikson, 1963）は，人間を「身体的・心理的・社会的」存在としてとらえ，「人生周期」とよばれる8つの発達段階と，それぞれの時期に克服すべき課題を設定しました。そのなかで，青年期の中心的発達課題にあたるのが「自我同一性（アイデンティティ）の確立」です。児童期までの子どもは，両親をはじめとする周囲の人々，テレビや書物のなかの登場人物と出会い，好きになり，それらの人々のもつ考え・態度・行動様式などを自分のなかに取り入れていきます。そのバラバラな特性を，再吟味し，統合し，本当の自分らしさをつくり上げていくのが，自分自身に鋭い目を向ける青年期である，と考えられています。

　しかし，その作業は簡単ではありません。その過程で，「本当の自分がない」という虚無の状態（アイデンティティの拡散）におちいることもあります。価値観が多様化した現代社会では，将来像が描きにくく，アイデンティティの確立もそれだけ困難であるといえるでしょう。昨今の青年のさまざまな病理的現象も，自分さがしの試行錯誤的姿と理解することもできるでしょう。そのような状況を克服してアイデンティティを確立することが，次の成人期をよりよく迎えるための重要な課題となるのです。桂（1977）は，青年期の基本的課題として次の5つの課題を提案しています。①家庭の監督からの独立，②友人との適正な交際，③異性との適正な接触，④人生観や価値観の確立，⑤将来の生活計画，これらそれぞれの課題の達成が，アイデンティティの確立へとつながり，私たちを真の意味での大人にしてくれるのです。

2．私のライフデザイン

(1) ある女子大生の将来設計

　女子大生200人に，大学卒業後の人生をイメージしてもらいました。「就職」「結婚」「出産・子育て」のそれぞれのライフステージで，どのような女性でありたいか，それを代表する色は，においは，とたずねてみました。その結果は……。

　大学を卒業したら，まず就職。25歳か26歳ごろには結婚して，仕事は続けたいけど，フルタイム希望かパート希望かは半々。夫婦にとって一番大事なもの

は，なにより「お互いの信頼感」，それから「お金」と「愛」。子どもは男女1人ずつか，一姫二太郎がいい。出産後は体調や家族の状況に合わせて仕事を考える。働くとしたらパートで，当分子育てに専念したい人が8割らしい。

　働いている私のイメージは，テキパキと仕事ができる女。でも女性らしさも失わない。色でたとえるなら，黒とブルー。においはさっぱり柑橘系。

　結婚して妻になった私は，良妻賢母。対等な夫婦関係を望むけど，夫を立てる気づかいも忘れない。色でたとえればピンク。甘い花のにおいがする妻になりたい。

　そして出産・子育てする私は，子どもと友だちのようなおしゃれママ。子どもをとても可愛がるけど，自分をしっかりもっていたい。色ならオレンジ。においは，石鹸や太陽のにおい。料理のにおいもいいかな。

　親の介護のことはまだ考えられない。90歳近くで死ぬまで，夫婦仲良く，元気で，海外旅行や趣味の世界を楽しみたい。

(2) 働くということ

　いつまでも若く美しく，仕事も結婚も子育ても優雅に楽しみたい。女子学生たちはずいぶん悠長なことを言っているようですが，一方で人生選択の厳しさが見え隠れしています。

　まず，就職。簡単ではありません。定職に就かない（就けない？）フリータ

フリーターの人数の推移

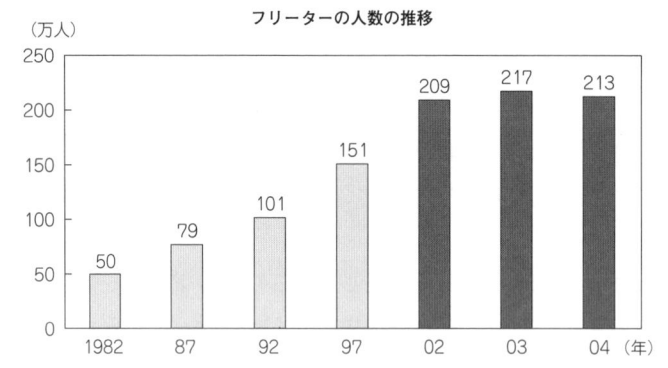

年	1982	87	92	97	02	03	04
万人	50	79	101	151	209	217	213

資料出所　1982年, 87年, 92年, 97年, 2002年, 03年については「平成16年版 労働経済の分析」より転記。2004年については、総務省統計局「労働力調査（詳細結果）」を厚生労働省労働政策担当参事官室にて特別集計。

(注) 1) 1982年, 87年, 92年, 97年については、フリーターを、年齢は15～34歳と限定し、①現在就業している者については勤め先における呼称が「アルバイト」又は「パート」である雇用者で, 男性については継続就業年数が1～5年未満の者, 女性については未婚で仕事を主にしている者とし、②現在無業の者については家事も通学もしておらず「アルバイト・パート」の仕事を希望する者と定義し、集計している。
2) 2002年から2004年については、フリーターを、年齢15～34歳層、卒業者に限定することで在学者を除く点を明確化し、女性については未婚の者とし、さらに、①現在就業している者については勤め先における呼称が「アルバイト」又は「パート」である雇用者で, ②現在無業の者については家事も通学もしておらず「アルバイト・パート」の仕事を希望する者と定義し、集計している。
3) 1982年から97年までの数値と2002年から2004年までの数値とでは、フリーターの定義等が異なることから接続しない点に留意する必要がある。

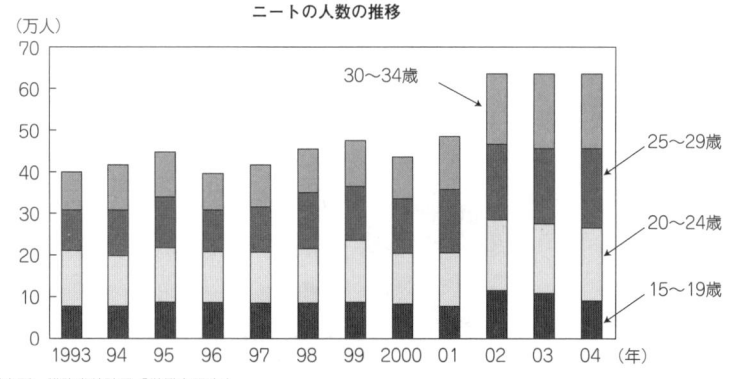

ニートの人数の推移

資料出所　総務省統計局「労働力調査」
(注)　ニート（若年無業者）について、年齢を15～34歳に限定し、非労働力人口のうち家事も通学もしていない者として集計。

図3-5　フリーター数・ニート数の推移

ーの増加に加え，ニート（NEET：Not in Education, Employment or Training）も登場してきました。厚生労働省の「平成17年版労働経済の分析」によると，2004（平成16）年の15歳から34歳のフリーターは213万人。ニートは64万人に上ることがわかっています（図3-5）。両者は，定職をもたない不安定さでは共通していますが，就職意思の有無で区別されています。フリーターやニートの増加は，わが国の経済成長率を低下させ，財政悪化を引き起こす可能性をもっていること，社会的不安に結びつく可能性があることなど，問題点が指摘されています。そして，働く以前の問題として，コミュニケーションがうまくとれない若者の増加と，そういう若者が親がかりで何とか生きていける社会のあり方が問われています。

さらに，職業生活を中心に生きていく男性に比べて，女性は結婚，出産・子育て，介護といった家庭生活上のできごとのたびに，働くことをめぐっての厳しい選択を迫られるのです。どのような職種や企業で働いているかが，結婚生活や出産・子育てに直接影響を及ぼすように，それぞれのできごとを分けて考えられないことが，決断をますますむずかしいものにしてしまいます。近年の出生率の低下や晩婚化は，このような女性たちの困惑を反映しているのかもしれません。

(3)「働き盛り」と「中年の危機」

しかし，とにかく青年期に続く成人期が，働き盛り，円熟の世代であることにまちがいはありません。気力・体力ともに充実し，社会的にも，家庭的にも，責任ある位置を占めることになります。自己の存在価値が自他ともに認められる，自己実現の時期ともいえましょう。自分の力で自分の人生を切り開いていく，忙しいけれど充実している，それが**成人期**なのです。

でも，働きすぎにはご用心。日本では「**過労死**」ということばも生まれるほどの状況がおこっています。また，一般に中年期とよばれる成人期後半には，自分の力の限界に気づいたり，自己の半生を顧みて，ふと挫折感をもったり，漠然とした不安感をおぼえて，精神的危機の段階に入っていることも指摘されています。この「**中年危機**」は，「**自殺**」という最悪の結果を招いてしまうことさえあります。

厚生労働省人口動態統計によると，1997（平成9）年には23,494人であった自殺死亡者数が，1998（平成10）年に31,755人（男性22,349人，女性9,406人）と3万人を超える急増をみせ，その後も横ばい状態にあります。交通事故死の約3倍にもあたる自殺は，日本人の死因の第6位（男性6位，女性8位）で，男女比7：3，40歳以上の中高年で全体の7割以上を占めることから，**中高年男性の自殺死亡数の増加**が自殺問題の焦点のひとつになっています。働き盛り世代の男性が，なぜ自殺を選んでしまうのでしょうか。

　前述したようにこの世代は，男女を問わず，社会においても家庭においても一番責任が重くなる「働き盛り」「充実期」であるとともに，みずからの能力の限界や行き詰まりを感じる「中年危機」の時期だといわれています。一見安定しているように見えながら，「これでいいのか」「これからどうやって生きていけばいいのか」といった不安や悩みを抱え込んでいます。その上，加齢による心身の急速な衰えや健康上の問題も顕在化してきます。さらに，子どもの自立，夫婦関係の変化，親の病気や死などの家族の問題も重なる時期ですから，心の健康がそこなわれやすくなります。幾重にも積み重なる精神的ストレスが，「**心の病**」を引き起こしてしまう場合もあります。自殺につながる可能性の高い「**うつ病**」の発症が多いのも，この世代だといわれています。

　そして，近年の経済不況による働く環境の悪化や不安，情報化など激動する社会の変化が，上述のストレスに拍車をかけています。自殺の発生率は，失業率と密接にかかわっている（バブル期の自殺死亡者数は5,000人程度で現在の6分の1）ことが指摘されていますし，合理化・リストラなどの労働強化が，「**過労死**」とともにみずから死を選ぶ「**過労自殺**」をも生み出しています。この荒波をまともに受けているのが，仕事中心の社会生活を営んでいる中高年男性です。家族のために，会社のために，かつまた自己の生きがいのために，限界を超えるほどに働いて（突然辞めさせられて），「うつ状態」から死を選ぶケースがあとを絶ちません。気晴らしをしたり，だれかに相談できればいいのですが，仕事中心の生活では，職場以外の世界や友人がなかなかもてません。働いていても，家事や子育て等をとおして地域社会ともつながりをもっている女性とは，この点が異なります。さらに，男性は女性に比べて，他者に相談することに抵抗感が強く，問題を深刻化させやすいことも指摘されています。「弱

音を吐いてはいけない」「泣き言を言ってはいけない」と自分ひとりで悩みを抱え込んでしまう傾向があるようです。中高年男性をメインとした**メンタルケア・システム**の構築が重要です。

　自殺は、本人にとってこの上ない不幸であるばかりでなく、遺された家族を悲嘆のどん底に突き落とします。遺された家族は、「なぜ？」「どうして？」という永遠に答えの出ない疑問と罪悪感にさいなまれます。絶望の末に、あとを追おうとする人も少なくないそうです。さらに、中高年男性の自殺の場合には、家族は経済的基盤をも失うこととなり、路頭に迷うことにもなりかねません。このような悲劇を少しでも減少させるためには、自殺予防への効果的な取り組みが必要です。現代社会の自殺を取り巻く状況を充分に吟味し、うつ病対策などの精神医学的観点は言うに及ばず、社会的、文化的、経済的観点等も含んだ包括的な対策が求められています。

3．老いることって……

(1) 老いのイメージ

　内閣府「年齢・加齢に対する考え方に関する意識調査（平成16年）」によれば、高齢者に対するイメージとしては「心身が衰え、健康面での不安が大きい（72.3％）」が最も多く、次いで「経験や知識が豊かである（43.5％）」「収入が少なく、経済的な不安が大きい（33.0％）」「時間にしばられず、好きなことに取り組める（29.9％）」と、健康・経済面で否定的に、知識・考え方や日常生活面では肯定的にとらえている傾向が見られました。女子大生のイメージも、「ヨボヨボで病気がち」「頑固でわがまま」といったネガティブなものと、「もの知り・尊敬すべき人」「自由でのんびりしている」といったポジティブなものが半々でした。

　老いることって、どういうことでしょうか。

(2) 年をとることはマイナス？

　60歳から69歳の健康な人を対象に、10年間の追跡調査研究を行なった下仲（2000）によれば、年をとるにともない人格のある面は低下するが、別の面はほとんど衰えず、すべての人格がマイナス方向へ変化するのではないというこ

とです。たとえば，「やる気」や「意欲」は低下するが，「的確性」は衰えず高水準で維持されます。つまり，若いときのような無茶や失敗をするようなことはせずに，慎重に，客観的に判断して行動することができるのです。また，「感受性」は衰えるものの「的確性」は維持されることから，悲しみや困難にうろたえず，冷静に受けとめることが可能になります。さらに，「内向性－外向性」といった性格特性には変化が見られないことから，年をとったからといって性格ががらりと変わるということはありません。高齢者は頑固だといわれるのも，もともとの性格と自分の生活は自分で守ろうとする姿勢の表われだと，解釈されています。

　老いることは，能力のすべてが衰えるだけということではないようです。高齢になるとともに，体力や感覚機能など，たしかに衰えていくものがあります。これは，自然現象であり，「正常老化」とよばれるものです。しかし，自分の感情をコントロールする力や知識力は低下しません。さらに成熟していく能力もあります。年をとり老いることは，ダメになるばかりではないのです。暗く悲観的なイメージばかりにとらわれず，自分のできることを最大限に発揮して，年を重ねていきたいものです。

(3) 生きがいを求めて

　少子高齢化が進み，高齢者が生きがいをもって社会参画することが重要である，という認識が広まるなかで，「福島方式」とよばれる福島県老人クラブの先駆的取り組みが注目されています。高齢者の地域子ども預かり事業（おひさまファミリーサポート）とよばれているもので，母親の外出時などに老人クラブが主体となって子どもを預かる事業です。この活動をとおして，母親には，ゆとりと子育てについての不安を相談したり，子育ての知恵を伝授してもらえる機会が与えられます。そして高齢者には，地域貢献と子どもとのふれあいによる若返り効果が期待され，それが「生きがい」につながるかもしれません。社会に必要とされる存在として，生き生きと生活していきたい，それは人生のどのステージでも私たち人間が求めてやまないものです。

こころとからだの発達 **3**章

自分でやってみよう！

「質問魔」にどう答える？

　幼児期が「質問魔」であることを本文中にも述べましたが，子どもたちが出してくる質問のなかには，簡単には答えられないものも含まれています。たとえば次のひろのり君の質問に，お母さんはどう答えたのでしょうか。あなただったらどう答えますか？

　　　　　おかしいな　　　　わだ　ひろのり（3歳）

　　　　お母さん
　　　　どうして
　　　　外側は　くびで
　　　　中は　のどなの

　　　　　　　　　『幼児のつぶやきと成長』（亀村，1999）

　ひろのり君の質問に，お父さんやお母さんになったつもりで，大学生に答えてもらいました。最も多かった答えは，「のどは大切なところだから，くびが守っているのだよ」という答え。「のどちんこが赤ちゃんで，それを守っているのどがお母さんで，赤ちゃんもお母さんも守っているくびがお父さんなんだよ」と答えてくれた心優しい男子学生もいました。次に多かった答えは，「外側のくびと内側ののどには，違うお仕事があるからだよ」という答え。「くびは頭とからだをつなぐ役目，のどは食べ物や空気をとおす役目をしているので，名前が違うんだよ」というふうに。幼稚園児に人気があった答えは，「おまんじゅうといっしょよ」という答え。「外から見たらおまんじゅうだけど，なかはあんこでしょう。くびはおまんじゅうで，のどはあんこなのよ」といったものでした。身近な食べ物を使ったのが功を奏したようです。ほかにもいろいろとおもしろい答えが出てきましたが，なかには，「ドラえもんが決めたんだもん」とか「お父さん（お母さん）に聞いてごらん」と逃げの一手の答えもありました。

　子どもたちの何気ないつぶやきには，子ども界の不思議や楽しみがたくさん詰まっています。耳をすまして，しばし寄り添ってみましょう。こころと頭を柔軟にして……ひろのり君の質問に，何とか答えようとする学生たちの表情は，いつもの授業では見られないほど真剣で，しかもほんわか温かいものでした。

4章

私らしさの形成

1節 私らしさとは──性格を知る

1．性格ってなに？

(1) キャラクターとパーソナリティ

　「ねぇ，もしかしてあなたA型？」「なんで？」「だってすごく几帳面だもの」こんなやりとりよく耳にしませんか。私たちは日常のなかで，人間関係を始める第一歩として，まず相手の内面を知ろうとします。そのために，周囲の人から情報を集めたり，相手の行動を観察して特徴を見つけようとします。正しいかどうかは別として，上の会話にあるように，手っ取り早く血液型から判断しようと考える人もいるかもしれません。

　私たちが相手の内面について推測することを**対人認知**といいます。対人認知のプロセスでは，外見や行動を手がかりに短時間で情報の処理が行なわれます。私たちは初対面の人に対しても何らかの印象をもちます。いわゆる第一印象です。たいていの場合，限られた断片的な情報をもとに相手の印象を形成しているのです。このように短時間で人の内面を簡単に理解できれば，人間関係に頭を悩ますこともないのかもしれません。

　では，私たちは自分自身についてはどの程度理解できているのでしょうか。「自分のことは自分が一番よくわかっている」というのはまちがいではなさそうですが，人は時に自分でもびっくりするような行動をしてしまうことがあります。一般的に，こうした人間の内面や行動特徴を意味するものとして，**性格**や人格という言葉をよく使います。他にも気質，気性，性質などいろいろとあります。性格は**キャラクター**（character）の訳語であり，その語源はギリシャ語で刻み込まれたものを意味するキャラクテール（kharakter）です。語源から，生得的な意味合いをもつとも考えられており，かつてドイツで好んで使われていました。これに対して，人格は**パーソナリティ**（personality）の訳語ですが，最近では訳さずにパーソナリティと表記されます。語源はラテン語で仮面を意味するペルソナ（persona）で，こちらは，英語圏でよく使用されてきた用語です。語源から，後天的に成長の過程で身につけられたものととらえ

私らしさの形成 **4**章

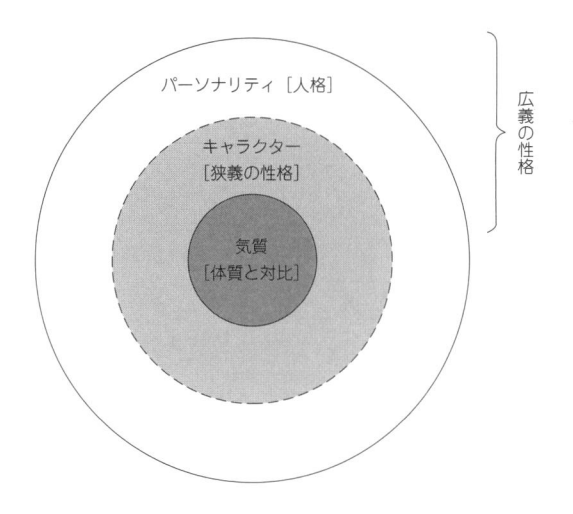

図4-1　性格を表わす用語の関係　(玉瀬，2004)

られることもあります。現在この2つの用語の定義は，多くの場合，性格が「その人を特徴づけている基本的な行動様式で，持続性とまとまりをもったもの」という狭義のとらえ方なのに対し，人格あるいはパーソナリティは「知能や創造性などの能力も含めた統一的で総合的な個性的特徴」ととらえています。また，もう1つのその人らしさを示すことば，**気質**（temperament）は体質と対応するように使われ，生まれつきもった特徴のことをさします。こうした用語の関係を示したのが図4-1です。人格に含まれるとされる知能や創造性については，後述の6章3節，7章で理解を深めてもらい，この節では，「私」あるいは「私らしさ」を知るために，狭義の性格に焦点をあてて話をしていきます。

(2) タイプに分ける──クレッチマーの類型論，ユングの類型論

　性格を理解するときに，いくつかのタイプに分けて考えようというのが**類型論**です。類型論は，何種類かの決まった型にあてはめて人を理解するのですから，大雑把にはなりますが，直観的に全体像を理解しやすいと言えます。さきほど血液型で人の内面を理解しようとする人もいると言いましたが，血液型によって人の性格を判断する方法を，心理学では血液型ステレオタイプとよんで

います。ステレオタイプとは，社会一般にもたれているイメージや固定観念のことで，その内容は必ずしも正しいものではありません。血液型による性格類型は科学的には実証されておらず，心理学界では類型論の1つとしては認められていないのです。ここでは，代表的な類型論としてクレッチマーとユングの類型論を紹介しましょう。

クレッチマー（Kretschmer, E.）はドイツの精神科医で，精神病と患者の体型との間に関連性を見いだしました。さらに，患者の病気になる前の性格や患者の家系について調べたところ，一般の人の体型と性格にも一定の関連性があると考えたのです。クレッチマーは，表4-1のように，気質を躁うつ気質，分裂気質，粘着気質に分け，その特徴とそれぞれに関連ある精神病と体型を示しました。この内容を見ているとたしかに，肥満タイプの人にはおおらかで，明るい人が多いような気がしますし，やせた人は物静かで神経質そうにみえたり，頑固でまじめな体育会系熱血タイプもなんとなく想像できます。現在では妥当性に疑問を投げかける人もいますが，体型との関連で性格をイメージするという彼の類型論は，わかりやすいものだといえるでしょう。

ユング（Jung, C. G.）の類型論は，心的エネルギーの向かう方向によって，人間の根本的態度を内向型－外向型に分けるものです。内向型は，心的エネルギーが自分の内面へ向かう人です。感情表出が控えめで，内気で物静か，思慮深いが実行力や適応力は低く，ものごとに対して懐疑的，批判的な態度をもっています。交友範囲は狭く，人の意見よりも自分の意見に固執するという特徴

表4-1　クレッチマーの性格類型（詫摩，1986）

気　質	特　徴		対応する体型	関連する精神病
躁うつ気質	基本的特徴 躁状態 うつ状態	社交的，善良，親切，温かみがある 明朗，ユーモア，活発，激しやすい，軽率 寡黙，柔和，堅実，気が重い	肥満型	躁うつ病
分裂気質	基本的特徴 過敏状態 鈍重状態	非社交的，用心深い，控えめ，きまじめ 臆病，繊細，敏感，神経質，恥ずかしがり 従順，無関心，温和，鈍感，お人好し	細長型	統合失調症
粘着気質	基本的特徴 爆発性 粘着性	頑固，熱中，拘泥，几帳面，凝り性 爆発的な怒り，融通性のなさ 丁寧，まわりくどい，誠実，いんぎん	闘士型	てんかん

があります。一方外向型は，心的エネルギーが自分の外側にある現実世界に向いている人です。感情の表出が豊かで明るく活発，現実社会に適応しやすく決断，実行力をもっています。その反面思慮深さに欠けるために失敗することもあります。交友範囲は広く社交的ですが，他人の意見に影響されやすいところがあります。

　ユングはこの2つの根本的態度に，判断機能「思考－感情」，知覚機能「感覚－直観」の4つの心理機能を加え，これらの組み合わせによって8類型で説明しました。さらに，ユングは4機能のうち最も発達しているものを「優越機能」とよび，その対にあたるものを劣等機能とし，両者の意識－無意識の間のダイナミックな補償関係を想定しました。こうした点はユングの類型論の特徴です。

(3) 特性を組み合わせる――ビッグファイブ

　性格をタイプ別に分けて理解する方法は，その人の全体像をイメージしやすいものですが，一方で人間の性格の多様性を考えたとき，すべての人を数種類の性格に分けることに無理があることもたしかです。そのため，人の性格を構成する因子を性格特性として導き出し，その組み合わせによって性格を記述しようとするのが**特性論**です。特性論では対になるさまざまな特性因子（たとえば「積極的－消極的」）の高低でプロフィールを作りますが，理論によってこの特性因子の数にはばらつきがありました。オルポート（Allport, G. W.）は，人の特性を表わす単語17,953語を選び出し，整理分類した結果，支配的－服従的，外向的－内向的など14の特性因子にまとめました。キャッテル（Cattell, R. B.）は外部から観察可能な**表面特性**とそのさらに根底にある**根源特性**をとらえ，因子分析を用いて16因子を取り出し，アイゼンク（Eysenck, H. J.）は最終的に精神病質，神経症，内向－外向の3因子にまとめました。

　こうしてさまざまな研究者が，性格をとらえるための共通特性を見いだしたのですが，最近では，「ビッグファイブ」とよばれる**性格5因子モデル（Five Factors Model：FFM）**が注目されています。性格は究極的に5つの特性によって説明可能であるとするもので，1990年代以降は日本でも5因子モデルの妥当性を証明する研究が増えており，その代表としては，日本版NEO-PI-R，

FFPQ，主要5因子性格検査などがあります。ここで共有された5因子をFFPQを例にとってみると，①外向性－内向性，②愛着性－分離性，③統制性－自然性，④情動性－非情動性，⑤遊戯性－現実性に集約されます。こうした5因子モデルに基づく測定尺度はさまざまな分野で活用できるツールとして今後の研究の発展が期待されます。

2．性格を診断する

　私たちが性格を知りたいと思うときに使われるのがさまざまな性格診断法です。ここではそのなかから，**質問紙法，投影法，作業検査法**の3つを紹介します。

(1) YES-NOでわかる──**質問紙法**

　質問紙法とは，被検者が質問項目に対して「はい」「いいえ」「どちらでもない」などの評定をし，その回答をもとに診断する方法です。質問紙法は，集団実施ができ短時間で客観的な結果の処理が可能なことから，さまざまな場面で活用されています。しかし一方で，質問項目のとらえ方に個人差があったり，回答を意識的あるいは無意識的に歪ませる可能性があるため，検査の使用目的や本人の意図しだいでは正確な診断ができないという指摘もあります。

　質問紙法として，**矢田部・ギルフォード性格検査**（YGPI®）（図4-2），ミネソタ多面的人格目録（MMPI），向性検査，**エゴグラム**（p.75　自分でやって

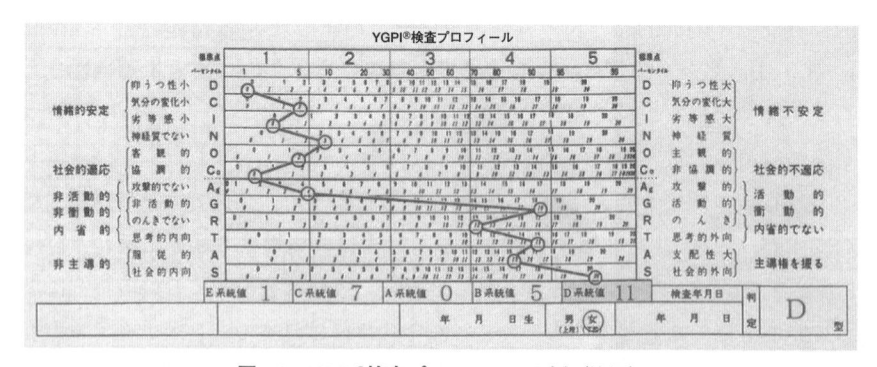

図4-2　YGPI®検査プロフィールの例（辻岡）

みよう！参照）などがあります。

(2) 何にみえるかな——投影法

　投影法では，意味のあいまいな多義的な刺激を見て，その刺激から連想するものを答えさせたり，刺激をもとに何かを構成させたりすることで，質問紙法ではとらえられない力動的なこころのはたらきを探ることができ，臨床現場の心理アセスメントとしてよく用いられます。また，回答と結果の分析との関連性を予測しにくいため，意図的に回答を操作することがむずかしいという点で，被検者のありのままの反応をみることができます。一方で，解釈が主観的になりやすく，解釈に熟練を要するという欠点があります。

　投影法には，ロールシャッハ・テスト，**TAT**（絵画統覚検査），**文章完成法**（SCT），バウムテスト，**P-Fスタディ**，**HTPテスト**（House Tree Person）などがあります。

(3) たし算でわかる——作業検査法

　作業検査法とは，被検者に一定の作業をさせて，その過程や結果から性格を測定しようというもので，**内田クレペリン精神検査**はその代表です。この検査は，連続加算つまりたし算をくり返すという単純作業からなっています。作業量と作業曲線型，誤答数などを総合して，健康者常態定型曲線という精神的に健康な人にみられる特徴的な作業曲線からどの程度の隔たりがあるかで性格を判定します。被検者には測定意図がわかりにくいため，質問紙法に比べて意識的操作がむずかしい点が長所といえます。また，集団実施が可能で，適用できる年齢範囲が広く，一桁のたし算が可能であれば，子どもから大人まで適用できることから，教育や雇用の場でよく使用されます。一方で，結果の分析には熟練を要し，検査の結果からは精神状態の健康度や作業能力の把握は可能ですが，性格を多面的にとらえることはむずかしいといえます。

2節 私らしさを育てる

1. 私らしさはどこからくる？

「私たちの性格はどうやってできあがるのでしょう？」私たちは一人ひとり独自の存在です。その独自性とは，親から受け継いだものでしょうか，それとも生まれたあとにつくられたものでしょうか。遺伝と環境のどちらが性格を決めるのかということは，古くから論争されてきました。現在では，相互に影響を受けてつくられていくという考え方が妥当とされています。では，それぞれの立場の主張と研究の流れをみてみましょう。

(1) 親譲りの無鉄砲――遺伝説

夏目漱石は代表作の1つ「坊ちゃん」の冒頭で，「親譲りの無鉄砲で子供の時から損ばかりしている」と主人公の性格を描写しています。「親譲りの」とは，まさに遺伝による性格特性を意識した表現です。私たちもふだんの生活のなかで，親やきょうだいと性格が似ている自分を感じたり，似ていることを人から指摘されることがあるでしょう。

遺伝説を実証するための研究法として，**家系研究法**と**双生児研究法**があります。イギリスの遺伝学者ゴールトン（Galton, F.）は，統計学を使って優れた才能をもつ人物を多く輩出する家系（たとえば，音楽家のバッハ家）を調べ，

その結果が性格における遺伝の影響を裏づけるものと考えました。また，ダグデール（Dugdale, R. L.）も犯罪者やアルコール依存患者などの多い家系について調べ，遺伝によってもたらされた資質が現われた結果であると考えました。しかし，この方法には欠点がありました。同一家系の人は同じような環境のなかで生活する可能性が高く，たとえばバッハ家の場合は，幼いころから豊富な音楽環境で育てられた可能性が高く，結果的にその才能を開花させる機会にも恵まれます。一方，犯罪者の多い家系では，幼いころから親の行なう犯罪を観察し，学習する機会が多く，やがて劣悪な生活環境ゆえにみずからが犯罪をくり返さざるを得ません。このように家系研究法では，遺伝と環境の要因を分離することがむずかしく，研究方法として不十分であると指摘されました。

　これに代わる方法として注目されたのが双生児研究法です。双生児はまったく同じ遺伝子をもつ一卵性双生児と，きょうだいと同程度の遺伝的素質をもつ二卵性双生児に分けられます。異なる遺伝的特質をもった，一卵性双生児と二卵性双生児の性格の違いを検討することによって，遺伝の影響が大きいのか，環境の影響が大きいのかを調べようとするものです。つまり，一卵性双生児に見られる性格の違いは環境の影響，二卵性双生児の場合は遺伝と環境の両方の影響と考えられ，一卵性双生児の類似度が二卵性双生児の類似度より高ければ，それは遺伝の影響によるものである，と結論づけることができるのです。

　さまざまな研究の結果，多くの特性で一卵性双生児の類似度が二卵性双生児よりも高いということが示され，性格は遺伝の影響を受けると結論づけられました。さらに，遺伝の影響が大きい特性と小さい特性があることも示されています。ゴットシャルト（Gottschaldt, K.）は，思考や判断などの知性的上層と

表4-2　遺伝規定性と環境規定性の割合（詫摩，1967）

精神機能		遺伝規定性：環境規定性
知性的上層		2.6：1
内部感情的基底層	感情的思考	2.0〜3.1：1
	感情触発性	4.7：1
	衝動性	6.3：1
	根本気分	12.3：1

感情的思考，感情触発性や衝動性，根本気分といった内部感情的基底層への遺伝と環境の影響を検討し，根本気分（明るい，温かい，じめじめといったその人を特徴づける情緒の状態）においてはとくに強い遺伝的影響があることを示しています（表4-2）。

(2) どのような人間でもなれる？──環境説

　私たちは親から受け継いだ遺伝子をもつ一方で，生まれた瞬間からさまざまな環境にさらされます。この環境が何よりも重要であると考えたのが，環境説を唱えるワトソン（Watson, J. B.）やアカゲザルの社会的隔離研究で有名なハーロー（Harlow, H. F.），**ホスピタリズム**（発達初期に施設で育てられた子どもたちの発達障害）や親子の愛着関係を研究したボウルビィ（Bowlby, J.）です。

　人間の発達における環境の重要さを示す証拠として，ゲゼル（Gesell, 1941）がその著書のなかで紹介した，インドで発見されたアマラとカマラという少女の話は有名です。彼女たちはインドの森でオオカミの群れと暮らしていたところを保護され，その後人間社会のなかで成長しました。発達の初期に人間社会から隔離された環境で育った結果，彼女たちはことばも話さず，けもののようにふるまったと言われています。発見当時アマラは1歳半，カマラは8歳くらいと推定されましたが，アマラは残念ながら1年後に病死してしまいました。しかし，アマラはカマラに比べ，ことばの発達が早かったと言われています。人間は人間らしい環境にあってはじめて人間らしくなり，過酷な環境におかれた期間が長いほど，回復するのには時間がかかることを示していると言えるでしょう。しかし現在では，その特徴から彼女たちが自閉症児ゆえに遺棄された可能性が指摘されたり，記録の信憑性への論議もあるということを付け加えておきます。

　第二次世界大戦中にヨーロッパを中心に社会問題となったホスピタリズムは，その後，施設保育だけで起こるものではないという指摘がなされました。ボウルビィ（Bowlby, 1951）は，**マターナル・デプリベーション**（母性的養育の剥奪）が子どもの性格形成に著しく深刻な影響を与えるとし，発達初期における環境として最も重要な親子関係に注目したのです。

表4-3 性格の形成に及ぼす環境要因（詫摩，1990）

1. **生まれた家庭の要因**
   - 親の年齢・教育歴・職業・収入・宗教・人生観・価値観・子ども観・性役割観
   - その家庭の一般的雰囲気
   - 父と母の関係
   - その家のある地域の諸特徴

2. **家族構成**
   - 家族構成員の人数や関係／三世代家族，核家族などの家族形態
   - きょうだい数と出生順位／異性のきょうだいの有無／きょうだいの間の年齢差／出生順位による親の期待内容
   - 家族間の愛情の程度
   - 親と子の心理的距離

3. **育児方法や育児態度**
   - 授乳や離乳のしかた
   - 食事，睡眠，着衣，排泄などの基本的習慣のしつけ
   - 他人に対する態度，感情の表出（怒り，甘えなど）に関するしつけ
   - 親の子どもに対する一般的態度（保護的，拒否的，放任的，溺愛的，受容的，支配的など）

4. **友人関係・学校関係**
   - 友人の数・つき合いの程度／友人との遊びの時間や場所／遊びの内容／友人集団内での地位
   - 幼稚園や学校の教育方針／担任教師との関係

5. **文化的・社会的要因**
   - その社会の生活様式・宗教・習慣・道徳・法律・価値基準・政治形態・歴史・地理・人間関係観・性役割観
   - ほかの社会との関係

　私たちは生まれた環境は一人ひとり違います。同じ家庭で育つきょうだいであっても，その出生順によって同じように育てられるとは限りません。人間にとって最も早くから影響を受けるのが親であることは，先に指摘したとおりです。

　ほかにも，家族構成や家族以外の友人との関係，生まれ育った文化や歴史的背景の違いなど，さまざまな環境要因が考えられます。こうした性格の形成に影響を及ぼすと思われる環境要因をまとめたものが表4-3です（詫摩，1990）。

(3) 氏も育ちも

　人間の性格形成を理解しようとするとき，何か単純な要因のみで説明することはむずかしく，さまざまな要因が複雑に影響していると考えられます。長い論争を経た結果，遺伝だけでも環境だけでもなく，相互にあるいは加算的，相

乗的に影響するというのが現在の見解です。

ワトソンは生まれたばかりの赤ちゃんを白紙の状態と考えましたが，実際には個性は生まれてすぐのころから見ることができ，この個人的特性のことを**気質**とよんでいます。この気質に注目して，長期にわたる縦断的研究を行なってきたのが，精神医学者のトーマス（Thomas, A.）とチェス（Chess, S.）です。彼らはみずからの臨床経験から，環境要因だけでは子どもの発達の個人差を説明することがむずかしいと考え，0歳から成人になるまでの追跡研究を行ないました（Thomas & Chess, 1996）。1歳から5歳までの間は，1年単位という短いサイクルで相関を調べました。するとたしかに気質には関連があり，かなりの持続性が認められました。10歳になったときにも，1歳当時のいくつかの特性についてはある程度の持続性が認められました。しかし，成人になるまでの長期間に及ぶと，その気質的特性はほとんど一致しておらず，関連性が認められなくなっていました。この結果は，人間はたしかに個性をもって生まれてくるが，その遺伝的素質はずっと変わらずにあるものではなく，環境の影響を受けながら変化していくことを示唆していると言えるでしょう。

さらに，**相乗的相互作用**という考え方も私たちに，重要な視点を与えてくれます。これはたとえ生まれてすぐの赤ちゃんであっても個性をもっており，親のかかわりも赤ちゃんの個性によって影響を受けているということです。要求がわかりやすく扱いやすい気質の子どもは，親が育児に自信をもちやすく，積極的に子どもにはたらきかけ，さらに赤ちゃんの順応性も高まるといった良循環を生みます。これに対し，要求のわかりにくい赤ちゃんは，親が育児に苦痛や不安を感じやすく，親のかかわりが消極的になり，赤ちゃんも不安になりやすいという悪循環を生むのです。このように親子は互いに影響しあい，相互作用しながらかかわりをもっていきます。生まれもった個性だけでも，親の養育態度や社会的環境だけでも性格がつくられることはありません。両者が複雑に絡み合って常に変化しながら形成されていくものなのです。

2．「私」を育てる

(1)「私」との出会い

赤ちゃんにも生まれながらに個性があると述べましたが，当の赤ちゃん自身

は，おっぱいを飲んで満足だとか，おむつが濡れて気持ち悪いといった主体的な感覚の世界を体験しているにすぎません。一方で，感覚や本能に基づく欲求を，自分以外の存在が満たしてくれたり，逆に阻止したりすることにも気づきます。この体験をくり返すことで，しだいに他者と切り離された自己の存在に気づき始めると考えられます。そして，感覚運動期といわれる乳児期の赤ちゃんは，自分の体を動かして遊ぶことをくり返すなかで，自分の手を発見します。3〜4か月の赤ちゃんを観察すると，しきりと自分の手を目の前にかざして，じーっとながめている姿に出会います。これが「手の発見」です。赤ちゃんにとっては自分のからだの一部と出会う初めての体験なのです。1歳前後になると，今度は自分に名前があることに気づき，次には名前を呼ばれると返事をするようになり，ついには自分の名前を言えるようになります。すると，自分の所有物について「自分のもの」であることを主張するようにもなります。さらに，1歳半から2歳になるころには，鏡に映る自分の姿を発見します。こうして次々と自己の発見をくり返していくなかで，徐々に自分という存在のたしかさを認識し，**自我**が芽ばえてくるのです。

　人間の赤ちゃんは，その他の哺乳動物に比べて未熟な状態で生まれてきます。ウマやゾウは生まれて数時間後には親といっしょに歩いたり，走ったりできます。それに比べると人間が自分の力で移動できるようになるのは，ハイハイを始める8か月ごろからです。ウマやゾウのように，お腹が空いたからといって自分で母親のところに行って，おっぱいを飲むことはできません。そのために，赤ちゃんは泣いては母親を呼び，母親がそれにこたえるという経験をくり返します。そのくり返しのなかで，自分が泣くとだれかが来てくれる，という**随伴性**を学びます。この随伴性をさまざまなところでくり返し経験することで，有能感が育ち，ものごとの因果関係にも少しずつ気づくようになるのです。こうして自己の行動とその結果についての予測ができるようになると，みずからの意志でみずからの行動を選び取ろうとする気持ちが芽ばえてきます。

　また2歳から3歳の時期は**第一反抗期**とよばれますが，まさに，子どもが自己を主張し，自分が主役となっていろんなことにチャレンジしたいという意思表示をすることが，大人にとっては反抗に映るわけです。大人から見ればまだまだできないことだらけでも，子どもにはたしかな自己を確認する大事な作業

なのです。やがて集団生活に入り，仲間とのかかわりをもつようになると，他者との欲求のぶつかり合いのなかで，他者とのさまざまな違いに気づきます。そして他者に配慮したり，自己制御もできるようになってきます。こうした他者への関心が自己の対象化を促進し，**個性**を発現するための基礎となるのです。

(2) 男の子？　女の子？

　みなさんが自分の性別を意識するようになったのはいつでしょうか。個人差もありますが，2歳ごろから性別の違いによって，ことばづかいの違いがみられるようになります。たとえば，男の子は「ぼく」，女の子なら「わたし」ということばで自分を呼びます。また，男の子には「～するぞ。～しろ」といった強い語尾や命令口調がよくみられ，女の子は「～だわ。～よね」といったやわらかい口調を使うようになります。子どもは周囲を観察しながら，自分の性別にふさわしいと思うことばづかいを身につけているのです。

　親のしつけや**発達期待**も性別によって違いがあります。詫摩（1988）は，4歳，小学3年生，6年生の子どもの母親を対象に，わが子に期待する性格特徴を調査しました。すると，男の子には「たくましさ」や「指導力」を期待し，女の子には「かわいさ」や「愛嬌」を期待する，というように性別によって期待が違うことがわかりました。子どもは，生まれたときから，その性別にふさわしいと考えられている服装やおもちゃなどを親から与えられます。また，同

じことをしても性別によって親からの反応が違い，親や社会が自分に求めている特性が違うということを，自然に理解し身につけているのです。女の子は女の子らしく，男の子は男の子らしくという**性役割**が，幼いころから刷り込まれているといえます。性役割だけに限らず世の中にはさまざまな役割が存在します。一人ひとりの成長過程において与えられるさまざまな役割が，それぞれの環境や年齢において違った期待をもたらします。私たちはその期待に沿った自己をつくっていくのです。こうしてつくられる性格を**役割性格**とよび，性役割もその1つなのです。

このように，性別意識が自己を形成する1つの軸として重要なことは否めません。もちろん，成長する過程で性別によって求められる「らしさ」に疑問を感じ，そこから脱却しようとする人もいるでしょう。あるいは，親として男女の区別なく育てる，という人もいるでしょう。性別に縛られることは望ましくありませんが，その一方で，性別によるさまざまな違いや影響を無視することもむずかしいといえるかもしれません。

(3) 自分らしく生きる

これまで見てきたように，私たちは生まれたときから個性をもち，さらにそれぞれが生きていく環境によってさまざまな可能性を開花させます。そして，与えられた役割を受け入れながら，一人ひとりが唯一独自の存在として成長していくのです。その過程にも結果にもさまざまな個人差があり，ほかの誰でもない自分というものができあがっていきます。性格の形成には遺伝的要素も環境からの影響もどちらも重要であることを述べましたが，私たちはみずからの努力で自分を変えていこうとする力ももっています。

マズロー（Maslow, A. H.）やロジャーズ（Rogers, C.）は，人間のもつ自己成長力，**自己実現欲求**を重視し，人間はよりよき生に向かって歩む主体的存在であると考えました。私たちは成長するにつれ，自分で自分のことを評価するようになります。幼児のころは，まだ自分の能力を客観的に評価することはむずかしく，多くの場合過大評価することが知られています。小学校に入ると，少しずつ自分自身を客観的に見ることができるようになってきます。学年があがるにつれ，級友との比較のなかで多面的な視点をとることができるようにな

り,「他者から見た自分」を意識するようになります。思春期に入ると,第二次性徴を迎え,身体的発達や性的成熟,さらには知的発達も著しい一方で,その個人差も大きくなります。この時期は,疾風怒濤と表現されるとおり,心身の変化に翻弄され,他者の目をますます意識するようになります。すると,自分の外見や性格について思い悩むなかで,みずからが理想とする自分を思い描き,それに向かって努力する姿も見られるようになります。これはまさに自己成長を望む私たちが,主体的に自分をつくっていく過程の始まりといえるでしょう。

　エリクソン（Erikson, E. H.）は,「自分とは何か」という問いに対し試行錯誤しながら模索し,**自我同一性**（アイデンティティ・自分らしさ）を形成していくことが青年期の課題だと考えました（p.50参照）。私たちは遺伝や環境という自分の力では変えがたいものによってのみ形づくられるのではなく,みずからが考え行動する主体的存在として,独自性を求め「私らしさ」を探求していくのです。人と違う「私らしさ」を求めることは,私たちのもつ大切な欲求の1つです。しかし,「私らしさ」を探し求める一方で,私たちは生まれたときから,この世にただ一人の大切な存在,つまり「オンリーワン」であるということも忘れないでもらいたいものです。

私らしさの形成 **4**章

自分でやってみよう！

性格診断を体験する

　本章1節で紹介した性格を診断する方法の1つ、質問紙法の代表として、ここではエゴグラム（杉田, 1985）を実際に体験してもらおうと思います。次の質問項目について、自分にあてはまるものには○、どちらともいえないものには△、あてはまらないものには×を記入してください。

●CP（批判的な親の心）

	判定	得点
1 あなたは何ごとにもきちっとしないと気がすまないほうですか		
2 人が間違ったことをしたとき、なかなか許しませんか		
3 自分を責任感のつよい人間だと思いますか		
4 自分の考えをゆずらないで、最後までおし通しますか		
5 あなたは礼儀、作法についてやかましいしつけを受けましたか		
6 何ごとも、やりだしたら最後までやらないと気がすみませんか		
7 親から何か言われたら、そのとおりにしますか		
8 「ダメじゃないか」「…しなくてはいけない」という言い方をしますか		
9 あなたは時間やお金にルーズなことが嫌いですか		
10 あなたが親になったとき、子どもをきびしく育てると思いますか		
合　計		

●NP（養育的な親の心）

	判定	得点
1 人から道を聞かれたら、親切に教えてあげますか		
2 友達や年下の子どもをほめることがよくありますか		
3 他人の世話をするのがすきですか		
4 人のわるいところよりも、よいところを見るようにしますか		
5 がっかりしている人がいたら、なぐさめたり、元気づけてやりますか		
6 友達に何か買ってやるのがすきですか		
7 助けを求められると、私にまかせなさい、と引きうけますか		
8 だれかが失敗したとき、責めないで許してあげますか		
9 弟や妹、または年下の子をかわいがるほうですか		
10 食べ物や着る物のない人がいたら、助けてあげますか		
合　計		

●A（大人の心）

	判定	得点
1 あなたはいろいろな本をよく読むほうですか		
2 何かうまくいかなくても、あまりカッとなりませんか		
3 何か決めるとき、いろいろな人の意見をきいて参考にしますか		
4 はじめてのことをする場合、よく調べてからしますか		
5 何かする場合、自分にとって損か得かよく考えますか		
6 何か分からないことがあると、人に聞いたり、相談したりしますか		
7 体の調子のわるいとき、自重して無理しないようにしますか		
8 お父さんやお母さんと、冷静によく話し合いますか		
9 勉強や仕事をテキパキと片づけていくほうですか		
10 迷信やうらないなどは、絶対に信じないほうですか		
合　計		

●FC（自由な子どもの心）

	判定	得点
1 あなたは，おしゃれが好きなほうですか		
2 皆とさわいだり，はしゃいだりするのが好きですか		
3 「わあ」「すげぇ」「かっこいい！」などの感嘆詞をよく使いますか		
4 あなたは言いたいことを遠慮なく言うことができますか		
5 うれしいときや悲しいときに，顔や動作に自由に表すことができますか		
6 ほしい物は，手に入れないと気がすまないほうですか		
7 異性の友人に自由に話しかけることができますか		
8 人に冗談を言ったり，からかったりするのが好きですか		
9 絵をかいたり，歌をうたったりするのが好きですか		
10 あなたはイヤなことを，イヤと言いますか		
合　計		

●AC（従順な子どもの心）

	判定	得点
1 あなたは人の顔色を見て，行動をとるようなくせがありますか		
2 イヤなことはイヤと言わずに，おさえてしまうことが多いですか		
3 あなたは劣等感がつよいほうですか		
4 何か頼まれると，すぐにやらないで引き延ばすくせがありますか		
5 いつも無理をして，人からよく思われようと努めていますか		
6 本当の自分の考えよりも，親や人の言うことに影響されやすいほうですか		
7 悲しみや憂うつな気持ちになることがよくありますか		
8 あなたは遠慮がちで消極的なほうですか		
9 親のごきげんをとるような面がありますか		
10 内心では不満だが，表面では満足しているように振る舞いますか		
合　計		

●採点と結果の見方

　まず，○は2点，△は1点，×は0点として，CP，NP，A，FC，ACの各尺度の合計得点を算出しましょう。それがあなたの5つの尺度の得点です。
　では，次に各尺度の意味するところを説明します。この5つの尺度は，私たちのこころのなかにすむ5人家族を表わします。
①CP（批判的な親の心）：怒りっぽいガンコ親父。この得点の高い人は責任感や社会の
　　ルールを重んじる人です。
②NP（養育的な親の心）：世話好きなお母さん。NPの高い人は思いやりが強く，寛大で
　　面倒見がよいのが特徴です。
③A（大人の心）：クールで合理的なお兄さん。Aの高い人は，物事を客観的に見て，合
　　理的な判断のできる人です。
④FC（自由な子どもの心）：いつも明るいやんちゃ坊主。FCの高い人は素直で好奇心旺
　　盛な人です。
⑤AC（従順な子どもの心）：言いたいことが言えないイイ子ぶりっこ。ACの高い人は，
　　協調性が高く，自分の感情を抑えて人に合わせてしまう人です。
　この5つのこころの状態は人によってさまざまなバランスで現われます。どの尺度にも良い面と悪い面があり，得点の高さを問題にするのではなく，自分に何が足りないのかを確認することで，性格を改善するための手がかりとして使うことができます。エゴグラムは交流分析という理論で提唱された構造分析を具体化したものです。もっと詳しく知りたい人は「交流分析のすすめ」（杉田峯康 著　日本文化科学社　1990年）などを参照してください。

5章

人をかりたてるもの

1節 情動とはなにか

1. 情動の基礎を知る

(1) 情動ってなに？

　情動は**情緒**ともいい，**感情**の下位概念の1つに含まれます。具体的には，怒り，嫌悪，恐怖，愛情などの比較的短時間に生じるものをいいます。たとえば，デートの前であれば，わくわくとこころがはずむ楽しみの情動をおぼえますし，会えば，うれしいという情動が生じます。逆に，何かの事情で会えないことになれば，悲しみの情動を感じるでしょう。このように情動は人間の行動のさまざまな場面で，それぞれ異なる形で生じてきます。

(2) 情動の生理的基礎

　多数の実験的研究で情動の**生理的メカニズム**が明らかになっています。情動は脳の中央，間脳の**視床下部**にその中枢があることが，これまでの実験でわかっています。これはネコを用いた実験で，視床下部を切除してしまうと，情動がほとんど生じないことから明らかになりました。また情動は，生理的変化にも関係しています。たとえば，視床下部に生じた情動的興奮は，血管や筋肉などにも影響し，さらに，呼吸や脈拍数，発汗などにも変化が生じます。

(3) 人間は感情の動物

　人間は感情の動物であるとよくいわれます。実際，情動は人間の行動にさまざまな影響を及ぼします。情動は個人の**主観的経験**であると同時に外部の人間に個人の感情の状態を知らせる**表出行動**としての意味もあります。たとえば怒りという情動が生じると，表情も険しいものになり，大声で怒鳴ったり，最悪な場合には人を殴るというような攻撃行動が出てしまうこともあります。また喜びの場合は，満面の笑顔が見られ，バンザイやガッツポーズなどの身体動作として表出します。外部の人間は，このような表出行動を見て，個人の感情を理解し，それぞれの状態に応じた対応を心がけることができるのです。

2．情動の発達

(1) 情動発達の基礎

ブリッジェス（Bridges, 1932）は，情動の**分化**の過程を明らかにしています。図5-1に示すように，新生児には漠然とした興奮状態があるだけですが，やがて不快と快が分化していきます。その後，不快から怒り，嫌悪，恐れ，しっとが分化していき，快からは得意，愛情，喜びが分化していきます。そして2歳ごろまでには基本的な情動が現われ，5歳ごろには大人並みの情動に分化します。

人間は漠然とした興奮状態しか示さないという状態で生まれてくるというブリッジェスの説に対して，新生児はもっと多様な情動をもって生まれてくるのだと指摘する研究者もいます。たとえばイザード（Izard, 1977）は，関心，嫌悪，不機嫌さのような情動表出は，生後すぐにみられると報告していますし，スルーフ（Sroufe, 1996）も，怒り，用心・恐れ，愉快・喜びなどの原型となるものが新生児期にみられることを示しています。さらにスルーフは，情動の発達には，生後数年間における養育者との相互交渉が大きく関連していること

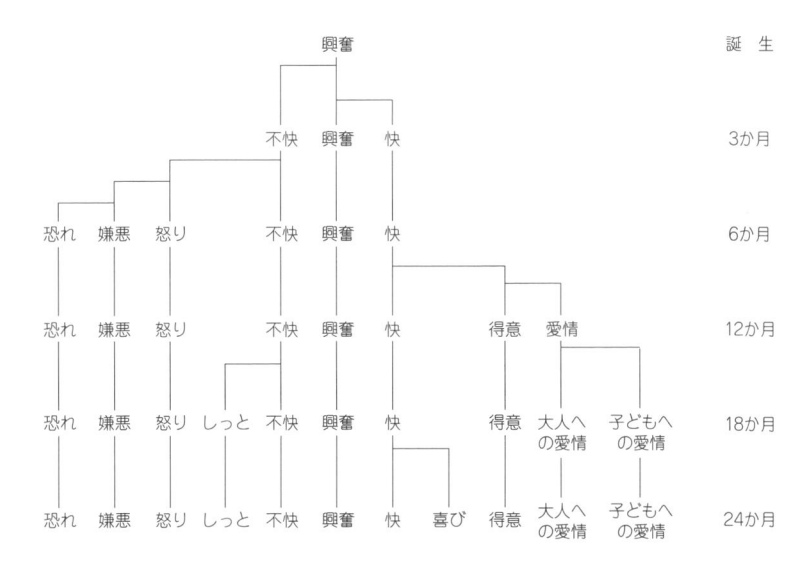

図5-1　情動の分化（Bridges, 1932）

を指摘していますが，子どもが「泣き」や「ぐずり」によって養育者の注意を引き，それを養育者が「なだめる」という相互交渉過程こそが，子どもと養育者の愛着関係をつくり上げ，子どもの情動調整発達の基礎となるのだと考えられます（陳，2002）。

(2) 情動の形成

　情動はどのようにして生ずるのでしょうか。情動は生まれつきのもの，本能的なものと考える立場もありますが，条件づけや経験などにより後天的に**学習**される場合もあることが明らかになっています。たとえば，生後11か月の子どもに行なったワトソンとレイナー（Watson & Rayner, 1920）による**恐れ形成**の実験があります。はじめ子どもは白ネズミに対して何の恐れも感じていませんでした。その後白ネズミにふれると，びっくりするような大きな音をたてるという手続きをくり返し，次に，白ネズミを見せるときに，大きな音をたてるという手続きをくり返しました。その結果，子どもは白ネズミを見ただけで恐怖心を感じ，泣いて逃げるようになりました。

　また，動物実験においても同様の結果が得られました。ネズミを電気ショックが与えられる箱に何回か入れ，恐怖の体験をさせたのです。すると，その後どうなったでしょうか。ネズミは箱に入れられる前に，箱を見ただけで鳴きだし，失禁をしてしまいました。これらは，恐ろしいという情動を経験により学習したと考えられます。

(3) 情動の発達的変化

　情動の発達は，身体的発達や知的発達，社会性の発達などのほかの発達と同様に，成熟と学習の相互作用によって進んでいきます。**乳幼児期**については，2歳ごろまでには基本的な情動が出現し，5歳ごろまでに希望，羨望，失望，不安，羞恥など大人と変わらない情動が出現するといわれています。この時期によく出現する情動として恐れやしっとがありますが，恐れは，発達によってその対象が変わってきます。たとえば，おばけのような現実には存在しない想像的なものは，3歳ごろまでは，まったく恐れの対象とはなりませんが，想像力が活発になる幼児期後期には，恐れの対象となり得るのです。またしっとは，

これまで自分1人を世話してきてくれた母親が，新しく誕生した弟や妹の世話で忙しくなった場合，弟や妹に母親を奪われたと感じて出現することがよくあります。

児童期は，学校生活が中心になり，対人関係に関連した情動が生じやすくなります。この時期には対人関係が複雑になり，勉強やスポーツが得意な子ども，クラスの人気者などが，嫉妬の対象となることがあります。また，友だちからいじめられた子どもは，怒り，悲しみ，絶望などの情動を強烈に体験することになります。

青年期にはいると，自分のまわりに起こるいろいろな変化にとても敏感になります。また，楽しそうに笑っていたかと思うと，ささいなことで落ち込んでしまうなど，情動の変動が著しくなります。子どもから大人へと移行していくこの時期は，情動的には不安定な時期だといえるでしょう。しかし，青年期も後期にはいると，情動を適切にコントロールすることができるようになり，情動表出も，社会的規準に従った安定したものに変わっていきます。

3．情動表出とコミュニケーション

(1) 泣くから悲しい

入学試験に合格した人はうれしいから笑い，不合格だった人は悲しいから泣く，とふつう私たちは考えています。しかし19世紀の後半に発表されたジェームズ・ランゲ説は「人は泣くから悲しい」と唱えています（図5-2）。この説

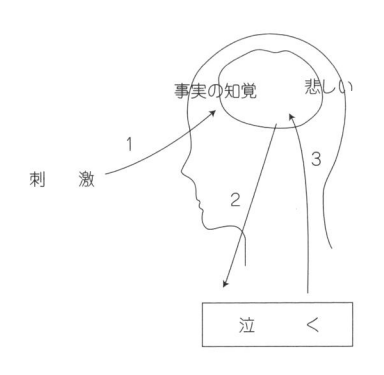

図5-2　ジェームズ・ランゲ説

では，①事実の知覚の直後に，②泣くという身体的変化が起こり，③この身体的変化が起こっているときの感じが悲しいという情動であると考えます。これは，末梢に生じた身体的・生理的変化が情動を引き起こすと仮定したので，**末梢起源説**とよばれています。

(2) 悲しいから泣く

　ジェームズ・ランゲ説を批判した，**キャノン・バード説**では「人は悲しいから泣く」と唱えています（図5-3）。この説では，①事実の知覚の直後に，②悲しいという情動の主観的経験が生じ，③泣くという身体的変化を引き起こすと考えます。これは，視床や大脳皮質の中枢神経系のはたらきを重視するため，**中枢起源説**とよばれています。現在では，この2つの学説の一方が正しく他方が誤りというわけではなく，この両方のプロセスが存在すると考えられています。

(3) コミュニケーション機能

　情動は，顔の**表情**や**音声**，**身ぶり**などで外に表出されることがよくあります。表出された情動から他者は，その個人の情動の状態を把握することができるのです。これらは，ことばによらないコミュニケーション機能を果たしているといえるでしょう。
　ところで表出された情動は，いつの場合も，その個人の情動の状態をそのま

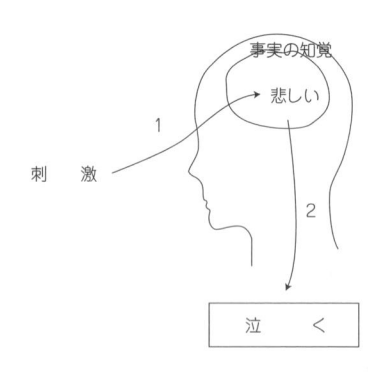

図5-3　キャノン・バード説

ま表出しているわけではありません。悲しいのに無表情であったり，怒っているのに笑っていたりすることはよくあります。とくに私たち日本人は，西欧諸国の人と比較すると，情動の表出を控えることが多いといわれています。悲しくても表情ひとつ変えず，泣くこともしない，うれしいことがあっても無表情で，歓声をあげたり笑うこともしないというタイプの人は，情動の表出を抑えることを学習した結果，そうなったといえるでしょう。

このように情動の表出は普遍的なものではなく，文化や社会的習慣の影響を強く受けるものです。こんな場面では，このような情動を表出すべきだとする表示規則（display rules）がそれぞれの文化に存在し，それを獲得することによってそれぞれの文脈に応じた情動表出が可能になるというわけです。

2節 人を行動にかりたてるもの

1. 行動はどのように生じるの？

(1) 動機づけってなに？

私たち人間は，毎日さまざまな行動をしています。食事をする，勉強をする，仕事をする，スポーツをする，遊びに行く，買い物に行くなど，数えあげたらきりがありません。では，その一つひとつの行動に私たちは喜んで取り組んで

いるのでしょうか。遊びは好きだけど勉強や仕事はどうも気が進まないという場合は多いでしょうし，学校へ行くという行動ひとつをとってみても，毎日登校することを楽しみにしている人もいれば，学校へ行くのが苦痛であるという人もいるに違いありません。意欲的に行動する場合もあれば，いやいやながら行動する場合もあるわけで，その動機づけの程度や種類はさまざまです。

　人間が行動する場合には，なんらかの内的あるいは外的な原因があるのです。その原因となるものが，私たちに行動を生じさせ，そしてその行動を維持し，一定の方向へと導いていくわけです。

　生活体内に生じる，ある行動に駆り立てる内部のエネルギーを**動因**（drive）といい，欲求の対象となるような外部の目標を**誘因**（incentive）といいます。たとえば真夏の暑い日，のどの渇きという不快な緊張状態が生じると，これが動因としてはたらき，何かを飲むという行動が喚起されます。喚起された行動は，たいへんおいしくて冷たい缶ジュース（誘因）をめざして維持され，自動販売機へと導かれます。ついに誘因である缶ジュースに到達すると欲求が充足され，この行動は終結することになります。このように，ある目標（誘因）に向かって行動を喚起し，維持させ，さらに，その行動を方向づけ，目標を達成させるまでの一連の過程を**動機づけ**（motivation）といいます。

　動機づけは欲求と同義に用いられることが多いのですが，この欲求は，**生理的欲求**と**社会的欲求**の2種類に分類されることがあります。これは先天的にそなわっているものか後天的に獲得されるものかを基準にして分類する考え方です。前者は，すべての人間や動物に共通した欲求で，食欲，渇き，性欲，排泄，睡眠などの欲求があり，一次的欲求ともよばれます。これは，先天的に備わっているもので，生命を維持していくうえで欠かすことのできない基本的な動機づけといえます。後者は，心理的，社会的満足感をもたらす欲求で，達成，支配，親和，所属承認などの欲求があり，二次的欲求ともよばれています。これは，社会とのかかわりのなかで後天的に獲得されるもので，人間特有の動機づけといえるでしょう。

(2) 動機づけと階層性

　人間の欲求は階層性があるとする**階層性理論**というものがあります。この理

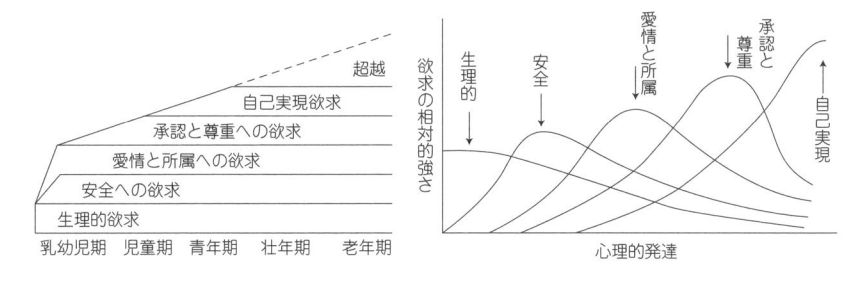

図5-4　マズローの欲求階層（Maslow, 1943）

論を唱える代表者の1人であるマズロー（Maslow, 1943）は，図5-4に示すように，人間の欲求は低次のものから高次のものへといたるというように階層をなしていると考えました。最も低次の欲求には生理的欲求があり，最も高次の欲求には**自己実現**の欲求があるというわけです。そして低次から高次へと発達し，低次の欲求が充足されると，それより上層に位置する欲求が現われるというように，順次，より上層の欲求が出現し，最後に自己実現にいたるのだと考えました。

(3) 社会的動機

　世の中には政治家が数多くいます。彼らは，どのような動機から政治家を志したのでしょうか。社会的に価値あることを成し遂げたいから，社会に少しでも役立つ人間になりたいから，という思いの人もいるでしょう。また一方で，人から尊敬されたいからとか，名誉や高い社会的地位を得たいからという動機の人もいるかもしれません。

　私たちの行動には，他者との関係から生じている動機がたくさん見られます。これは**社会的動機**とよばれています。社会的動機には達成動機や親和動機などがあります。達成動機とは「その文化において，優れた目標であるとされる事柄に対して，卓越した水準でそれを成し遂げようとする意欲」と定義されます（宮本，1981）。この達成動機を測定するための方法として代表的なものに，**TAT**（絵画統覚検査）があります。マックレランドら（McClelland et al., 1953）は，図版に対する反応をもとに達成動機を測定しました。これは，4枚の絵を次々に見せ，それぞれの絵について①どのような場面か，②どうしてこ

のような事態になったのか，③人物は何を考えているのか，④将来はどのようなものになるのか，などの質問に沿った物語を自由につくらせるというものです。物語の分析は，できあがった物語について，あらかじめ標準化されているカテゴリーごとに得点を出していきます。そして，その総得点が，その人の達成動機の強さを表わすということになるわけです。

親和動機とは，他者に積極的に近づき，友好的な関係を築き，それを維持しようとする動機のことです。親和動機も達成動機と同様にTATを用いて測定することができます。

2．外からのやる気と内からのやる気

(1) 外からのやる気

なかなか勉強しようとしない子どもに「今度の試験の成績がよかったら，お前のほしい物を買ってあげよう」などと言って勉強させようとする親がいます。子どもは，ほしい物を手に入れるために，勉強してよい成績をとろうとやる気を出すでしょう。この場合，ほしい物を手に入れることが目標で，勉強するという行動は，ほしい物を得るための手段となっています。このように別の目標のために行動が実行され，行動が目標を得るための手段となっているような動機づけを**外発的動機づけ**といいます。

外発的動機づけでは，賞や罰を利用したり，競争心に訴えるなどして，やる気を高めさせます。これは，人はみずから進んで活動しようとしない怠け者であるというとらえ方が前提になっています。このような説のことを**動因低減説**といいます。動因低減説では，人は不自由で不快な緊張状態が続くとそれを解消しようとして行動を起こすものであり，すべての動因が満たされている状態では積極的に活動しようとしない怠惰な存在であると考えます。

(2) 内からのやる気

人が行動するのは外発的に動機づけられる場合だけではありません。何かの遊びに対して「おもしろそうだな」と興味や関心をもち，人から言われなくても「自分でやってみたいな」という気持ちになって，遊びに夢中になって取り組む人もいます。勉強やスポーツにおいても同様に，みずから進んで取り組み，

その活動自体を楽しんでいる人もいます。この場合，遊びや勉強，スポーツに取り組むという行動は，自発的に引き起こされ，その活動自体が目標となっています。

このように，外的に与えられる賞や罰を必要とすることなく，行動の実行それ自体が目標となっているような動機づけを**内発的動機づけ**といいます。これは，生活体は本来活動的で，環境との相互交渉を積極的に行ない，内的な欲求によって動機づけられる能動的な存在であるという考え方が基本になっています。

内発的動機づけの中心は**知的好奇心**です。これは，人間は賞罰や競争によって外から強制されなくても未知なものを調べたい，情報を得たいという欲求があり，積極的に知識を吸収しようとする存在であることを示しています。知的好奇心は，ある人がもっている認知的枠組みや，知識と外部から与えられる情報との間に，適度なズレ，不一致，矛盾などが生じたときに引き起こされるといわれています。

ただし，内発的動機づけによって生じた知的行動に物質的報酬などの外的強化がともなうと，内発的動機づけが低下してしまうというデシ（Deci, 1971）の研究もあり，この点については十分な配慮が必要です。

(3) 外発と内発の関係

外発的動機づけと内発的動機づけとの関係は，まったく別のものであるというわけではなく，連続的に移行する場合も考えられます。たとえば，最初は外発的動機づけをうまく利用し，いやいやながらも取り組んでいたことが，時間の経過にしたがって，だんだんとおもしろくなり，主体的に，その活動に取り組むようになる場合などです。

医者から「肥満を解消するために，毎日少しでもいいから運動しなさい」と言われ，数年前からジョギングを始めたBさんという人がいます。Bさんはやせるための手段として，医者から言われてジョギングを始めたわけですが，今ではすっかりスリムになり，健康も回復しました。Bさんはやせるという目標を立派に達成したわけですから，もう走ることにこだわらなくてもいいように思えますが，今でも毎日走り続けています。

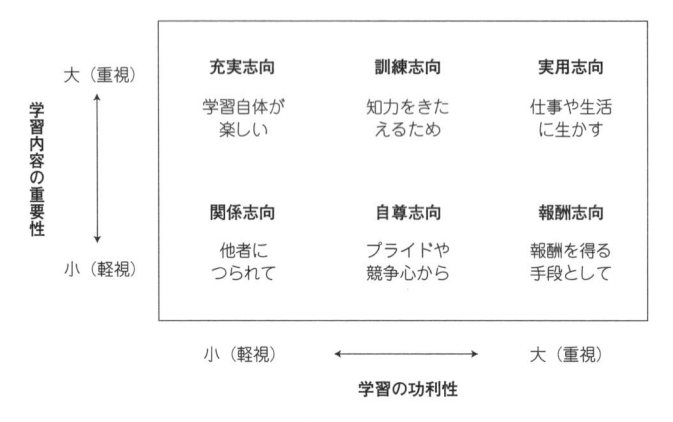

	充実志向	訓練志向	実用志向
大（重視）	学習自体が楽しい	知力をきたえるため	仕事や生活に生かす
小（軽視）	関係志向 他者につられて	自尊志向 プライドや競争心から	報酬志向 報酬を得る手段として

学習内容の重要性（縦軸：大（重視）↔小（軽視））
学習の功利性（横軸：小（軽視）↔大（重視））

6つの種類に分類した学習動機を構造化した1つの例。横の次元は，学習による直接的な報酬をどの程度期待しているかを表わす。縦の次元は，学習の内容そのものを重視しているかどうかを表わす。

図5-5　学習動機の二要因モデル（市川，2001）

　ジョギングを続けるうちに走ることのすばらしさを感じ，走ること自体が好きになったというのです。今では，走れない日が1日でもあると調子が悪いそうで，Bさんにとって走ることは生きがいにもなっているのです。これは，外発的動機づけから内発的動機づけへと移行した1つの例といえるでしょう。

　また，最近では内発・外発という枠組みにとらわれず，学習動機を構造化してとらえようとする考え方も出てきました。市川（2001）は，学習動機を「次元化」という方法で整理した**二要因モデル**を提唱しています。このモデルでは，横の次元に学習の功利性，縦の次元に学習内容の重要性を考え，この2つの次元を組み合わせ，学習動機を図5-5のように6つに分類しました。

3．やる気を高めるには

(1) 効力感と無力感

　あるオリンピックの金メダリストが引退するとき，「金メダルという目標は達成した。もう私には，この種目でめざすべき目標は何もない。精神的にも肉体的にも限界だ。これからは，新たな目標を見つけて生きていきたい」とコメントしたことがありました。この選手は金メダルという目標達成に向けて何年もの間，つらい練習にも耐え，やる気を出してがんばり続けたに違いありませ

ん。自分の限界ぎりぎりまでがんばれたのはなぜでしょうか。1つには金メダルという大きな目標があったからでしょう。しかし，目標をもっているだけでは大きな目標は，なかなか達成できません。目標をもつと同時に，この選手は「自分はできる。自分なら金メダルを獲得できるはずだ」と自分の能力に自信があったからこそ実現できたのではないでしょうか。「オリンピックまで，これだけの練習や準備をすれば金メダルがとれるはずだ」という期待（結果期待）と，「そのような練習や準備を自分は実行することができるはずだ」という期待（効力期待）によってやる気が高まり，がんばれたのでしょう。心理学では，この結果期待と効力期待を区別し，ある行動を自分は遂行可能であるという効力期待のことを**自己効力感**とよんでいます。やる気を高めるためには，この自己効力感が重要になります。

　がんばった結果，成功したり，成績が上がったりするとやる気は高まりますが，どんなにがんばっても失敗したり，成績が下がったりするといった，どうしようもない状況を経験すると「何をやっても自分はだめだ」ということを学習して無気力になることがあります。一度，このようなことを経験すると，その後，失敗を回避できるような条件に変えても，「どうせ自分にはできない。自分はだめだ」ということを学習したために実際にはできることもできなくなってしまいます。セリグマンとメイヤー（Seligman & Maier, 1967）は，犬を用いた実験で，このような現象を見いだし，**学習性無力感**とよびました。このように，生まれつきではなく，生まれてきたあとの経験によって無気力にな

ってしまうことがあります。

(2) 目標の設定

　フルマラソンは42.195kmを走りとおすというたいへん過酷なスポーツです。このフルマラソンに挑戦する人たちは，それぞれ自分なりの目標をもってレースに参加していることでしょう。ある人は「世界記録を出す」「優勝する」という大きな目標を設定するでしょうし，またある人は「3時間以内で走る」とか「自己記録を更新する」といった目標を設定するでしょう。

　さきにジョギングを続けているBさんの話を紹介しましたが，Bさんは今，フルマラソンに初めて挑戦しようとしています。フルマラソン初体験のBさんは，どのような目標を立てているでしょうか。いきなり世界記録や優勝を目標にするのは，ちょっと無理ですね。

　大きな目標をもつことは大切なことですが，現実の実力とあまりにもかけ離れた目標を立てると失敗する可能性が大きくなり，やる気もなくなってしまいます。

　そこでBさんは（とにかく完走する）ということだけを目標としました。これなら努力しだいでなんとか達成できそうです。もし，これが達成できたら，次には（4時間以内の記録を出す）というような少しレベルの高い目標を立てることができます。そして，それも達成できれば，また次の具体的目標を，というふうに一つひとつの目標を達成し続けるうちに，大きな目標へ到達することが可能になるかもしれません。このように，目標は高すぎたり低すぎたりすることなく，自分の現在の実力を十分把握したうえで，適度なレベルに設定することが重要です。

　このBさんの例のように，私たちがある課題を解決しようとするとき，その目標に関して自分がどれくらい成し遂げることができるかを予想することがあります。このような，めざす目標について自分が期待する主観的な予想の水準を**要求水準**といいます。私たちは，この水準を目標にして課題をなんとか達成しようと努力するわけです。そして結果が要求水準以上であれば成功，水準まで達することができなかったら失敗と考えるわけです。

　ドゥエック（Dweck, 1986）は，ある課題を達成しようとするとき，達成

目標として2つの種類があると考えました。1つは**パフォーマンス・ゴール**（遂行目標），もう1つは**ラーニング・ゴール（学習目標）**です。

　パフォーマンス・ゴールは自分の能力に関して，人から有能だと認められたい，あるいは無能だという評価を避けたいということに焦点をあてた目標です。たとえば，ある課題で能力への好ましい評価を得ると，それは自分が有能だということを認められたことになるので有能感が高まり，動機づけがますます高まることになります。しかし，ある課題で失敗し能力を低く評価されると，自分は無能だという認知をもたらすために，動機づけが低くなり意欲をなくし，無気力におちいってしまうことにもつながります。したがって，他者からのより肯定的な評価を求めたり，自分の有能さを他人に示すことが目標となります。

　ラーニング・ゴールは現在の自分の能力を少しでも高めよう，何かに熟達しようということに焦点をあてた目標です。学習することによって新たに知識を得たり，スキルを向上させたりすることによって自分の有能さを高めていくことに意義を感じる目標ともいえます。したがって，周囲の評価などに惑わされたりすることはなく，たとえ失敗しても無気力におちいる可能性も低くなります。ここでは，失敗は成功への手がかりを示すものにすぎず，失敗での反省をもとに新たに挑戦を求めて努力を続けることになります。

(3) 失敗したのはだれのせい？

　試験の成績が悪かったとき，あなたはそれを何のせいにするでしょうか。「問題がむずかしかったから」「先生の教えかたが悪かったから」など，自分以外の外的条件のせいにする人もいれば，「自分の能力が足りなかったから」「努力しなかったから」など自分のせいにする人もいるでしょう。このように，成功・失敗という行為の結果の原因を何に帰属させるかを**原因帰属**といいます。この原因帰属のしかたによっても，やる気は変わってくるといえるでしょう。

　ワイナー（Weiner, 1972）は，成功・失敗の原因を統制の位置次元と安定性次元という2つの要因を考えて表5-1のように分類しました。そして，人は成功・失敗の原因を「能力」「努力」「課題」「運」の4つのうちのどれかに帰属すると考えました。

　ワイナーによれば，がんばる意欲の高い人は，成功したときには「自分には

表5-1　成功・失敗の原因帰属　(Weiner, 1972；那須, 1995)

安定性＼統制の位置	内　的	外　的
安　　定	能　力	課　題
不　安　定	努　力	運

能力があるからだ」とか「自分が努力したからだ」と考え，失敗したときには「努力が不足していたからだ」と考える傾向があるそうです。逆に，がんばる意欲の低い人は，成功したとき「課題がやさしかったから」とか「運がよかったから」と考え，失敗したときには「自分の能力が不足しているから」と考える傾向があるということです。ほかに責任転嫁することなく，成功・失敗の原因は自分にあるんだと自覚して前進を続けることができる人は，目標を達成する可能性が高いといえるでしょう。

5章 人をかりたてるもの

自分でやってみよう！

内発的―外発的動機づけ測定尺度

次の質問紙は，学校，家で学習するときのようすを調べるものです。各問いには，イ，ロの2つの選択肢があります。あなたが小学生だったころ，あるいは中学生だったころのことを思い出して，当時のあなたの意見に近いほうを選んで○をつけてください。

表　内発的―外発的動機づけ測定尺度（桜井・高野，1985）

1	イ．先生が教えてくれることだけ，勉強すればよいと思います。 ロ．いろいろなことを，進んで勉強したいと思います。	10	イ．よい点をとるために，勉強します。 ロ．たのしいから，勉強します。
2	イ．自分がやりたいので，勉強します。 ロ．おとうさんやおかあさんに「やりなさい」といわれるので，勉強します。	11	イ．むずかしい問題は，とけたときとてもうれしいので，すきです。 ロ．むずかしい問題をやるのは，きらいです。
3	イ．問題がむずかしいと，すぐ先生に教えてもらおうとします。 ロ．問題がむずかしくても，自分の力でできるところまでは，やってみようとします。	12	イ．学校の勉強は，たのしくありません。 ロ．学校の勉強は，たのしいと思います。
4	イ．すきなことが学べるので，勉強します。 ロ．よいせいせきをとるために，勉強します。	13	イ．マンガ以外の本は，あまり読みたいと思いません。 ロ．いろいろな本を，読みたいと思います。
5	イ．かならずできる，やさしい問題のほうがすきです。 ロ．あたまをつかう，むずかしい問題のほうがすきです。	14	イ．宿題は，家の人にいわれなくても，進んでやります。 ロ．家の人に，「やりなさい」といわれるので，宿題をします。
6	イ．授業は，たのしくやれます。 ロ．授業は，たのしくありません。	15	イ．問題がとけないと，すぐ先生にききます。 ロ．問題がむずかしくても，自分の力でとこうとがんばります。
7	イ．できるだけ多くのことを，勉強したいと思います。 ロ．学校でおそわる勉強だけしていればよいと思います。	16	イ．おとうさんやおかあさんに，ほめられたいから勉強するのではありません。 ロ．おとうさんやおかあさんに，ほめられたいので，勉強します。
8	イ．「やりなさい」といわれるので，ドリルや練習問題をします。 ロ．いろいろな問題のとき方が知りたいので，ドリルや練習問題をします。	17	イ．答えが，かんたんにだせる問題のほうがすきです。 ロ．答えをだすのが，むずかしい問題のほうがすきです。
9	イ．答えがまちがっていたとき，自分の力で正しい答えを出そうとします。 ロ．答えがまちがったとき，すぐ正しい答えを先生にきこうとします。	18	イ．むずかしい問題がとけると，とてもうれしくなります。 ロ．むずかしい問題がとけても，うれしいとは思いません。

<解説>
　この測定尺度は，桜井と高野（1985）によって開発された内発的—外発的動機づけ測定尺度の一部です。これによって，学習場面における動機づけ傾向を測定することができます。2つの選択肢（イとロ）から，該当するものをそれぞれ1つずつ選びます。内発的動機づけ傾向を示す選択肢を選んだ場合は1点，外発的動機づけ傾向を示す選択肢を選んだ場合は0点となります。そして，合計得点が高いほど，内発的動機づけ傾向が強いということになります。あなたは，内発的動機づけと外発的動機づけのどちらの傾向が強いでしょうか。
　なお，内発的動機づけ傾向を示す選択肢は以下のとおりです。

1（ロ）　2（イ）　3（ロ）　4（イ）　5（ロ）
6（イ）　7（イ）　8（ロ）　9（イ）　10（ロ）
11（イ）　12（ロ）　13（ロ）　14（イ）　15（ロ）
16（イ）　17（ロ）　18（イ）

6章

学ぶことのしくみ

1節 学ぶことの基礎になるもの──記憶

1.「おぼえる」ってどういうこと？

(1) どうやって成り立っているの？

　「学ぶ」ということばを聞いて，あなたは何を思い浮かべますか。多くの人は，学校での勉強のことをまず第1に思い浮かべるのではないでしょうか。厳密な意味では「学ぶ」とは学校での勉強だけをさすものではないのですが，ここでは，「学ぶ」と聞いてだれもが最初に思い浮かべやすい学校での勉強から「学ぶ」ことの基礎になるものについて考えてみましょう。

　学校での勉強にはどのようなことが必要になるでしょうか。数学なら，計算のしかたをおぼえ，公式をおぼえて正しい答えを導き出すことが大切になります。国語なら，ひらがな，カタカナ，漢字をおぼえ，文章が読めたり書けたりすることが大切ですね。英語でも単語をおぼえ，発音をおぼえ，会話したり，読み書きすることが大切になります。このように各教科の勉強にはさまざまなことが必要になりますが，よくみてください。どの教科の勉強にも「〜をおぼえ」という文言が入っていることに気がつくでしょう。この「おぼえる」ということが学校の勉強の基礎，ひいては「学ぶ」ことの最も基礎になるものなのです。

　「おぼえる」ことについて，心理学で研究の対象としているのは「**記憶**」の領域になります。「記憶」ということばを聞けば，単純に与えられたものを「おぼえる」といったどちらかというと消極的な活動のように思われるかもしれません。ところが，詳しく見てみると大変複雑なしくみやはたらきをもっていることがわかってきています。

　まず，記憶はいくつかの過程から成り立っています。第1の過程を「**符号化**」といいます。この過程は目や耳などをとおして入ってくるさまざまな情報を頭に入れる段階で，わかりやすく表現すると「おぼえる」段階ということになります。第2の過程は「**貯蔵**」といいます。この過程は頭に入れたさまざまな情報を蓄えておく段階で，「おぼえている」段階となります。そして最後の過程

は「**検索**」といいます。この過程は頭に蓄えられていた情報を取り出す段階で、「思い出す」段階といえるでしょう。これらの3つの段階がすべてうまくクリアできたときに、記憶できたということになるのです。

あなたは、久しぶりに会った人に話しかけられたのですが、その人の名前がどうしても出てこない、といった経験はありませんか？　この場合、その人の名前をうまく「記憶」できなかったことになりますね。それではなぜこのようなことが起こるのでしょう。記憶の過程を踏まえると、その原因として3つの可能性が考えられます。たとえば、その人と以前会ったときに、名前をしっかりと頭に入れておかなかったのであれば、「符号化」段階で失敗したことになります。いったん名前は頭に入れても、長く会わないうちに忘れ去ってしまったのであれば、「貯蔵」段階での失敗ですね。たしかに頭にはあって、のど元まで出かかってはいても、どうしても思い出せないのであれば、「検索」段階での失敗になります。このように、一見単純なはたらきのように感じられる記憶も複雑な過程を経て成り立っているものなのです。

(2) 頭のなかではどんなことが起こっているの？

それでは、何かを「記憶」する際、頭のなかではどのようなことが起こっているのでしょうか？　アトキンソンとシフリン（Atkinson & Shiffrin, 1971）は、3種類の貯蔵庫があることを想定し、その貯蔵庫に情報を出し入れすることで「記憶」が成り立つと考えました。図6-1は彼らが示した記憶の多重貯蔵庫モデルといわれるものを表わしたものです。どのように記憶が成り立っているかを見てみましょう。まず、目や耳から入ってきた情報は、「**感覚貯蔵庫**」というところに入ります。この貯蔵庫には外部から入ってきた情報がそのままの状態で入るという特徴があります。ただし、その情報を保持しておける時間は極端に短く、1秒以内に消失してしまいます。名簿などで知人の電話番号を調べる際に、多数並んでいる氏名を目で追って知人の名前を見つけだすまでは、この感覚貯蔵庫に情報が入っています。感覚貯蔵庫に入った情報のうち「おぼえる」必要のあるものは「**短期貯蔵庫**」へ送られます。この貯蔵庫はおぼえられる容量に限界があるという特徴があります。その容量は数列を基準とすると、大人であればだいたい7桁くらいが目安になります。また、情報を「貯蔵」で

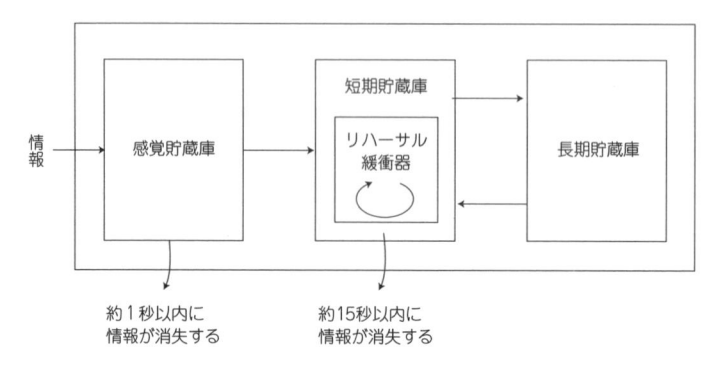

図6-1　アトキンソンとシフリンの多重貯蔵庫モデル（菊野，1986）

きる時間にも限りがあって，だいたい15秒以内に消失してしまいます。人が一瞬でおぼえられる量とおぼえていられる時間がこの「短期貯蔵庫」の特徴に対応しているといえるでしょう。知人の電話番号を調べる過程では，知人の名前を見つけ，電話番号を一瞬だけおぼえてかける（かけた後は忘れている）ことは，「短期貯蔵庫」へ情報を入れることで成り立っています。さらにしっかりおぼえなければならない情報は「**長期貯蔵庫**」へと送られます。この貯蔵庫は，おぼえられる容量は無制限であり，おぼえていられる時間もほぼ永久という大変便利な貯蔵庫です。しかし，この貯蔵庫に情報を入れるためには，何度もくり返したり（**リハーサル**），歴史の年号をおぼえるときに語呂合わせを考えるといった何らかの工夫が必要になってきます。便利なものは楽には使えないものですね。この「長期貯蔵庫」に情報が入った状態が，本来の「おぼえる」ことに対応するものです。知人の電話番号を調べてかける過程では，番号を知って何度もくり返しかけているうちにおぼえてしまうということは「長期貯蔵庫」へ情報が入ったことで成り立つわけです。ものをおぼえているとき，こんなことが頭のなかで起こっているという考え方のあくまでも1つの例ですが，納得できるところもあるでしょう。研究者はいろいろとおもしろいことを考えるものですね。

2．おぼえたものは変わらない？

(1)「おぼえた」はずなのに……

　私たちが，目や耳から入ってきたことがらをおぼえた場合，パソコンに入力した情報を保存する場合と同じように，いつまでも変わらないものなのでしょうか。残念ながら，パソコンとは違って，人の場合には，いったん「おぼえた」ものが変わってしまうということが起こります。そして，その変わり方には2つの側面があるのです。1つめは「量的に変わってしまう」という側面です。つまり，「おぼえた」情報の量が時間とともに減少していくこと，つまり「忘れる」ということです。

　エビングハウス（Ebbinghaus, 1987）は，人がどれだけものを忘れやすいかをXEG, KIBのような無意味綴りを記憶する方法で調べました。その結果，おぼえた20分後には40％が忘れられ，24時間後には60％が忘れ去られることを明らかにしています。なぜ人はこのように多くのことを忘れてしまうのでしょうか。この原因として，3つの考え方が唱えられています。1つめは「**自然崩壊説**」とよばれるものです。これは，私たちが何かをおぼえると頭のなかに記憶痕跡ができ，何度もくり返すなどしてその痕跡が強められると記憶は強固になりますが，放っておくとその痕跡が自然に崩壊してしまい，忘れてしまうという考え方です。ちょうど砂浜に字を書いたような状態をイメージするとわかりやすいでしょうか。2つめは「**干渉説**」とよばれるものです。これは，おぼえたものがその前後の活動によって干渉を受け，忘れてしまうという考え方です。ジェンキンスとダレンバック（Jenkins & Dallenbach, 1924）は大学生を実験参加者として，無意味綴りをおぼえさせる際に，おぼえた後すぐに睡眠をとる条件と，おぼえた後に別の活動をする条件で記憶の成績を比較したところ，睡眠をとる条件のほうが優れていたことを明らかにしています。このことから，忘れるという現象が別の活動による干渉によって生じることが裏づけられます。この研究結果を試験勉強にあてはめてみると，一夜漬けで試験の勉強をするよりも，勉強した後にしっかりと睡眠をとったほうがよい点数をとりやすいということになりますね。3つめは「**検索失敗説**」とよばれるものです。これは，おぼえたものが消失したのではなく，貯蔵されているところからうまく引

き出せないために忘却が生じるという考え方です。この場合，おぼえたものが頭のなかにはあるわけですから，何かヒントが与えられたりすると，思い出せるということになるでしょう。このように，人がものを忘れることもいろいろな考え方で説明されているのです。

(2) おぼえたものがいつのまにか……

　いったん「おぼえた」ものが変わってしまう側面のもう1つは「質的に変わってしまう」ということです。つまり，おぼえた情報の内容自体が変わってしまうということなのです。この側面を如実に示しているものとしてまずあげられるのが，目撃証言の曖昧さに関する研究成果です。ロフタスら（Loftus et al., 1978）は交通事故にかかわる複数のスライドを提示する際，たとえば，そのなかの1枚のスライドで「赤い車が停止標識（STOP）の前で停止している」のを目撃した実験参加者が目撃に関する質問を受ける際に，「赤い車が停止標識の前で停止している時に，別の車が追い越しましたか」と実際に目撃した情報と一致した質問をした場合と，「赤い車が前方優先道路（YIELD）の標識の前で停止している時に，別の車が追い越しましたか」と，実際の目撃情報と矛盾するような情報が与えられる質問をした場合で，最初の目撃場面を再度確認させたところ，目撃情報と一致した質問を受けた場合には75％の実験参加者が

再生された図形	言語的手がかりⅠ	原図形	言語的手がかりⅡ	再生された図形
	← 窓にかかったカーテン		長方形の中のダイヤモンド形 →	
	← ビン		あぶみ →	
	← 三日月		アルファベットのC →	

図6-2 カーマイケルらの実験例（無藤ら，2004）

正答できましたが，目撃情報と矛盾した質問を受けた場合にはなんと41％の実験参加者しか正答できなかったのです。このように，目撃した場面はまったく同じなのに，ちょっとした質問の違いで最初に目撃した場面と違う記憶が形成されてしまうのです。このことは，人がおぼえたものはちょっとしたきっかけで，その内容自体が変化してしまいやすいことを示しています。

同じようなことが，図形をおぼえる際にも起こっています。カーマイケルら（Carmichael et al., 1932）の実験では，図6-2の一段目の例で説明すると，原図形を提示して，図形をおぼえさせる際に，「これは窓にかかったカーテンです」や「これは長方形内のダイヤモンド形です」といった言語的手がかりを与えて，後日その図形を再生させたところ，再生された図形はその言語的手がかりの内容に近い図形に変化しやすいことが明らかにされています。このことからも，ちょっとしたきっかけでいったんおぼえたものの内容それ自体が変わってしまうという質的に変化しやすい側面が理解できるでしょう。

3．「おぼえ上手」になるには？

(1) おぼえる工夫を知ろう！

人はおぼえたものを忘れやすく，またおぼえた内容も変わりやすいことがわかりました。でも，やはり日々の生活のなかではしっかりとおぼえておかなければならないことがたくさんありますから，できるだけ楽におぼえることができて，いったんおぼえたものは忘れにくいといったおぼえ方ができないか，と思うのは人情ですよね。実はそのようなおぼえ方がちょっとしたくふうで実現できるのです。このできるだけ少ない負担で多くのことを効率的におぼえるた

めのくふうのことを「記憶方略」とよびます。この記憶方略を用いることで，おぼえることが楽になり，そして忘れにくくもなるのです。ではどんな記憶方略があるのでしょう。まず，最も単純なものは「くり返す」ということです。これを専門的な用語ではリハーサルといいます。このリハーサルという方略はよく使われるもので，あなたも使ったことがあるはずです。漢字や英単語などをおぼえるときにはたいていこの方略を使います。しかし，リハーサルは楽しておぼえるという点ではちょっと納得しにくいものかもしれません。では，群化という記憶方略はいかがでしょうか。たとえば，「ライオン，イヌ，クジラ，ウシ，ネコ，トラ，イルカ，ブタ」の8つの動物の名前をおぼえなさいと言われた場合，このままをくり返しておぼえるだけではちょっと大変です。でも，よく見るとライオンとトラは猛獣，イヌとネコはペット，ウシとブタは食肉にされる動物，クジラとイルカは海の生き物，というように，仲間分けをしておぼえると，ずいぶんおぼえやすくなります。ではここで，もっと強力な方略を紹介しましょう。歴史の年号をおぼえるときに「鳴くよ（794年）ウグイス平安京」とか「いい国（1192年）つくろう鎌倉幕府」というように語呂合わせでおぼえることがありますが，このおぼえ方のくふうが「意味的操作」という記憶方略です。この方略だと，たとえば，くり返しておぼえるにはあまりにも大変な「16167960460103」といった14桁の数列も，「いろいろな苦労を知るお父さん」とおぼえると楽におぼえられるだけでなく，印象的な意味がともなっていますので，忘れにくいというわけです。このように，おぼえ上手になるために内容に応じた適切な記憶方略を用いることが大切になるのです。おぼえにくい内容で困ったときには，なんとかおぼえやすくなるように工夫するという心がけが，おぼえ上手への第一歩になることでしょう。

(2) 知識を上手に利用しよう！

　昔話の桃太郎に出てくる動物といえば，イヌ，サル，キジですね。もし「桃太郎」の話を初めて聞いて，出てくる動物をおぼえなければならないとしたらどうしますか。「イヌ，サル，キジ」と何度もくり返しますか。3つくらいならくり返しておぼえてもそれほど苦労はありません。でも，もっといい方法があります。私たちの頭のなかには，イヌ，サル，キジについてたんにことばだ

けが入っているのではなく，それぞれの動物についてさまざまな知識があります。ですから，おぼえるときにできるだけその知識と関連づけたイメージを思い浮かべたりすると，思い出しやすく，忘れにくい状態でおぼえられるのです。イヌなら，ワンワン鳴きながら桃太郎にしっぽを振っている姿を思い浮かべ，サルなら，木の上から赤い顔でキーキー鳴く姿，キジなら，長い尾をたなびかせて飛びながら鬼ヶ島を偵察する姿，さらに犬猿の仲というが，鬼ヶ島に行く途中でイヌとサルはけんかしなかったのだろうか……などイメージできることをいろいろと思い浮かべておくと，単純に「イヌ，サル，キジ」とくり返すだけよりも，自分のもっている知識から思い出すための手がかりが豊富に得られるため，忘れにくく，かつ思い出しやすい状態でおぼえることができるのです。このように，おぼえることがらに対していろいろな情報を付け加えることを**精緻化**といいますが，この精緻化もおぼえ上手になるための有効な手だてになります。私たちの頭のなかにはさまざまな知識が網の目のように密接に結びついた状態で張りめぐらされています（Collins & Quillian, 1969）。ものをおぼえるときにも，長年にわたって蓄えてきた知識を利用しない法はないということですね。

2節 学ぶことのメカニズム

1.「学ぶこと」への強い欲求

(1) 怒れる赤ちゃん

ハイハイをしている赤ちゃんを見たことがありますか。生後10か月前後の赤ちゃんがこのころにあたります。このころの赤ちゃんには，今まで見たことがない珍しい事物を目にすると一目散に近寄っていって，触っていろいろな角度からながめたり，なめたりして，その事物がどういうものかを熱心に調べているような行動（探索行動）がめだちます。もしその近づこうとしたものが赤ちゃんが触るものとしては危険なものだったりして，大人が突然取り除いたりすると，赤ちゃんは顔を真っ赤にして激しく泣きわめきます。その泣き方は怒り

に満ちているかのような激しい泣き方です。このような赤ちゃんの行動は，今まで知らなかったものを知りたいという好奇欲求がきわめて強力な形でそなわっていることを示しています。知らなかったことを知るということはまさに「学び」の本質ですから，人は生後間もなくから「学び」に対する強い欲求をもっているといえるのです。このような強い欲求に支えられて，赤ちゃんは生きていくのに必要なさまざまなことを学びながら成長していくのです。

(2) 何もせずに破格のバイト料！……これってオイシい？

　それでは大人はどうでしょう。たしかに，見たいものが見られなくて泣きわめいている大人や，触りたいものが触れなくて怒っている大人はあまり見かけません。それどころか，「できるだけ何もしたくない，楽をしたい」という気持ちがあったりしますよね。この気持ちは「学ぶこと」への欲求とは相反するものということになります。大人はほんとうに「学ぶこと」への欲求をあまりもちあわせていないのでしょうか。この疑問にかかわるちょっとおもしろい実験があります（Heron, 1961）。

　カナダのある大学で，アルバイトの募集が出されました。仕事の内容は，小さな部屋で何もせずにベッドで一日中ゴロゴロしているだけでよいという夢のようなもので，おまけに通常のアルバイト料の2倍という高額な日給が支払われるということでした。ただし，何もせずにという条件が徹底されていて，何も見えないように目に覆いをかけられ，何も聞こえないように耳栓をされ，何も触れられないように手には木綿の手袋，袖口から腕には長い筒がはめられるのです。「何もしたくない，できるだけ楽をしたい」という気持ちからすると，まさに理想的な環境といえるでしょう。ところが，このバイトを始めた人たちは，できるだけ長くその部屋に留まるよう指示されていたのにもかかわらず，たった2, 3日しか続けることができなかったのです。この実験から，人はけっして「何もせずに，できるだけ楽をしたい」存在ではないということがわかるでしょう。やはりいろいろなものを見聞きするなかで，さまざまな情報を得て豊富に知識を蓄えていく欲求，すなわち「学ぶこと」への欲求は大人であっても強いということが示されています。人はもともと強い「学び」への欲求をそなえているものなのです。

2．「学ぶ」ってどういうこと？

(1) 学んだ動物たち――「イヌの巻」「ネズミの巻」「サルの巻」

　人が「学び」に対する強い欲求をそなえていることがわかりましたが，「学ぶ」とはどういうことを意味するのでしょうか。心理学の分野では「学ぶ」ことを，**学習**という専門用語で表現します。「学習」は専門用語ではなく，日常的によく使う語だと思う人も多いかもしれませんが，心理学で「学習」という場合は，日常的に使う意味とは若干違った意味をもっています。どういう意味かというと，「一定の経験によって行動が永続的進歩的な変容をすること」となります。簡単に言い換えると，「経験や訓練などによって今までできなかったことができるようになること」ということになるでしょう。日常的に使われているよりも広い意味で使われていることがわかりますね。たとえばテレビゲームで，クリアするのがむずかしいステージを何度も経験することでクリアできるようになれば，これは立派な「学習」ということになるわけです。ちょっと意外な感じがするかもしれませんね。

　このような「学習」が，どのようなメカニズムで成り立つのかについて検討した心理学の研究では，「イヌ」と「ネズミ」と「サル」を使った実験が有名です。さっそく，題して「学んだ動物たち；イヌの巻，ネズミの巻，サルの巻」の話を始めましょう。

　まずは「イヌの巻」です。パブロフ（Pavlov, 1927）はイヌを対象としてある実験を行ないました。まず，イヌに餌を与えます。当然，餌を与えられる

とイヌは唾液を出します。そこで，餌を与えるときにいつもベルの音を聞かせることをくり返します。すると，イヌはベルの音を聞いただけで唾液を出すようになるのです。これが有名な条件反射の実験です。本来，ベルの音は唾液が出ることとは関係のない刺激（**中性刺激**）なのですが，餌を与えることで，ベルの音（中性刺激）と唾液が出る（反応）ことが結びついたということになります。このように，本来無関係であった刺激と反応が結びつくことを**古典的条件づけ**（または，**レスポンデント条件づけ**）といいます。ベルが鳴って餌が与えられるという経験がくり返されることで，今まで見られなかった行動（ベルの音で唾液が出る）が見られるようになったという，まさに「学習」が成立したことになるわけです。梅干しを見ただけで唾液が出てくることや，池の端に人影が見えれば，餌を求めて寄ってくるコイの行動なども，この学習の結果といえるでしょう。

　次に「ネズミの巻」です。スキナー（Skinner, 1954）は図6-3に示したスキナー箱と呼ばれる装置を使い，ある実験を行ないました。この箱のなかにネズミを入れます。するとネズミが箱のなかで動き回っているうちにたまたまレバーを押すことがあります。実はそのレバーは押すと餌が出るような仕掛けになっていて，ネズミは餌を食べることができるのです。このように偶然にレバーが押されて出てきた餌を食べるという経験が何度もくり返されると，ネズミはお腹が空くとみずからレバーを押して餌を食べるようになります。これは，餌が出るという**報酬**によってレバーを押すという行動がうながされるからです。このように，報酬を与えて特定の行動を学習させることを**道具的条件づけ**（または，**オペラント条件づけ**）といいます。ここで，ある行動をうながすために報酬を与えることを強化といい，強化に用いられる報酬のことを**強化子**といいます。たまたまレバーを押すと餌が出てきて食べるという経験を重ねることで，レバーを押すという今まで偶然にしか見られなかった行動が，自発的に見られるようになったという，「学習」が成立したことになります。水族館などでアシカやイルカのショーを見ていると，芸をした後に餌を与えているのを見かけたことがあるでしょう。あれが芸（特定の行動）を強化するための報酬（強化子）になり，アシカやイルカの芸はまさにこの「学習」の賜物なのです。

　ここで学習のメカニズムという視点から考えてみましょう。「イヌの巻」「ネ

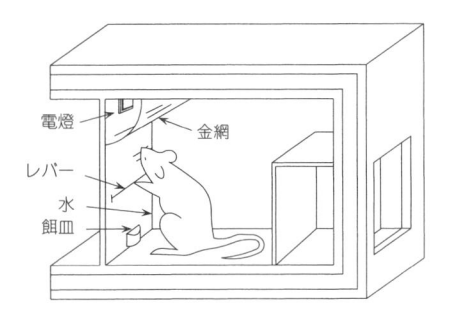

図6-3　スキナー箱（太田，1985）

ズミの巻」で紹介した学習は，「ベルの音」や「餌」といった「刺激」が，「唾液が出る」ことや「レバーを押す」といった「反応」と結びつく（連合する）ことで成り立つ，と考える立場を裏づけるものです。この立場を**連合理論**といいます。それに対して，刺激と反応が単純に結びつくのではなく，それらが結びつく過程で何かが起こっているという考え方が出てきました。これを裏づけるのが，最後に登場する「サルの巻」で紹介する実験なのです。

では「サルの巻」を始めましょう。ケーラー（Köhler, 1921）はチンパンジーを用いて，ある実験をしています。まずチンパンジーを檻のなかに入れ，檻の外の手の届かない場所にバナナを置きました。そして，檻のなかには短い棒，そして檻の外には長い棒（短い棒で届く位置にある）を置いて，チンパンジーがどのようにバナナを取るかを観察したのです。すると，チンパンジーは試行錯誤することもなく，短い棒で長い棒をたぐり寄せ，長い棒を使ってバナナを取ることができたのです。このことから，ケーラーはこの場合の学習では，その場の構造が理解され，見通されること，すなわち**洞察**によって成り立つと考えたのです。このように，学習が全体的構造の洞察や理解といった学習者の能動的な認知活動によって成立すると考える立場を**認知理論**といいます。

学習のメカニズムに関する連合理論と認知理論の考え方には，いくつかの違いが見られます。連合理論では「**刺激**」と「**反応**」の連合が学習の基本単位であり，行動面の変化（できること）を重視し，経験の積み重ねによって学習が成立すると考えられています。それに対して，認知理論では問題の全体的な構造を把握することが学習の本質であって，問題の構造を洞察するという認知的

な側面（わかること）を重視し，学習が一瞬のひらめきによって一挙に成立すると考えられています。連合理論と認知理論には学習のメカニズムについてこのような考え方の違いがあるのです。

(2) 学びにも山あり谷あり？

ここまで動物たちの学びをとおして，学習のメカニズムについてのちょっとむずかしい話をしてきましたが，今度は実際に私たちが何かを学ぶときにはどのような過程をたどるのかについてみてみましょう。たとえば，テニスのサーブをうまく入れられるようになるという学習を思い浮かべてください。当然，練習をして上達をめざすことになりますが，初めてラケットを持ってから最終的に巧妙なサーブが入れられるようになるまでどのような過程をたどるでしょうか。

この過程を表わしたのが図6-4に示した練習曲線と呼ばれる図です。この図に基づいて，その過程を追ってみましょう。まず，実際にサーブを打ってみる前に人から教えてもらったり，人がやっているのを見たりして，どのような姿勢，タイミング，力加減で打つのかを頭で理解するという段階が最初にあります。これが潜在学習期とよばれる段階です。ここでは実際にサーブを打っているわけではないので，上達はあり得ません。次に，実際にサーブを打つ練習に入ります。初期のこの段階では，練習すればするほどそれに応じてどんどんうまくサーブが入るようになります。ところがある時期から，上達の速さが止まったように感じられる段階に入ります。この時期を高原期（プラトー）とよび，中期の段階に入ったことを示します。この時期を乗り越えると，再び急激な上達が見られる飛躍期に入り，かなり巧妙なサーブができるようになります。ここまでが中期にあたります。そして，上達の限界に近づく後期に入ると，サービスエースが取れるくらいに強力なサーブが打てるようになるのです。このように，サーブをうまく打てるようになるという学習のなかにも急激に上達する段階や上達が止まったよう感じられる段階があるのです。「学び」にも山あり谷ありといったところでしょうか。

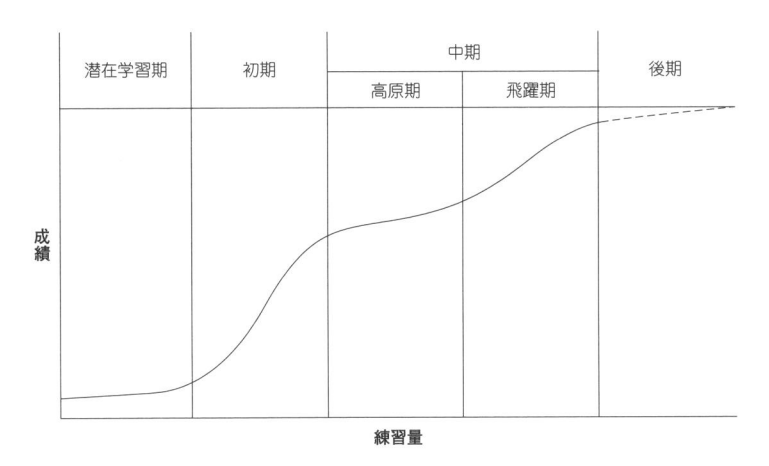

図6-4　練習曲線（豊田，1986）

3．「学び上手」になるには？

(1) 一気にやるよりコツコツと

　複雑でむずかしい技能を要する行動を学ぶ場合，どのように練習すれば能率よく上達するでしょうか。もう一度，テニスのサーブを例として考えてみましょう。サーブを打つときには，たいていの場合，A「からだをかがめた状態から，上体を起こしながら左手に持ったボールをまっすぐ投げ上げる」，B「適切な高さに落ちてきたところを右手に持ったラケットにあてる」，C「その際，適切な角度，力加減で打つ」という一連の動作が必要になります。これらの一連の動作全体（ABC）を一気に練習するのを全習法といいます。しかし，いきなりこれら全体をとおして練習しても，初心者にはA，B，Cの動作の一つひとつがむずかしいでしょう。このような状態で，一連の動作をくり返しても，なかなか上達しないことは予測できます。そこで一連の動作をA，B，Cに区分し，まずそれぞれを練習するのが効果的であると指摘されています。このように技能をいくつかの要素に分けて練習することを分習法とよびます。つまり，全習法でABCをひたすらくり返すより，まずAをうまくできるまで練習し，次にBがうまくなるように練習し，うまくなればCの練習に移る…というように，一つひとつの要素に分けて練習していくと，それぞれの動作を確実に上達

させてから次の課題に進むので，より能率よく上達することが理解できるでしょう。ただし，分習法は技能の全体的構成や流れがつかみにくいという短所があるので，Aがうまくなれば，次にはABを続けて練習し，最終的にABCを続けて練習するといった全習法と分習法の短所を補い合うような方法がより効果的である場合もあります。このような方法を**累積的分習法**または**反復的分習法**とよびます。「一気にやるよりコツコツと」という姿勢をもつことが，学び上手への第一歩なのです。

(2) 休憩って必要なもの？

学校の授業時間の区切りには休憩時間があります。あなたが家で勉強するときや，クラブ活動で練習するときにも，休憩をはさんでいるのではないでしょうか。でも，休憩時間には勉強や練習をしていないのですから，「学習」という点ではまったく無駄な時間だという気がしませんか。もし休憩時間にも休まず勉強，練習ができたなら，学習にかかわる活動がその分増えるわけですから，結果的に学習がより効率的になるということはないのでしょうか。これについて考えてみましょう。

勉強や練習をしているときに休憩をしないで学習することを集中法とよびます。それに対して，適当に休憩しながら練習することを分散法といいます。ボーンとアーチャー（Bourne & Archer, 1956）は回転盤の上にある目標物に

ふれるという課題で訓練する場合に，集中法と分習法のいずれが効果的かについて調べました。その結果，集中法よりも分散法のほうが成績がよいことが示されました。この結果からも明らかなように，一般的に集中法よりも分散法のほうが能率的であるとされています。それでは，その理由としてはどういうことが考えられるでしょうか。まず，休憩によって疲労が生じにくくなるということ，それから，やる気のある状態を保てるといったことが主なものとしてあげられています。効率的に学習するためには，適当に休憩を入れることがとても大切になります。休憩はけっして勉強や練習をしていない学習と無関係なムダな時間ではなく，学習を効率的にするためにとても大切な役割を果たしているものなのです。休憩をうまくとることも学び上手になるためには必要なことなのです。

3節 学んだことを利用する力——知能

1．「知能」ってなに？

(1) どんなしくみをしているの？

　ここまで，学ぶことの基礎となる「記憶」と，学ぶことのメカニズムを知るために「学習」についてみてきました。この節では，学習によって獲得された知識，技能を利用する能力である**知能**についてふれましょう。アメリカ心理学会によると，知能とは「**学習する能力，学習によって獲得された知識および技能を新しい場面で利用する能力であり，獲得された知識によって選択的に適応すること**」と定義づけられています。それでは，知能はどのようなしくみをしているのでしょうか。スピアマン（Spearman, 1904）は，あらゆる知的活動に共通にはたらく**一般因子**と，個別の知的活動にはたらく**特殊因子**から成り立っていることを指摘しました。このスピアマンの考え方は**2因子説**とよばれています。これに対して，サーストン（Thurstone, 1938）は知能が個々に独立して存在する特殊因子から構成されているのではなく，多くの群をなした能力から構成され，それぞれの群に基本因子が存在していると考えました。このサ

ーストンの考え方は**群因子（多因子）説**とよばれています。彼が見いだした主な基本因子は以下のようにものです。じっくり見てみると，どれも知的活動には大切な役割をもつものばかりであることがわかるでしょう。

　　S：**空間的因子**　平面図形，立体図形の視覚的知覚にかかわる因子
　　N：**数的因子**　加算などの単純な数の操作の巧みさにかかわる因子
　　V：**言語理解の因子**　言語理解や推論にかかわる因子
　　W：**語の流暢さの因子**　連想の速さ，語や暗号の置き換えにかかわる因子
　　M：**記憶的因子**　語，数，図形の記憶にかかわる因子
　　I：**帰納的因子**　いくつかの事例からルールを帰納的に導き出すことにかかわる因子
　　P：**知覚的因子**　知覚的判断の速さにかかわる因子

　限られた知的課題の結果を分析して導き出されたスピアマンやサーストンの考え方に対して，ギルフォード（Guilford, 1967）は日常生活で経験するさまざまな内容の問題を解決する際にはたらく知能の要因を探ろうとしました。彼は知的活動の内容には，図形，記号，行動，意味の4つがあると考え，それらにはたらきかけた際に得られる所産として，単位，クラス，関係，体系，変換，含みの6つがあると考えました。さらに，こころの操作として，認知，収束的思考，拡散的思考，記憶，評価の5つがあると考え，図6-5に示す**知能構造モデル**を考案したのです。彼の考え方によると，「内容」「所産」「操作」の3次元の各要素をかけ合わせた120個の因子から知能が構成されていることになります。学んだことを利用する能力である「知能」のしくみもさまざまな考え方に基づいて，いろいろな形でとらえられているのです。

(2) どうやってはかるの？

　知能のしくみについては，いろいろな形でとらえられていることがわかりましたが，一人ひとりの知能をはかることはできるのでしょうか。現在ではさまざまな**知能検査**が開発されていて，いろいろな側面から知能をはかることができるようになっています。知能検査には集団で行なうものと個別で行なうもの

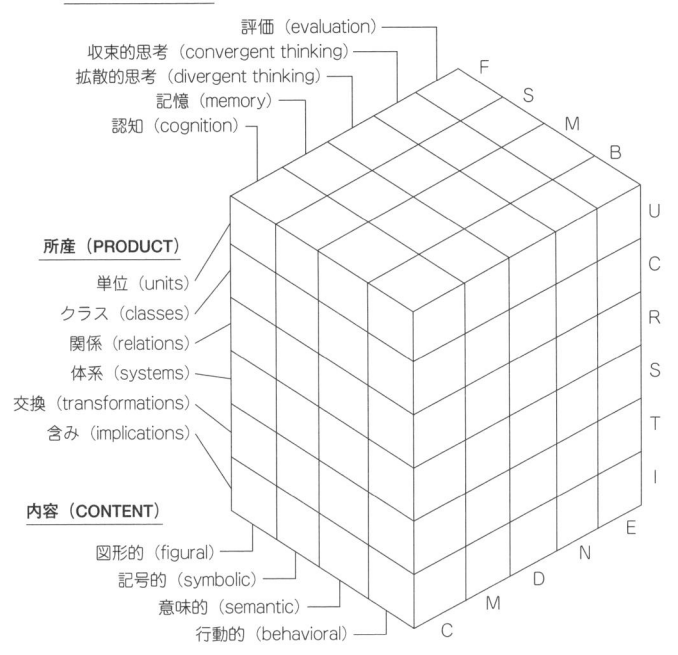

操作 (OPERATION)
- 評価 (evaluation)
- 収束的思考 (convergent thinking)
- 拡散的思考 (divergent thinking)
- 記憶 (memory)
- 認知 (cognition)

所産 (PRODUCT)
- 単位 (units)
- クラス (classes)
- 関係 (relations)
- 体系 (systems)
- 交換 (transformations)
- 含み (implications)

内容 (CONTENT)
- 図形的 (figural)
- 記号的 (symbolic)
- 意味的 (semantic)
- 行動的 (behavioral)

図6-5 ギルフォードの知能構造モデル（中沢，1986）

があります。集団式知能検査は文字や絵，図形，符号を用いて検査用紙に筆答させるようになっているもので，実施や採点が容易にできるという利点があります。個別式知能検査は被検査者1人に質問をしたり，動作や検査用具の操作を求めたりするようになっています。実施，採点がむずかしく，専門的な検査者が必要とされるという短所がある反面，知能を精密にはかることができるという長所があります。それでは，知能検査がどのように開発されてきたのかについてみてみましょう。

世界で最初に知能検査をつくったのはビネー（Binet, A.）で，医師であるシモン（Simon, T.）の協力を得て30項目からなるビネー・シモン検査を開発しました。これが1905年のことになります。ビネーの検査では，知能は全体的なまとまりとしてとらえられるもので，分析することはできないという考え方から，総合的な知能の水準をはかろうとしています。特徴としては，検査項目が

年齢尺度に応じて配列されていて,結果が**精神年齢**で示されるということです。ビネー式の知能検査は**個別式知能検査**として現在でも標準化されたものが世界各国で使われています。わが国では**田中・ビネー知能検査**や**鈴木・ビネー知能検査**が有名です。現在使われているものでは結果を**知能指数（IQ）**で表示しています。知能指数は精神年齢を生活年齢で割った数字に100をかけるという公式で算出します。年齢相応の発達ならば知能指数は100となり，進んでいれば100より大きく，遅れていれば100より小さくなるわけです。精神年齢や知能指数ということばは一般的にもよく耳にしますが,実はビネー式知能検査から生まれたことばだったのです。

　ビネー式検査と同じ個別式の検査として有名なものにウェクスラー（Wechsler, D.）によって開発されたものがあります。彼は知能を全体的なまとまりとして測定するだけでなく，知能の内容を言語的知能と動作性知能に区別して測定できるようにくふうしました。ウェクスラー式知能検査の特徴としては，結果を示すのに精神年齢を用いず，同一年齢集団内での相対的位置を表わす偏差IQ（平均点を100とする）を算出すること，結果には言語性IQ，動作性IQが別々に算出され，これらを総合した全IQが算出されるので，個人内で言語性IQと動作性IQの比較ができること，下位検査の結果に基づいてプロフィールを描くことができる，といったことがあげられます。現在用いられている**ウェクスラー式知能検査**には，WAIS（成人用），WISC（児童用）WISC-Ⅲ（児童用改訂版），WPPSI（幼児用）などがあります。

　これらの個別式知能検査のほかに，より簡便に行なえるように**集団式知能検査**が開発されました。もともとは第一次世界大戦中，アメリカの軍隊で兵士を適正部署に配置するために開発されたという，なんとも皮肉な戦争の副産物でもあるのですが,そういった性質上，紙と鉛筆があれば一度に多人数に実施できるという特徴をもつことが不可欠だったのでしょう。この集団式知能検査は実施が容易なので，教育現場でもよく使われることがあります。わが国では，小学生を対象とした数研式新訂学年別知能検査や小学高校学年を対象としたTK式田中AB式知能検査などがありますが，実際に小学生のときに経験した人もいるのではないでしょうか。

2．知能って変わらないもの？

(1) 発達とともに変わる知能

　知能は生涯を通じて変わらないものでしょうか。この問題を検討するために用いられる研究方法の1つに横断的方法とよばれるものがあります。この方法では，年齢が異なるいくつかの集団に検査を実施し，各年齢の結果をつなげて発達曲線を描くということがおもになります。この方法を用いると，一時に異なる年齢集団の発達にかかわるデータを得ることができ，短時間で数十年にもわたる発達的変化を調べることができます。図6-6は横断的研究から描かれた知能の発達曲線を示したものです（Wechsler, 1958）。この図を見ると，知能は年を取るにつれて変化するものであることが一目瞭然です。さらに，低年齢の段階では比較的急速に発達し，15歳以後はゆるやかになり，20～25歳にピークを迎え，その後は加齢にともなってゆるやかに下降するという特徴がみられます。6歳から10代後半までに学校に通い，さまざまな教科の勉強をするということは，この知能の急激な発達に対応して「学び」を十分に経験させるといったまさにタイムリーな処遇といえるのではないでしょうか。ピーク近くにあるあなたは今まさに頭の使い時，一生懸命勉強に打ち込む時期にあるといえるでしょう。

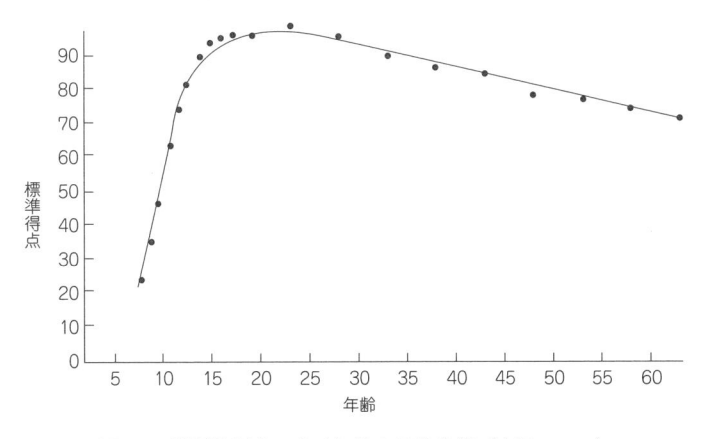

図6-6　横断的研究による知能の発達曲線（中沢，1986）

(2) 個人のなかで変わる知能

　横断的研究の結果に基づいて描かれた知能の発達曲線は，さまざまな年齢にある異なる人のデータをもとにしたものです。このデータでは人全体としての一般的な知能の発達的変化を理解することはできますが，実際に個人の発達のなかでは知能がどのように変化するのかを詳しく知るという点はちょっと不明確になります。それで，この点を改善した縦断的方法があります。この方法では，ある個人の知能を長期間にわたって追跡的に測定し，その結果に基づいて発達にともなう変化を明らかにすることがおもな手続きになります。図6-7はこの縦断的研究から描かれた知能の発達曲線を示したものです（Bayley, 1955）。横断的研究から描かれたものとよく似た形をしています。こちらの発達曲線でも，知能は12歳ごろまで急激に上昇し，その後の上昇はゆるやかになり，26歳以後には上昇がみられないという特徴があります。やはり，ここでも同じように20代前半までに「学び」を十分に経験することが大切であることがうかがえます。しかし，どちらの発達曲線もピークに達した知能はある程度高い状態が保たれるという特徴がみられます。このことは，人間は学んだことを利用する力がその後の生涯を通じて高いことを示しています。ピーク時以後も「学び」を絶やすことなく，学んだ知識，技能を利用し続けることが大切にな

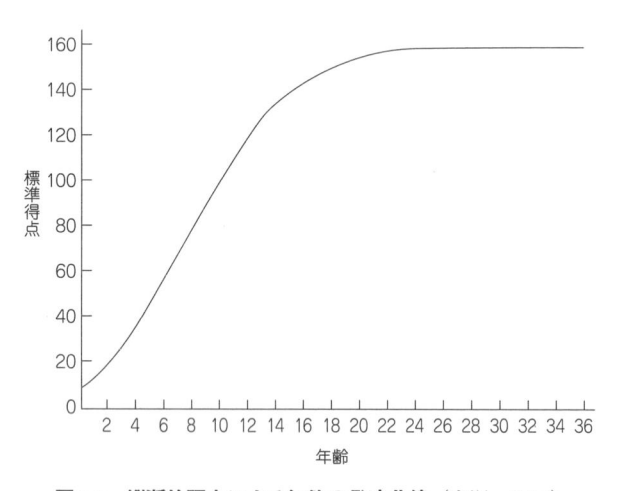

図6-7　縦断的研究による知能の発達曲線（中沢，1986）

るというわけです。生涯学習ということばをよく聞きますが，知能の発達からみても，生涯を通じて絶え間なく「学ぶ」ことはとても大切だということになるでしょう。

自分でやってみよう！

記憶テスト

下にある＜質問＞を隠して，下記の文章をよく読んで内容をおぼえてください。

　覚（サトル）くんは電車に乗りました。覚くんが乗った２両目の車両には覚くん以外に乗客が11人いました。最初の停車駅では４人降りて５人乗ってきました。次の駅では３人降りて２人乗ってきました。その次の駅から２つの駅では両方とも人の乗り降りはなく，その次の駅で８人が降り，２人乗ってきました。次の駅ではだれも降りず，１人だけ乗ってきました。覚くんは１人その次の駅で降りました。

＜質問＞　上の文章を隠して，下の質問に答えてください。
①最初２両目の車両には覚くん以外に何人乗客が乗っていましたか？
②２つ目の駅では何人の乗客が降り，何人乗ってきましたか？
③覚くんが降りるまで電車は何回駅に停車しましたか？

＜正答＞　①11人　②３人降り，２人乗った　③６回

＜解説＞
　①は多くの人が正答を出せたのではないでしょうか。②はちょっとむずかしいですが，何人かは正答できたでしょう。しかし③はどうですか。正答を出せた人は少なかったのではないでしょうか。これは，文章を読んで乗客の数のほうばかりに注意を向け，何回停車したかにほとんど注意を向けなかったためです。もし，最初から停車回数に注意しておぼえようとしていたら，正答は簡単に出せたでしょう。
　このように同じ文章の内容をおぼえるという課題のなかでも，何に注意を向けたかによって，記憶される内容には大きな違いが出てくるのです。つまり注意したことはよくおぼえていて，注意しなかったことは忘れやすいということになります。何かをおぼえるにはまず，記憶しなければならないものにしっかりと注意を向けることが大切です。

7章

新しいものをつくり出す

1節 新しいものをつくり出す力

1．創造的思考力とは？

(1) 人間の武器

　みなさんは，角や牙といった武器をもたない人間が生き長らえた理由を考えたことがありますか？　その理由は，人間がほかの動物とは一風異なる，目に見えない武器をもっていたことにあります。それは新しいものをつくり出す力，すなわち**創造的思考力**です。

　私たちの祖先は，創造的思考力をはたらかせることによって生存にかかわる問題を乗り越えてきました。飢え死にしてしまわないよう，自然に存在する植物やヒツジ・ブタなどの動物を育てることで，ただ採集する以上に多くの食べ物を確保できるようにしました。寒さにこごえないよう，火を使ったり，動物の毛皮を得たりすることも考えつきました。さらには，自分たちが生み出した技術や考えを記録し，伝達するための文字を考え出し，川のはんらん時期など，自分の身のまわりでいつ何が起こるのかを知るための学問を生み出してきました。人間は，その創造的思考力によって，日々の生活に必要な物資をより多く獲得するだけでなく，高度な文明や文化をも築いてきたのです。

(2) 天才から凡人まで使っている

　江川（1993，1994）は，創造性に関する代表的な定義をもとに，創造的思考力を「個人あるいは集団，社会にとって新しい価値あるアイデアを生み出し，それを具体的な産出物として仕上げる思考能力のことである」と定義し，また，何か新しいものをつくり出すためには，こうした能力と，それを陰に陽に支える人格要因が必要になるとして，人格要因まで含めた概念を創造性と定義しています。本節ではおもに創造的思考力について，次節では人格要因を含めて考えてみましょう。

　「新しい」という意味には，社会的，文化的に質的な変革をもたらす，つまり私たちの社会にとって新しい場合と，生み出されるアイデアや物が個人にと

って新しいという場合の両方が含まれます（恩田，1971）。ですから，創造的思考力は，何も天才とよばれた人々による歴史上の大発見・大発明だけに使われているわけではありません。創造的思考力は，私たちが日々さまざまな問題を解決するときにも使われているのです。お風呂からあふれる水を見てひらめいたという逸話が残されているアルキメデスの原理から冷蔵庫の残り物を見てひらめいた創作料理まで，すべて創造的思考力のなせる技なのです。

2．創造的思考力をはかる

(1) 答えは1つじゃない？

　現在開発されている多くの**創造性検査**のもととなっているのは，ギルフォードの研究です。ギルフォード（Guilford, 1959）は，創造性を支える6つの因子（問題に対する敏感さ，流暢性，柔軟性，独創性，綿密性，再定義）を考えました。

　まずは，早稲田大学創造性研究会が作成した創造性検査，TCT（Test for Creative Thinking）に挑戦してみましょう。TCTは，ギルフォードが考えた6因子のうち，とくに流暢性，柔軟性，独創性を評価するもので，最初は9種類のテストが考えられていましたが（久米ら，1976），評価面で問題のあるテ

ストが除かれ，現在では6種類のテストになっています（久米，1977；高野，1989）。問題3と5の検査時間は各3分，それ以外の問題の検査時間は各2分です。

【TCT】

問題1　「次にあげるものはどんな使い方がありますか。使い方をできるだけたくさんあげてください」
　　　・缶づめの空き缶　　　　　　　　　　　　　　　　　（制限時間2分）

問題2　「ひとりの男が椅子に腰掛けて雑誌を読んでいました。その人は突然雑誌を閉じて立ちあがり，大急ぎで部屋を出ていきました」
　　　・さてどうしたのでしょう。どうしたのかを，できるだけたくさん書いてください。　　　　　　　　　　　　　　　（制限時間2分）

問題3　「あるデパートで手袋のメーカーに100ダースの手袋を注文したところ，左手だけの手袋が100ダース届いてしまいました」
　　　・この話に題をつけるとしたら，どんな題がいいでしょうか。できるだけたくさんあげてください。　　　　　　　　　（制限時間3分）

問題4　「次にあげる図（図7-1）は何だと思いますか。思いつく物の名前をできるだけたくさんあげてください」　　　　　　（制限時間2分）

問題5　「次（図7-2）にあげた4つの点を使って，できるだけたくさんの絵を描いてください」　　　　　　　　　　　　　（制限時間3分）

問題6　「この図形（図7-3）のなかにはどんな図案がありますか。見つかるものをできるだけたくさんあげてください」　　（制限時間2分）

これらの問題に共通している点は，必ずしも答えが1つとは限らないことです。さて，この答えはどのように評価されるのでしょうか。

7章 新しいものをつくり出す

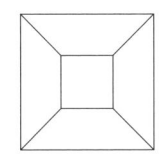

図7-1　問題4の課題図（久米ら，1976）

図7-2　問題5の課題図（久米ら，1976；久米，1977を参考に作成）

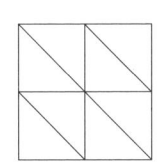

図7-3　問題6の課題図（久米ら，1976）

(2) 頭のやわらかさチェック

まずは，流暢性と柔軟性について評価してみましょう。

- 流暢性：各問題に対する答えの数を数えます。数が多いほど着想・発想が豊富ということになります。
- 柔軟性：各問題に対する答えのうち，久米ら（1976）などを参考に，類似性の高い答えをまとめ，その数を数えます（たとえば，問題1で，小銭入れ・楽器・計量カップと答えた人は3，小銭入れ・輪ゴム入れ・計量カップと答えた人は2となります）。数が多いほど着想・発想が多岐・多種類にわたるということになります。

いかがでしたか？　次は，独創性についての評価です。TCTでは，独創性を評価するためのカテゴリーが4つ設けられています（高野，1989）。**課題依存**（Task-dependence：課題の拘束をそのままの形で受け入れ，常識的な枠組みのなかで解決をはかる。以下Td），**課題変形**（Task-modification：課題の拘束のなかで常識的枠組みを克服し，視点転換を行なって解決をはかる。以下Tm），**同態再生**（Homomorphosis：課題の拘束を特定の情報に着目し，不必要な情報は捨象するという形で脱して解決をはかる。以下Ho），**異態再生**（Heteromorphosis：課題の拘束にまったくとらわれないで解決をはかる。以下He）。表7-1，図7-4，図7-5や三島（1980）などを参考に，先の問題1から問題6の自分の答えがそれぞれどのカテゴリーにあてはまるかを分類し，独創性を評価してみましょう。

- 独創性：Td（0点），Tm（1点），Ho（2点），He（3点）として点数化して合計点を出します。点数が高いほど異質の着想・発想ができるということになります。

新しいものをつくり出す **7**章

表7-1 問題1から問題4のカテゴリー反応例（高野，1989より一部改変）

問題番号	テスト名	課題依存（Td）	課題変形（Tm）	同態再生（Ho）	異態再生（He）
問題1	用途テスト	物入れ 灰皿	缶けり 糸電話	楽器 鏡	ナイフ ブリキ板
問題2	原因推定テスト	部屋の外で物音がした 電話がかかってきた	全部読み終わった 雑誌にお金がはさんで あった	病院で自分の番がきた 電車に乗っていて駅に 着いた	泥棒とまちがえられた 発狂してしまった
問題3	標題づけテスト	左手の手袋100ダース 右手が寒い	手袋盗難事件 左手専門デパート	軍手 ひっくり返せば右手袋 だけ	左手専用手袋大売り出し 21世紀の手袋
問題4	想像力テスト	廊下 ピラミッド	皿 封筒	望遠鏡 タイヤ	マーク 顔

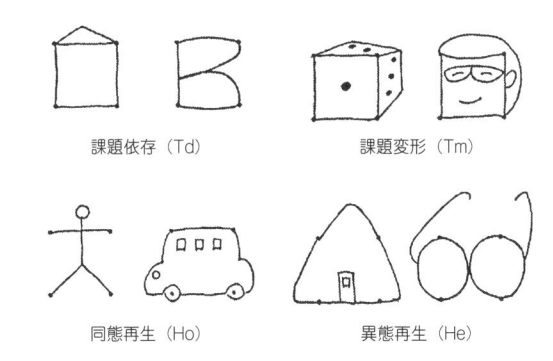

図7-4 問題5：4点描画テストのカテゴリー反応例（高野，1989）

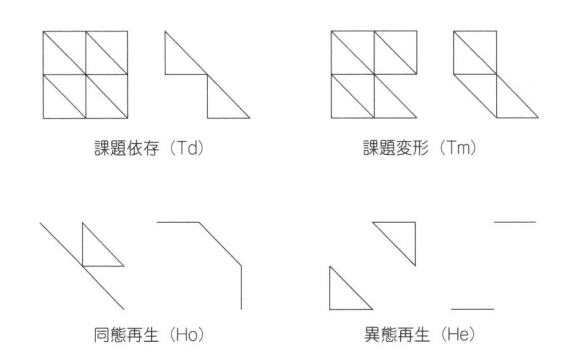

図7-5 問題6：図案発見テストのカテゴリー反応例（高野，1989）

3．問題解決の道すじ

(1) 新しい問題にぶつかったとき

　デューイ（Dewey, 1910）は，問題解決の過程について，「問題の認識」「問題点の把握」「解決法の思いつき」「解決法の洗練」「解決法の確認・評価」の5段階があると考えています。この5段階のうち，創造的思考力が必要になるのは，おもに「解決法の思いつき」の段階です。

　たとえば，「1週間後にアメリカから大事なお客さまがいらっしゃいますので，大学案内をお願いします」という依頼があった場合，「大事な役目だぞ→でも自分には英語力がほとんどない」と自分が問題をかかえていることを認識したあなたは，「1週間で効果的に英語力を上げる勉強方法を考えなければならないな」と問題点を把握するでしょう。そして，今まで同じような経験をしたことがある人は，過去の経験を参考に解決法を考えようとするでしょう。

　しかし，仮にこれが「1週間後に宇宙から大事なお客さまがいらっしゃいますので，大学案内をお願いします」という依頼であったらどうでしょう。過去の経験はほとんど参考にならないと思います。極端な例をあげましたが，これからの人生，過去の経験をさぐっても解決法のヒントが得られない新しい問題にぶつかる場面が何度も出てきます。創造的思考力が必要になるのは，まさにこのような場面なのです。

(2) 創造的な問題解決の4ステップ

　ワラス（Wallas, 1926）は，天才的な功績を残した人々の思考過程を分析し，創造的な問題解決には，比較的共通な過程が4段階あると考えています。それは，「準備」「温め」「解明」「検証」という4段階です。

　準備の段階では，かかえている問題について，あらゆる角度から検討します。**温め**の段階は，創造的問題解決法が熟して自然に出てくるのを待つといった状態で，無意識の世界で考えている段階です。続いて，何かの拍子に突然すばらしいアイデアが強い確信とともにひらめく段階がやってきます。これが**解明**の段階です。最後に，そのアイデアの正当性を評価したり，修正したりすることでアイデアを洗練していく段階が**検証**の段階です。

フランスの数学者ポアンカレは，みずからの創造的な問題解決について，詳細な記述を残しています。ワラスの4段階と照らし合わせながら読んでみましょう。

つづいて数論の問題の研究にかかったが，これといってめぼしい結果も得られず，またこれが今までの余の研究と少しでも関係があろうとは，余の思いもよらぬことであった。うまくいかないのに気を腐らして，海岸におもむいて数日を過ごすことにした。そして全然別のことを考えていたのであった。ある日，断崖の上を散歩していると，不定3元2次形式の数論的変換は非ユークリッド幾何学の変換と同じものであるという考えが，いつもと同じ簡潔さ，突然さ，直接な確信さをもって浮かんできたのであった。カンに帰って，この結果を考え直して，またそれから得られる結論を引き出した（Poincaré，1908）。

(3) 休憩で答えが見つかる!?

ポアンカレは，どうして休憩中に解決法を思いついたのでしょうか。このように，問題解決に没頭している「準備」の段階ではなく，一見すると問題とは関係のない活動をしている「温め」の段階のあとに解決法が見いだされることを，**孵化効果**といいます。孵化効果は，歴史上の大発見・大発明の場合だけでなく，ふつうの人のささやかな発明・発見の場合にも同様に生じます。いった

い休憩中には何が起こっているのでしょうか？　休憩中に突然解決法がひらめくとき，実は思考の切り替えが起こっているのです。

　ギルフォード（Guilford, 1959）は，創造的思考力に関係する思考として，**収束的思考**と**拡散的思考**をあげています。収束的思考とは，1つしかない正解を早く探すような問題，たとえば「縦の長さが横の長さの2倍で，周囲の長さが48cmの長方形があります。この長方形の面積を求めなさい」といった問題を解くような場合に必要となる思考のことです。学校のテストでよい点をとるためには，1つしかない正解へと思考を集中させていく収束的思考が必要とされます。一方の拡散的思考は，「紙の使い道を思いつくだけたくさん述べなさい」といった，答えが分かれたり，答えのレベルも多様であったりする問題を解く場合に必要となる思考です。創造的な問題解決法を考える場面では，おもに拡散的思考が必要となってきますが，アイデアを洗練させたり，実践場面に生かしていこうとしたりする場面では，収束的思考が必要となってきます。新しいものをつくり出す力に磨きをかけるためには，これら2つの思考をバランスよく使っていくことが大事です。

　私たちは，何か問題にぶつかると，型にはまった思考にとらわれ，収束的思考から拡散的思考への切り替えがスムーズにできないことが多くあります。これは，問題が生じたとき，私たちのほとんどが過去の経験や習慣を基に解答を求めていくためです。こうすることでムダなエネルギーを使わずに，日々の生活をスムーズに送ることができるようになっているのです。しかし，こうした解決方法ばかりに頼っていると，しだいに拡散的思考のはたらきが鈍ってしまいます。

　「柔軟な発想とひらめきを手に入れよ！」をテーマに，図形なぞなぞを出題するテレビ番組があります。はやばやと正解を出すゲストのようすを見ていると，いくつも解答を書いては司会者に見せています。そのうち，パッとひらめいた顔になって正解を出し，抜けていきます。一方，最後まで正解を出せないゲストを見ると，同じ図形を何度も描いていたり，同じ線を何度もなぞっていたりといつまでも同じ解き方にこだわっているようです。そのうち，ゲストの顔が大きく映し出され，「思考の呪いにかかり苦しむ〇〇（ゲスト名）」というテロップが流れます。おそらくゲストの頭のなかでは，収束的思考が自動的に

はたらいてしまい，拡散的思考のはたらきが抑制されてしまったのでしょう。思考の呪いを断ち切る，つまり収束的思考から拡散的思考への切り替えをスムーズにするために効果的な方法こそが休憩によって頭を休めることなのです。休憩という何ものにも縛られない状態に頭をおくことで，収束的思考のほうへ集中していたエネルギーを解放して，拡散的思考のほうへと流れていくようにするのです。

以上，収束的思考，拡散的思考についてお話してきました。普段，あなたは2つの思考をバランスよく使えているでしょうか？　問題解決場面における自分の思考パターンをふり返ってみましょう。

2節 新しいものをつくり出す力を支える

1．知能と創造性

(1) 子どもは大人よりも創造的？

子どもには驚くべき奇抜なアイデアや発想力があります。リボンやイヤリングのかわりに洗濯ばさみを髪や耳にとめている女の子，工事用の赤い三角ポールを頭からかぶり「キノコ！　キノコ！」と走っている男の子，ティッシュの空き箱に足を入れて「大きな靴だ」と満足顔の女の子など，思わず笑いがこみあげてくるようなことを子どもは考えつきます。このような子どもの創造性はいったいどこからくるものなのでしょうか。また，子どものもつ創造性を私たち大人は失ってしまったのでしょうか。

子どもの創造性は，以下の態度特性によって支えられています。つまり，「あいまいさに対して寛容である」「冒険を好む」「自信が強い」「独創性を重視する」「変化を好む」「達成心が強い」といった特性です。こういった態度特性を伸ばすことによって，子どもの創造性は高められます（三宮，1999）。

創造性を妨げる要因は2つあります（三宮，2001）。1つは**機能的固着**（とらわれ）です。いったん自分なりの解決法やものの使い方に慣れてしまうとそれ以外の方法を思いつきにくくなってしまうことがあります。すなわち，本来

創造性を高めるはずの経験や習慣が創造性の妨げになっているという考え方です。もう1つは**同調行動**です。日本人は集団主義者であるとされており，人と異なる行動をすることを嫌います。協調的であることを好み，独創的であることを避ける日本人の気風は，十分に創造性を妨げる要因となり得るといえます。これらのほかに，創造性を妨げるものとして三宮は，ゆとりのなさや与えすぎをあげています。創造的な思考には，じっくりと考えたり，試行錯誤する時間が必要であり，また答えやヒントを与えすぎることは望ましくないというわけです。

(2) 日常生活における知能——人とつながる力

近年，知能には**実際的問題解決能力**と**言語能力**，**社会的有能さ**の3つがあることが明らかにされてきました（Sternberg et al., 1981）。実際的問題解決能力とは，論理的な推論力や決断力，推察力など創造的思考力に直接的に結びつくものです。言語能力とは，流暢な会話力，読書力，語彙力などをさします。社会的有能さとは，他者に対する受容力，公正な判断力，外界への広い関心，社会的意識，他者への敏感さなどです。知能についての概念は見直されつつあり，とくに日常生活における知能が重視されるようになってきました。つまり，外界情報を適切に処理し社会人として日常生活を営むために，とくに社会的有能さ，すなわち他者との関係を創造する力が必要とされるようになってきたのです。

他者との関係を創造することができない場合，人はきわめて厳しい状況に追い込まれることになります。仲間社会から締め出される子どもには共通した特徴があります（Asher & Coie, 1990）。たとえば，他者に対して妨害的でありけんかをしかける，また他者に対して協力的ではなくリーダーシップをとれない，などがそのおもなものとしてあげられます。他者の権利を侵害し攻撃的な人は，他者から受け入れられにくく，人との関係づくりがうまくいきません。

2．創造性の高い人ってどんな人？

創造活動に適した人とはどんな人のことを言うのでしょうか？　何かをつくり出そうとするには，創造的思考力だけではなく創造意欲，すなわちやる気が必要とされます。このやる気については第5章において**内発的動機づけ**という

ことばで説明されています。

　さて，創造活動が失敗に終わったとき，それをバネに新たな創造活動を始めるかは，失敗の原因を何に求めるかによるのではないでしょうか。おおむね，成功や失敗の原因は運，気分，努力，課題の困難度，能力などに帰属されるといわれています（p.92 表 5-1 参照）。

　ワイナー（Weiner, 1972）は，**原因帰属**と**達成動機**との関連を明らかにし，何に原因を帰属させるかによって後の活動への期待度が異なることを示しました。たとえば，「能力」は安定的要因・内的要因であり，失敗の原因を能力に帰属する人は，また失敗するかもしれないと思い成功をあまり期待しなくなります。また，「努力」は不安定的要因・内的要因であり，失敗の原因を努力に帰属する人は，次は成功するかもしれないという期待をもちやすくなります。このように，失敗の原因を何に求めるかによって，後の創造活動に対する期待や姿勢，取り組み方は異なるといえます。「失敗は成功のもとだ！」と気持ちを切り替えポジティブに前進できる人は，活動意欲を保てるよう，ある意味自分に都合よく失敗を処理できるのかもしれません。みなさんはどうでしょうか？

3. 成功者のヒミツ

(1) EQとは？

　「ピンチをチャンスに変えることができたら！！」こんなことを思ったことはありませんか？　ここでは社会で生きていくうえで必要な力，EQについてみてみましょう。

　創造性は知能に関連していますが，IQで創造性のすべてを説明することはできません。最近になって，EQ（Emotional Quotient）ということばが使われるようになってきました。EQはこころの知能指数，情動の知性といわれています。学歴や資質，育った環境が似ていればどんな人でも同じ運命をたどるでしょうか？　訪れたピンチをどう切り抜け，チャンスをどうものにするか，それによって運命は異なってきます。その力がEQであるとゴールマン（Goleman, 1995）は述べ，EQが高い人とは，「自分の気持ちを自覚し制御できる人，他人の気持ちを推察し対応できる人」としています。このような人は，

人間関係づくりがうまく，組織のなかで安全かつ安定した地位を確保できる人といえるでしょう。EQの高い人はリーダーとしての評価も高く，それは自己認識，自己管理，社会認識，人間関係の管理というEQの4つの領域（表7-2）において優れているとされています（Goleman et al., 2002）。他者とよい関係をつくり，集団のなかに居心地のよい居場所をつくるためにはIQ以上にEQが重要であるというわけです。

ところが現在のところ，IQとは対照的に子どもたちのEQは低くなってきています。他人の感情に鈍感で共感できないだけでなく自分の感情をコントロールできない子どもが増えており，このままでは大人になって社会生活を営むことができなくなる危険性も少なくありません。社会のなかで他者とかかわりながら楽しく生きるためには，IQや学力に固執するのではなく，EQを中心としたこころの教育に目を向けるときがきているのかもしれません。

大村（1997）はゴールマンの4つの領域を基礎として，共感性，自己認知力，

表7-2　EQの4領域と関連する能力（Goleman et al., 2002）

(1) 個人的能力		自分自身に対処する能力
①自己認識	感情の自己認識	自分自身の感情を読み取りそのインパクトを認識する
	正確な自己評価	自分の長所と限界を知る
	自信	自分の価値と能力に対する健全な信頼
②自己管理	感情のコントロール	不穏な感情や衝動をコントロールする
	透明性	正直と誠実，信頼できること
	順応性	状況の変化に順応し，障害を克服できる柔軟性
	達成意欲	自分の内なる目標基準の達成をめざしパフォーマンスを向上させる意欲
	イニシアチブ	進んで行動を起こし，チャンスをつかむ
	楽観	ものごとの良い面を見る
(2) 社会的能力		人間関係に対処する能力
③社会認識	共感	他者の感情を感知し，他者の視点を理解し，他者の事情に積極的関心を示す
	組織感覚力	組織内の潮流，意思決定ネットワーク，政治力学を読み取る
	奉仕	部下や顧客のニーズを認識し対応する
④人間関係の管理	鼓舞激励	求心力のあるビジョンを掲げてモチベーションを与える
	影響力	さまざまな説得術を行使する
	育成力	フィードバックと指導を通じて他者の才能を育てる
	変革促進	新機軸を発議し，管理し，統率する
	紛争処理	意見の相違を解決する
	チームワークと協調	協調とチーム作り

自己統制力，粘り強さ，柔軟性，楽観性という6つの側面からEQの測定を試みています（表7-3，図7-6）。採点基準に沿って6つの各側面について採点をした後，次の式を用いて合計点から指数を算出します。指数は，［合計点/（60÷2）］×100で求めることができます。表に従って各指数をAからGまでのレベルに分類し，六角形のダイヤグラムのなかに結果をしるし，隣り合ったポイントを線で結ぶと，EQの傾向を一目で見ることができます。

(2) ストレスと生きていく──レジリエンス

　EQでとくに重要視されているのは，他者の感情を推察し人間関係をコントロールする力です。EQが高い人と低い人とでは人間関係の築き方に違いが見られますが，それは乳幼児期においてすでにある程度決められているという説があります。子どもは養育者との関係によって，回避型，安定型，抵抗型の3つの愛着のタイプに分類され，これらの愛着のタイプは子どもがその後他者と関係をつくるための基礎になるといいます。これを愛着の内的ワーキングモデルといいます。たとえば，抵抗型の子どもは，自分や他人を信頼できないため消極的にしか他人とつきあうことができません（LaFreniere & Sroufe, 1985）。

　しかし，愛着の内的ワーキングモデルでその後の対人関係のすべてが決まってしまうわけではありません。人間関係づくりが苦手だとされている回避・抵抗型の人は，それを克服する力を身につけることによって，他者とよりよい関係をいくらでも築くことができます。その力の1つが**レジリエンス**です。レジリエンスとは弾力性，回復力であり，ストレスを乗り越える力であるとされています（小花和，2004）。レジリエンスには，「ストレス場面に対する耐性」と「社会的スキルの柔軟な利用」の2つの側面があります（高辻，2002）。つまり，レジリエンスの高い人とは，ほかの人がストレスだと思うことが平気であったり，内的な芯の強さでストレスをはねつける人，またストレスを逃がす手段をもっている人であるといえるでしょう。また，タガー（Tager, 2001）は，レジリエンスを身につけるためには「制御」「挑戦」「専心」「人間関係」が必要であるとしたうえで，レジリエンスとは，「さまざまな社会的なリスクに耐えられるだけの人間の強靱さをもたらすものであり，同時に，そうした危機をバネに，前よりもいっそう元気で快活に過ごすことができる人間の能力である」

表7-3 EQテストの質問項目例（大村，1997）

Y：Yes　N：No　？：どちらともいえない

項目内容

＜共感性テストの一例＞
Q1　自分の部屋はいつもきちんと整理整頓してある。　　　　　　　　　　Y・N・？
Q2　気の合った友だちが少ないので悩んでいる。　　　　　　　　　　　　Y・N・？
Q3　たいていいつも明朗（ネアカ）である。　　　　　　　　　　　　　　Y・N・？
Q4　お祭りさわぎが好きで，みんなとよくはしゃぐ。　　　　　　　　　　Y・N・？

＜自己認知力テストの一例＞
Q1　私は自分自身のことを理解しようと努力している。　　　　　　　　　Y・N・？
Q2　空想にふけるくらいむだなことはないと思う。　　　　　　　　　　　Y・N・？
Q3　歴史的な人物の伝記を読むのが好きである。　　　　　　　　　　　　Y・N・？
Q4　私は友だちに学ぶところが多いといつも思っている。　　　　　　　　Y・N・？

＜自己統制力テストの一例＞
Q1　あなたは次のどちらの友だちと気が合いますか。
　　　A．愉快なあわてんぼう。
　　　B．愉快だが落ち着いている人。
Q2　あなたは次の歴史的人物のうち，どちらの人の業績を高く評価しますか。
　　　A．源義経（奇抜な作戦で平家を滅したが，そのあとがよくなかった）。
　　　B．徳川吉宗（徳川幕府八代将軍。諸種の改革を行い，幕府中興の祖と呼ばれる）。
Q3　あなたがどうしても欲しい物を買いに出かけたら行列していました。どうしますか。
　　　A．とにかく並んで順番がくるのを待っている。
　　　B．友だちが前にいるかどうかを探しに行く。

＜粘り強さテストの一例＞
Q1　ウサギとカメが第2回目のマラソン競争をしました。ウサギは二度とあんな失敗をしないでしょう。
　　　あなたはどちらを応援しますか。
　　　A．ウサギを応援する。今度は必ず勝つから…。
　　　B．カメを応援する。今度も全力を尽くすと思うから…。
Q2　あなたの周囲の事情が許せば，どちらに手を付けますか。
　　　A．陶土でいろいろな器物を制作する。
　　　B．解説書を見ながらいろいろな折紙を制作する。
Q3　あなたは次の漫画のうちどちらが好きですか。
　　　A．長編漫画。
　　　B．四コマ漫画。

＜柔軟性テストの一例＞
Q1　目上の人とも遠慮なく議論してしまう。　　　　　　　　　　　　　　Y・N・？
Q2　失礼なことをされるとだまっていない。　　　　　　　　　　　　　　Y・N・？
Q3　いつも面白いアイデアがこんこんと湧いてくる。　　　　　　　　　　Y・N・？
Q4　まわりの人は私を十分に認めてくれていないと思う。　　　　　　　　Y・N・？

＜楽観性テストの一例＞
Q1　人から悪く思われてもあまり気にしない。　　　　　　　　　　　　　Y・N・？
Q2　困難なことや面倒なことにぶつかるとガクッとくる。　　　　　　　　Y・N・？
Q3　たいていいつも一人で行動している。　　　　　　　　　　　　　　　Y・N・？
Q4　ちょっとしたウソでも私をだました奴は許せない。　　　　　　　　　Y・N・？

新しいものをつくり出す **7**章

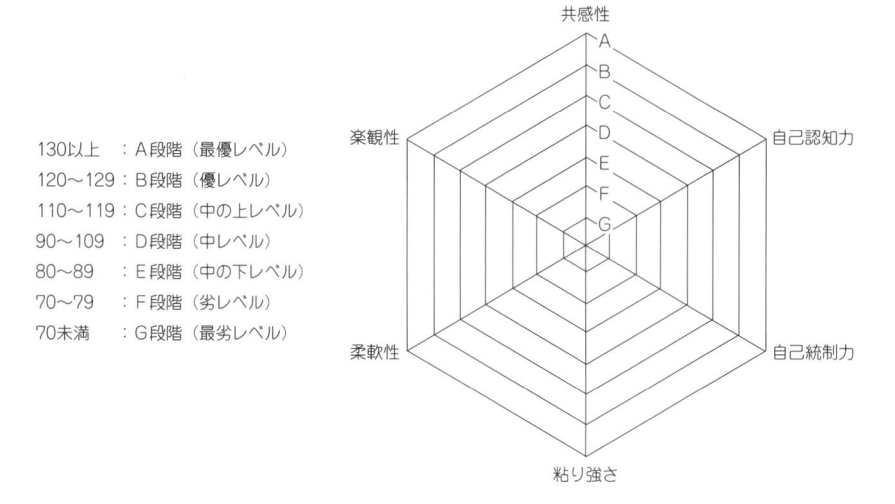

130以上　　：A段階（最優レベル）
120〜129：B段階（優レベル）
110〜119：C段階（中の上レベル）
90〜109：D段階（中レベル）
80〜89　：E段階（中の下レベル）
70〜79　：F段階（劣レベル）
70未満　　：G段階（最劣レベル）

図7-6　指数とレベルおよび結果記入用ダイヤグラム

と述べています。ストレスは，時には人を強くし未来を切り開く力を与えてくれるものかもしれませんね。

自分でやってみよう！

頭をやわらかくする方法

　創造的思考力の育成については，これまでに多種多様な方法が開発されています。代表的な方法として，**KJ法**（川喜田，1967，1970），**ブレイン・ストーミング法**（Osborn, 1953），**NM法**（中山，1980）があります。ここでは，川喜田二郎のK（川喜田）J（二郎）法を使い，「園児が散歩で空き缶を大量に拾ってきたが，その使い道に困っている」問題解決場面について考えてみましょう。

　KJ法には，大きく分けて4つのステップがあります。ステップに入る前に，15人前後のグループをつくります。

第1ステップ「紙きれ作り」：個々人で，問題に対するアイデア（大量の空き缶の使い道）を名刺大の紙きれ（ノリつきのラベルなどが使いやすい）に1つずつ，思いつくだけ書き込んでいきます。

第2ステップ「グループ編成」：グループ全員の紙きれをカルタとりのように並べて一つひとつながめ，親近性の高い紙きれを少しずつ小グループ（1〜5枚程度）にして表札をつけ，クリップや輪ゴムで束ねます。たとえば，「貯金箱を作る」「小物入れを作る」という2枚の紙きれには，「個々人で入れ物を作る」という表札がつきそうです。小グループができたら，先ほどと同じように表札をながめ，親近性の高い小グループの束を集めて表札をつけていきます。この作業をくり返し，グループの数が10以内になるまでグループ化します。

第3ステップ「A型図解」：第2ステップで作った束を模造紙の上にばらまき，もっとも意味が首尾一貫した落ち着きのよい構図を探します。次に，その空間配置に基づいて，紙きれを模造紙に貼り，これを図解化していきます。たとえば，「個々人で工作物を作る」「お店やさんごっこで使う」という2種類の束が並んでいる場合，「個々人で……」→「お店やさん……」と時系列の矢印を引くことができそうです。

第4ステップ「B型文章化」：グループどうしの結びつきについてストーリーを考え，文章にしていきます。

　あなたのグループでは，どのような文章ができましたか？　みんなの前で発表してみましょう。

8章

わかることと考えること

1節 「考える葦」になるまで

1. わかることの成り立ち

(1)「今ここがどこだかわかる？」

　この本を読んでいるあなたは，今自分のいる場所がわかっていますか？「今ここがどこだかわかる？」と尋ねられたら，何と答えるでしょう？　私たちはふだん，自分がいる場所をわかって生活しています。場所にはそれぞれ名前があることを知っているし，ふだん生活している場所であれば，当然そこがどういう名前の場所なのかを知っています。もしもそれを知らなければ，あなたの生活はずいぶん不便なものになるでしょう。何気なく「わかっている」ことが，実はあなたの生活の一部を支えているわけです。

　でも，待ってください。子どものころをふり返ってみましょう。あなたは今までずーっとそのことをわかってきたのでしょうか？　違うんです。実はわかっていない時代もあったんです。『子どものことを子どもにきく』という本のなかで，おもちゃ作家の杉山（1996）は自分の息子（隆くん）が3歳から10歳になるまでの8年間，毎年1回インタビューをし，そこでの子どもの驚くべき回答を記録しています。まずは3歳のときの回答をみてみましょう。

　父　親：隆，いま住んでる町，ここ，なんて町だか知ってる？
　隆くん：うーん……。
　父　親：ここ，なんてとこ？
　隆くん：うーん……。
　（中略）
　父　親：じゃあさあ，隆の住んでいるここはなんて国？
　隆くん：んー，なぞなぞ工房（杉山氏の自宅兼店舗）。
　父　親：ちがうちがう，国だよ。
　隆くん：うーん……，わかんない。
　父　親：わかんない。そうかあ，あのねえ，ここ日本って国だよ。

隆くん：(笑) えー，日本はおばあちゃんの所でしょう？
父　親：(笑) えー，じゃあここは一体どこだ？
隆くん：(笑)
父　親：今，何時だ？
隆くん：うーん（しばらく文字盤を見て），わかんない。
父　親：いやー，すごいなあ。（と，しみじみ。）字が読めなくて，今いるところがわからなくて，いまがいつかもわかんなくって，それでもやっていけるわけだー。
隆くん：(なんだかわけわからないけどニコニコ)。

　いかがですか？　このとおり3歳の子どもは，今ここの場所だけでなく，今このときの時間さえもわかっていないのです。なんだか不思議な気がしませんか？　でも，あなたもきっとそうだったんです。
　これが2年もたつと，ようすがずいぶん違ってきます。**わかる**ようになってくるのです。次は，驚きの5歳のとき。幕張メッセの東京おもちゃショーで，隆くんが2時間もの間迷子になったときのことです。

父　親：どれくらい探して歩いた？
隆くん：一時間くらい。
父　親：そんなに！
隆くん：30分くらい。
父　親：なんだよ，それ（笑）。それで，それから車のとこに行こうって思ったんだ。
隆くん：そう。おとうさん，前，約束したでしょ，「迷子になったら車のとこにいる」って。
父　親：うーん。そうだっけ？　でも，駐車場までずいぶんあったんじゃない？　まず，エスカレーターに乗って……。
隆くん：エスカレーターじゃない，階段駆けて。
父　親：車の方へ走ってったんだ。
隆くん：うん，どんどん。

父　親：で，駐車場がまた広いんだよねえ。鬼六（杉山氏の車の名前）の場所，すぐわかった？
隆くん：ううん，鬼六かなあって思って走っていくと違うの，何回もまちがえちゃった。

（中略）

隆くん：でね，鬼六探してたんだけど，お父さんたち探すのがやっぱり先だって思って，またおもちゃのとこに走ってったの。
父　親：あ，また会場へ来たんだ。それで？
隆くん：でも人がいっぱいでおとうさんたち見えなかったの。それでまた駐車場のほうへ行った。
父　親：大変だったねえ，よく泣かなかったなあ。
隆くん：うん，ぼくも泣くかなあって思ったけど泣かなかった。それでね，鬼六見つけたの。でも誰もいなかったでしょ。それで鍵がかかってどこもあかなかったの，そんとき少し泣いちゃった。

（傍点は筆者による）

なかなかたくましい成長っぷりに，ほれぼれとしてしまいます。注目すべきは，過去に父親が話したことをおぼえていて，それに従って行動していること（「前，約束したでしょ」），自分が現在おかれている状況をふり返りつつ，対策を思案していること（「お父さんたち探すのがやっぱり先だって思って」），そして，3歳の時点では「いまここ」がよくわかっていなかったのに，5歳の現在ではそれがわかるどころか，会場と駐車場との位置関係を頭のなかに思い描きながら（心理学ではこれを**認知地図**とか**心的イメージ**などといいます），冷静に行動の選択をしていることです。すごいの一言です。しかしなぜ，ほんの2年間でこんなにも変わってしまうのでしょうか？

(2) 手品はなぜ不思議なの？

保育者をめざしている学生さんたちと保育園に行き，3歳から5歳の子どもたちに手品を見せてまわったときのことです。白いひもが赤いハンカチに変わったり，ガラスのコップが消えてなくなったり……など3つの手品をして見せ

たのですが，そのときの反応が3歳から5歳で見事に違っていたのです。

4歳児と5歳児にやって見せると，もう大喜び。あからさまに喜びや驚きの声をあげ，なくなったひもやコップを探したり，しかけを探ろうとして実践者に近づく子どもが多数見られました。ところが3歳児の前でやって見せると，4，5歳児に比べてずいぶん反応が薄いのです。子どもにもよるのですが，半数近くの子どもは3つの手品を通じてほとんど表情の変化がありませんでした。変化がある子どもでも，4，5歳児のように声をあげて大喜び……というケースはまれでした。しかけを探ろうと実践者に近づく子どももいません。ちなみに2歳児の数人に対してもやって見せたのですが，2歳児となるとその反応は薄いどころではありません。ありえない変化をしようが，急に消えてなくなろうが，まったく気にするようすがないのです。「何も不思議じゃないよ」と言わんばかりに，ただじっと見つめるだけです。

なぜ2，3歳の子どもは手品の不思議を楽しむことがむずかしいのでしょうか？　このことと関連して加用（1990）はおもしろい研究を行なっています。加用は1歳半から4歳の子どもを相手に，池のなかの金魚を見ながら「ああ，ワンワンだねぇ」と言うなどうその命名行為をし，そのときの子どもの反応を観察しました。その結果，2歳ごろまでの子どもは大人のうその命名に他愛なくつられ，同じように金魚を指さして「ワンワン」，ウサギを見て「ポッポ」

などと言い始めたのですが，4歳児ではまるで違った反応が返ってきたのだそうです。たとえば，象の絵を指さして「ハサミ」と命名すると，最初は驚いて「違うよ！　これはねぇ，ゾウだよ！」と大まじめに訂正するのですが，続いて，水道を「ズボン」と言ったりすると例外なく笑いだし，おもしろがり始め，たいていは「じゃあ，これ（椅子など）は何？　おじさん」「これは？」「じゃ，これは？」と次つぎに近くにあるものを指さして聞き始め，大人のうその命名を誘って喜び始めたのだそうです。

　もう1つ例をあげましょう（加用，1992）。

加　用：（ごっこ遊びをしている子どもに近づいて）何してるの？
子ども：（お皿に砂を盛りながら）ハンバーグ作ってるの。
加　用：ふーん，おいしそうだね。もらってもいい？
子ども：うん。
加　用：ありがとう（と言って本当に食べてみせる）。

　さて，子どもはどんな反応をするでしょうか？　研究の結果，2歳児の数人に意外な結果が見られました。なんと驚きもせずにそのようすをじーっと見つめたあと，「食べられるものとは知らなかった……」とばかりに自分もいっしょになって食べようとしたのです。大人の与えたうその情報をうのみにしたようなのです。3歳児は驚いたようすこそ見せるのですが，砂のハンバーグを食べる大人を目の前にして，それがほんとうに食べられるのか食べられないのか確信がもてなくなり，思わず「おいしい？」なんて聞いたりします。4歳児になるとさすがに食べられないことがわかっているので，大人がほんとうに食べたのを見て「それ食べたら病気になるんだよ！」，「早く出して！」とあせったようすで言います。4歳児はまじめです。まさか大人が冗談でそれをやったなんて考えないんでしょうね。5歳児になると大人の冗談がわかってきます。彼らは驚いたあとに大喜びして，「これも食べて！」と次つぎ持ってきたり，「僕も食べられるよ！　なーんてウソ！」とおどけて見せたりします。冗談に対して冗談で返すわけです。

(3) 3歳と5歳のなにが違うの？

　さて，以上をふり返って3歳と5歳の違いについて考えてみましょう。3歳といえば，ことばを話し始めてから2年がたっています。話し始めのころは，急にいろんなことがわかってきて楽しかったでしょうね。世界がどんどん広がってきて，自分がどんどんすごい人間になるように感じ，世界の中心に自分がいて，世界のすべてが自分の味方のように感じるのです。でも，この時期というのは，とにかく世界から**情報**をどんどん仕入れるのに精一杯で，それが正しいのかまちがっているのかなんて考える暇もありません。というよりも，情報のなかにまちがったものが入り混じっているなんて思いもしないでしょう。

　当然，大人はすべて正しい情報を伝えてくれていると信じています。手品の不思議に気づかなかったのも，金魚が「ワンワン」だと信じたのも，砂で作ったハンバーグを食べられるかもしれないと思ったのも，さらには3歳のときの隆くんのように，今ここがどこなのかがわからなかったのも，すべては世界から仕入れた情報をそのままチェックせずに無造作に頭のなかに放り込んでいるからにほかならないのです。

　5歳にもなると，情報が正しいのかまちがっているのかもチェックできるようになってきます。また，情報を無造作に放り込んでおくのではなく，整理し，ラベルを貼るということもできるようになってきます。この整理するということが**カテゴリー**に分けるということであり，ラベルを貼るということが**意味づけ**をするということになります。このようにして成立した情報のさまざまなまとまりが**概念**であり，その成立にいたる過程や作業を**カテゴリー化**あるいは**概念形成**といいます。この概念を形づくるようになってはじめて，**情報**はたんに蓄積するだけでなく，容易に取り出して活用できるような**知識**へと変化していくのです。

2．考えることの発達

(1) 『おおきなかぶ』で一番力持ちなのはだれ？

　『おおきなかぶ』という絵本があります。おじいさんの植えたかぶがとてつもなく大きくなって，一生懸命抜こうとするのですがひとりの力ではとても抜けません。おじいさんはおばあさんを呼び，おばあさんはまごを呼び，そして

イヌやネコも加わって,「うんとこしょ　どっこいしょ」とひっぱるのですが,それでもかぶは抜けません。ついにはネズミを呼んできて,「うんとこしょ　どっこいしょ」とひっぱって,ようやくかぶは抜けます。

　幼児に大人気のこの話ですが,実は3歳児と4,5歳児とで話の理解のしかたが違うことがわかっています。岩田と増井（1994）は話を読み聞かせたあと,子どもに「一番力が強いのはだれだと思う？」「だれの力でかぶは抜けたと思う？」などと尋ねました。すると,4,5歳児の多くは「おじいさん」「みんな」と答えたのに対して,3歳児の約半数は「ネズミ」と答えたのです。

　どうして3歳児はネズミが一番強いと答えたのでしょうか。これについて岩田と増井は,3歳児は「かぶが抜けた」という**結果**に対する**原因**について考えるとき,「みんなの力の累積」という点に目が向かず,短絡的に「時間的接近」という点に目を向けてしまうためではないかと述べています。このようにできごとの原因と結果という因果関係に注目し,それらの関係を解釈し,理解する思考のはたらきのことを**因果推論**といいます。

　因果推論のなかでも,幼児期の子どもに特徴的なものとして**転導推理**があります。たとえば,あるテレビ番組で『徹底討論！　サンタクロースはいるのか？　いないのか？』というコーナーをやっていました。サンタの存在を信じる「いる派」の子どもと信じない「いない派」の子どもを集めて討論させるのです。以下はその一場面です。

　　いない派：鍵がかかっているのに,サンタが家に入れるのはおかしい！
　　い る 派：屋根を壊して,また直して出て行くんと違う？
　　いない派：直すのに,どうやって直すの？
　　い る 派：のり！　のりを使って直す！
　　いない派：（一同納得）。

　見ていて思わず大笑いしてしまいました。「サンタが鍵のかかっている家に入れるのは,屋根を一度壊した後,のりで直して出て行っているから」という,こんな結論が一同を納得させてしまうのです。
　転導推理とは,このように特殊な事例から特殊な結論を導き出す方法をさし

ます。たとえば，お客さんがおみやげを持ってきてくれた経験から，「お客さんはだれでもおみやげを持ってきてくれる」と考えたりすることなどもそれにあたります。いずれにしても正しい答えではないですね。なぜこうなってしまうのかというと，彼らが推理のときに日常の具体的・個人的な経験ばかりを頼りにして，一般化へと導く**論理的思考**の営みがまだ不十分なためだからです。子どもからすると，のりは何でも貼って直すことのできる強力な武器なのかもしれませんが，さすがに屋根を直すほどの威力はありません。この時期の思考は具体的に知覚するものに頼りやすく，断定的である反面，立証をしないといった性格をもつことから，**直観的思考**ともいわれています。

とはいえ，たとえまちがっていてもできごとの因果関係に注目し，それについて考える，このこと自体はとても重要なことです。そもそも人間はできごとの因果に注目する傾向をもっているのだそうです。そういえば幼い子どもは「どうして○○は××なの？」といった質問をよくしますよね。人間は発達のはじめから因果推論を日常くり返し行ない，それによって世界についての理解を深めたり，自分自身の行動をそれに合わせて調整したりできるようになっていくのです。

(2) 相手の立場でものを考える

絹の靴下・おもちゃのトラック・人形・大人の本をテーブルに置き，子どもに「このなかからあなたのお父さん（またはお母さん）への誕生日プレゼントを選ぶことにしましょう。あなたならどれを選びますか？」と尋ねます。

これは子どもの**自己中心性**を調べるためにフレイヴェル（Flavell, 1968）が行なった実験課題です。質問されたのが男児であれば一番欲しいものはおもちゃのトラック，女児であれば人形となります。一方，お父さんとお母さんに一番喜んでもらえそうなものは絹の靴下と大人の本になります。自分が欲しいかどうかという自分の視点ではなく，相手が何をもらえば喜ぶかという相手の視点でものを見たり考えたりすることができるかどうか，という点がポイントになるわけです。3歳から6歳の子どもを対象に行なった実験の結果，3歳児の多くは自分が欲しいものを選んでしまうのに対して，6歳児の多くは相手が喜ぶであろうものを選択することがわかっています。

ピアジェ（Piaget, 1964）は，知覚・記憶・思考・言語といった認知機能の発達を，とくに論理的思考の発達に焦点をあてて，次のように段階的に区分しています。①**感覚ー運動期**（0〜2歳），②**前操作期**（2〜6歳），③**具体的操作期**（6〜11歳），④**形式的操作期**（11歳〜成人）。ピアジェによると，各発達段階はそれぞれ独特の「構造」をもっており，その構造を子どもが自分のものにすると，次の段階へと進むことができるのだそうです。

　自己中心的思考は，さきに述べた直観的思考と同様に，前操作期の思考の特徴とされています。自分の立場から離れてものを見たり考えたりすることができないことをさします。大人の間でもよく「あの人は自己中心的だ」などと言いますが，その場合は利己主義，わがままといった性格をさしているのに対し，この場合はものの見方や考え方が自分の立場から離れないといった幼児期の思考の特徴をさして使われます。自己と他者の視点の違いに気づき，他者の視点から見たときにどのように見えるかを理解するといった意味で，**他者視点取得**の問題としても扱われています。前操作期の思考の特徴としては，そのほかにも**アニミズム**（生命や意識のない事物に生命や意識があるとする信念），**実在論**（夢や思考なども物質的に存在するとする信念），**人工論**（あらゆる事物は人間や神によってつくられたとする信念）などがあげられます。

　子どもが前操作期から操作期へと進むには，論理的思考を身につける必要があるわけですが，その変化は**保存**の概念を獲得しているかどうかによって確かめることができます。たとえば，子どもに2つの等しい大きさのボール型の粘土を提示して，次に一方をソーセージ型に細長く変えて見せ，「この2つの粘土の量は同じかな？　それとも違うかな？」と尋ねます。このとき，前操作期の子どもは，ソーセージ型のほうが長いので量が多いと答えてしまうことが明らかにされています。つまり，前操作期の子どもは知覚や直観に頼る傾向にあるため，見た目の変化にだまされてしまうわけです。これに対して，操作期の子どもはすでに論理に頼る方向へと変化しつつあります。彼らはたとえ見た目が変化しても，何かを加えたり取り除いたりしない限り，本質は変わらないことを理解しているのです。この課題は保存課題とよばれ，子どもは学童期を通じて，数・長さ・液量・重さ・体積の順に徐々に保存概念を獲得していくことが明らかにされています。

(3) 上手なうそのつき方

　3歳半になる男の子がいます。この子は何か面倒なこと，いやなことがあると決まって「疲れた」と言う癖があります。そうすることでだれかにおんぶしてもらえるなどよい思いができることを経験的に知っているのです。ある日の夜，男の子が夜更かししているのを見かねて，母親が「もう遅いから寝なさい！」と言いました。けれども男の子はまだ寝たくありません。そこでいつものように「疲れた」とうそをつきました。こう言うと見逃してもらえると思ったのです。しかし思惑は見事にはずれました。母親は「疲れたのなら，早く寝たほうがいいわね」と言い，男の子を寝室へと連れて行きました（Perner, 1991）。

　このエピソードは，2，3歳の子どもはうそをつくことはできるものの，**相手をだます**ということがどういうことか，まだわかっていないことを表わしています。そのほかにも，この年齢の子どもは，口のまわりを食べくずでいっぱいにしたままで，「クッキーをとったのは僕じゃないよ！」と言ったり，母親のところに行き，「私が電気スタンドを壊したんじゃないのよ。もうしません！」と言ったりします。アスティントン（Astington, 1993）は，これらの例から2，3歳の子どものうそは，相手に誤った考えをもたせようと意図しているわけではないことがわかると述べています。彼らはたんに，自分のわがま

まがとおると信じるいつもの手を使っているにすぎないのです。

　ウルフ（Woolf, 1949）は，子どもは4歳に達するまでうそをつくことはできない，なぜなら真実というものを知らないからだと述べています。うそをつくことができないというと多少語弊がありますが，真実を知らないからという説については，いくつか支持する証拠が示されています。フレイヴェルら（Flavell et al., 1983）は，子どもが真実を知っているかどうかは，真実ではない見せかけを「見せかけだ！」と指摘できるかどうかを調べることによって明らかにできるはずだと考え，次のような実験を行ないました。まず，彼らは雑貨屋で**本物らしく見えるけど実は偽物**という物をいくつか購入し，それを子どもたちに見せました。たとえば，本物の岩のように見えるが実はスポンジとか，本物の鉛筆のように見えるが実は消しゴムなど。そして，「これは何に見える？」「ほんとうは何かな？」と尋ねます。すると，4歳以上の子どもは「岩みたいに見えるけど，ほんとうはスポンジ」と正しく答えられるのに対して，3歳児は「見た目もほんとうも岩（またはスポンジ）」というように，正しく答えることができなかったのでした。この単純明快な実験はその後も数多くの追試がなされていますが，いくらくり返しても同じ結果になります。どうも4歳以前の子どもは真実というものをまだよく理解していないようなのです。

　うそをついたり相手をだますには，もちろん真実を理解するだけでなく，**相手の思いを察する**とか，自分のほんとうの思いが相手にわからないようにするために**偽りの表情やしぐさ**をするといった能力が必要となります。こうした知識や技術の基礎となるものは**心の理論**とよばれ，およそ4歳ごろに形成されることが近年の研究から明らかになっています。

　うその多くは邪悪なもので，何かよからぬ目的を成し遂げるために使われることが多い，これはたしかにそうです。うそをつくのはよくないことと，多くの文化・社会で禁止の対象になっています。しかし，考えることの発達という観点からとらえるとどうでしょう？　うそをつくことは，その子どもがものごとの真実の側面について考えることができるようになった，あるいは相手の思いを察することができるようになったことの証しとしてとらえることができるのです。それに，すべてのうそが悪いかといえば，そうでもないですね。冗談のような軽いうそは，人間どうしのコミュニケーションを円滑にする役目も果

たしています。2歳児でさえもこの手の軽いうそはつきますが，本当に屈託のないうれしそうな表情を浮かべます。考えることの発達をとおして，私たちは人と人とのやりとりをより楽しむことができるようになるのです。

2節 考えるってどういうこと？

1．考える人たち

(1) 考えるときにはどうする？

　思考とはいったい何でしょうか。そう問われれば，私たちはおそらく「考えること」「思うこと」「考えるはたらき」などと答えるでしょう。私たち人間は日常生活の大半において，何か考えごとをしながら過ごしているので，当然それがどういうものかについておよその知識はもっています。しかし，心理学という学問のなかで，それを厳密に定義しようとすると，とたんに困難を極めます。なぜならそこには，ふと浮かんでは消えていくような漠然たる考えから，まとまりのある形式的な考えまで，ありとあらゆる思考活動が含まれるからです。

　図8-1のイラスト①を見て下さい。これは映画『アンネの日記』のなかの一場面のイラストです。なにか物思いにふけっているようすが伝わってくるかと思いますが，そのことをとくに感じさせる点はこのイラストのどの部分でしょうか？　1つは目ですね。ちょうど額の上のあたりに，何か思い浮かべた映像が出ているかのように視線を向けています。もう1つは手です。手で重い頭を支えることによって，より思考に集中しやすくしているかのようです。いったい何を考えているのでしょうか？　その日あったできごとを想い起こしてみたり，「こんなことがあったらいいな……」と空想しているのかもしれません。

　イラスト②～④は，サース（Szasz, 1978）による『子どものボディ・ランゲージ』のなかの写真をイラスト化したものです。まず②を見てください。先ほどと同様，このイラストもまた目と手がポイントになりますが，少しようすが違っていますね。この女の子は学校で授業を受けています。先生が出した問

イラスト①　　　　　　　　　　　　イラスト②

イラスト③　　　　　　　　　　　　イラスト④

図8-1　思考としぐさ

題をよく見，よく聞きながら，問題の解答について考えています。先のイラスト①であらぬ方向を見ていた目は，ここではしっかりと一点を見つめ，思考にふけりやすくするために頭を支えていた手は，思考活動そのものを助けるかのように口へともっていかれています。イラスト①が目標のない思考であるのに

対して，イラスト②は目標のある思考といった印象です。

　イラスト③の女の子は，自分で行なったややこしい計算にどこかまちがいがあることに気づいたところです。口はへの字になり，「ふぅー，やれやれ」といった感じで手で頭をかいています。どうやらまだ正しい解答には到達していないようですが，目標到達に向けての努力が感じられます。

　イラスト④はちょっと異色です。こちら側に背を向けているので何をしているのかを直接知ることはできません。しかし，そのバランスのとれた姿勢とたたずまいから，この子がリラックスした状態で，何かに満足し集中しているようすが伝わってくるのではないでしょうか。実は3歳になるこの子は，新しいおもちゃで遊んでいるところです。私たちはこのように相手が何をしているのかわからなくても，自然とその人に思考活動を帰属させてしまいます。それは私たちが，起きて目覚めているときには常に程度の差こそあれ何らかの思考活動を行なっていることを知っているからなのです。

(2) 考えるときに役立つこと

　考えごとをするとき，私たちは頬づえをつく，額に手をやる，口に手をやる，腕組みをする，遠くを見つめる，目をつむる，椅子にもたれかかる，寝転がる……などなど，いろいろなことをしていますね。これらから気づくことは，いずれもリラックスすることへとつながっているということです。そうすることによってこころを静め，集中してものごとに取り組むことができるわけです。

　逆に，落ち着きなく動き回るということもあります。しきりとペンを動かす，貧乏ゆすりをする，部屋のなかを歩き回る……。これらは一見するとリラックスとは正反対の行為のように見えますが，その実その人にとっては慣例となっているそれらの行為をすることによって，こころを落ち着かせることができ，考えにより集中できるというわけです。

　ところで，これと同質のものかどうかはわかりませんが，「考えるときにこれをやるとより思考活動が促進される」というものの1つに，**つぶやき（ひとり言）**があります。田中（1983）は5歳の幼児を3つのグループに分け，ある話を聞かせました。その際，Aグループには「お話をまねしてしゃべるように」と言い，Bグループには「黙ってじっと聞くように」，Cグループには「自分

だけに聞こえるぐらいの声でお話をまねするように」と言いました。その結果，あとで話の内容を一番よく理解していたのは，つぶやきをするように言われていたCグループでした。つまり，つぶやきが思考の手助けをしていたのです。

　このつぶやきについては古くから研究がなされています。まずピアジェ（Piaget, 1926）は，幼児が自由に遊んでいるときによくブツブツつぶやいていることに注目し，これを**自己中心語**とよびました。つまり，幼児期の思考の特徴である自己中心性の表われとしてとらえたのです。これに対してヴィゴツキー（Vygotsky, 1962）は，幼児のつぶやきは**外言**から**内言**への発達の過渡期に生じると主張しました。外言とは他者への伝達のための言語のことをいい，内言とは思考のための言語のことをいいます。つまり，つぶやきは幼児がことばを使って思考するようになる過渡期（4～6歳ごろ）に増加し，思考の内面化が進行すると（6～8歳ごろ）減少していくのです。現在では，このヴィゴツキーの説が支持されており，ピアジェものちにこれを受け入れています。

　つぶやきは，直面した課題がむずかしければむずかしいほど顕著になるようです。課題がむずかしくなるほど，思考活動への専念がより要求されるわけですから，つぶやきによる手助けも必要になってくるわけです。幼児に限らず大人でも，困難な課題に直面すると思わずつぶやきをもらします。また実際に声にならなくても唇や舌をかすかに動かしていたり，のどを震わせていたりしているようで，一生懸命に考えている最中に測定してみると，生理学的反応が観察されることがあるそうです。たしかに，声を出したつもりになって口を動かすだけで，思考活動が促進されるということはありますね。

　そのほかにも，漢字を思い出しながら思わず空中で指を動かしていたり，相手に道を教えながら思わず身体の向きを変え，その場で歩いてみたり……。そんな経験はありませんか？　こうした**動作**も私たちの思考活動を手助けしてくれる要素の1つであることが実験的に証明されています。そうすることによって，頭のなかに思い描いた漢字や地図がより鮮明になったりするようです。

　「考える」ということは頭のなかで行なわれていると私たちは単純に考えがちですが，けっしてそうではなく，つぶやきや動作なども含めて身体全体をとおして考えているのです。

2．思考の謎を解き明かす

(1) 思考を科学する

　再び「思考」とはいったい何であるかを考えてみましょう。ジョンソン-レアード（Johnson-Laird, 1988）は，思考を計算や推理のように既得の情報や規則を手がかりにして確実に1つの解答に到達できるようなタイプのものから，白昼夢のように次から次へとテーマが移ろい消えてゆく1つの明確な解答がないタイプのものまで分類しています。すなわち，思考はまず到達すべき目標（解答）があるかどうかによって区分することができるというのです。前者は**目標指向的思考**とよばれ，後者は**内閉的思考**とよばれています。

　区分できるとはいえ，実際の思考活動においてそれぞれが別個に作用しているかといえば，そんなことはありません。たとえば，想起は過去の事実を内的に再現するという意味で目標指向的思考にあたりますが，それが自分の意志と離れてとめどなく活発に再現されるようになると，それはもはや内閉的思考であるといえます。また，創造は最も高度な目標指向的思考として位置づけられますが，一方で内閉的思考とも深くかかわっています。

　このように定義すらむずかしい思考を研究対象として扱うことは，心理学者にとってきわめて難問でした。そもそも「考える」という行動は，「走る」「食べる」「話す」といったほかの行動と違って，外から観察もできません。そこで今世紀のはじめ，心理学者たちはひとまず「考えるとは問題を解くことである」と定義することにしました。思考を科学的に研究するためには，さしあた

って研究対象を限る必要があったのです（守，1988）。こうして「思考」は**問題解決**ということばに置き換えられ，さまざまな問題場面が用意され，人間のみならず多くの動物がどのように問題を解決するかが研究されました。

ケーラー（Köhler, 1925）の研究は非常に画期的でした。とくに注目すべきは，実験に使われた動物たちが問題場面に直面した当初はでたらめな反応をくり返すにもかかわらず，急に行動を停止し，しばらく注意を集中させるようなようすを見せたあと，突然正しい行動を起こすということを観察した点です。この時間的な空白期間中に，問題解決のための準備活動，すなわち思考活動（**見通し**，**洞察**）がなされていたというわけなのです。

(2) 思考とコンピュータ

動物にも思考活動がみられるということはわかったのですが，それでもやはり人間と比べると天と地ほどの差があります。動物の問題解決行動の研究だけでは，人間の思考の本質に十分に迫ることはできなかったのでした。

そんなとき登場したのが**コンピュータ**です。1950年代半ばに人間の脳やこころのはたらきをコンピュータ上に仮想的に再現しようとする**人工知能**研究が開始されると，それに呼応するようにして心理学でも，人間の思考をコンピュータになぞらえて解明していこうとする動きが高まりました。人間の脳を別の何かと比較することは，すでにコンピュータ以前にも行なわれてきました。水車や時計，電話交換機などがそれです。しかし，コンピュータはそれらをはるかに凌駕するものでした。コンピュータは脳と同様に，計算，言語理解，記憶，学習，予測など知的作業を行なうことができます。人間の思考と比較するにはうってつけだったのです。

では，実際にどのような研究がなされてきたのでしょうか。思考課題の有名なものに「ハノイの塔」問題があります。

・図8-2のように大・中・小の3枚の円盤が棒1に置かれています。これを棒3に移すのですがこれには条件があります。①1回に1枚の円盤しか動かしてはならない。②ある円盤の上にそれより大きな円盤を置いてはならない。③円盤を棒以外の場所に置いてはならない。さて，1枚の円

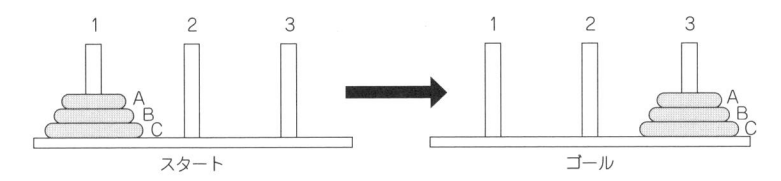

図8-2 「ハノイの塔」問題

盤を1つの棒から別の棒へと動かす動作を1手とよぶとすると、3枚の円盤を棒1から棒3に移すための最短の手数はいくつになるでしょうか？

もう1つ、「渡し舟」問題というものがあります（「ホビットとオーク」問題ともよばれます）。

・渡し場に3人の旅人と3匹の人喰い鬼が偶然出くわしてしまいました。船は1艘しかなく、同時に2人までしか乗れません。川岸で鬼の数が旅人よりも多くなると、旅人は食べられてしまいます。食べられないようにするためにはどういう順番で船に乗り、渡るとよいでしょうか？

これらの問題解決の過程は2つに分けられます。1つは**アルゴリズム**とよばれるもので、考えうる解決への道筋すべてをしらみつぶしに調べていくというやり方です。コンピュータにこの種の問題解決を求めると、通常このやり方が採用されます。しらみつぶしとは言え、その探索には一定の規則があり、それに従いさえすれば自動的に正解まで到達できるのです。たとえば、学校で学ぶ算数のかけ算やわり算の計算手続きの規則がこれにあたります。もう1つは**ヒューリスティックス**とよばれるもので、まず大まかな見当をつけて適当な道筋を選び、そこでようすを見てから次の適当な道筋を選ぶというやり方です。このやり方は必ずしも正解にたどり着く保証はないものの、うまくいくと少ない労力と時間で正解を得ることができます。多くの場合、人間はこちらのやり方を採用するといわれています。

なぜ人間はアルゴリズムよりもヒューリスティックスをより採用するのでしょうか。その理由の1つとして、私たちの**作動記憶容量**には限界があるため、

アルゴリズムのすべての解決手順を記憶することができないからだそうです。またもう1つの理由は，私たちが日常生活で直面する問題には1つの正解を求めるタイプの問題が少なく，応用のきくヒューリスティックスのほうがより適しているからだそうです。

　さて，コンピュータを使った人間の思考のシミュレーション研究は，現在にいたるまで数多くの功績を残しました。そのことはコンピュータの普及のすさまじさをみればわかると思います。しかし，研究が進展すればするほど人間の思考プロセスはコンピュータとは異なることがわかってきました（守，1988）。人間はコンピュータほどに厳密で論理的ではないのです。人間ならではの思考，その解明に向けての研究は今なお続けられています。

(3)「火星人襲来！」でパニックにならなかった人たち

　1938年10月30日午後8時から9時，アメリカ北部ニュージャージー州を中心に，あるラジオ番組が放送されました。その名は『宇宙戦争』。H・G・ウェルズ原作の今やSFの古典とされる名作で，番組を製作したのは当時まだ23歳だった後の名優オーソン・ウェルズです。

　番組では次のような情報が，時に臨時ニュース，時に現場からの中継として伝達されました。「火星の表面でガス爆発があった」「ニュージャージー州の農場で隕石らしき物体が落下した」「なかから謎の生物らしき物体が出てきた」「それが熱光線を発しはじめた」「野原が火に包まれ，群集が逃げ惑っている」「何体かの焼死体が発見された」「政府が戒厳令をしいた」「州の軍隊が壊滅的な打撃を受けた」「鉄道が分断，ハイウェイは避難の自動車で混乱している」……。そして，今となっては信じられない話ですが，この放送を聞いた数百万のアメリカ人が，「ほんとうに火星人がやってきた！」「米軍は恐ろしい火星の怪物によって壊滅させられた！」と信じ，「もはや世界の終わりが近づいている」と考え，恐怖におびえ，**パニック**におちいったのです。番組では計4回，つくられたドラマであること，フィクションであることを伝えていました。にもかかわらず，放送を聞いたとされる推定600万人のうち約100万人余りが，この途方もないうそをほんとうの情報だと信じたのです。いったいなぜなのでしょうか？

この点に興味をもったキャントリル（Cantril, 1940）は，事件の6週間後，大規模な追跡調査を行ないました。その結果，パニックにおちいった人々の多くは，①番組を途中から聞いていた，②どちらかというと低学歴であった（ゆえに批判能力に欠けていた），③感受性の強さが人並み以上であった，などがわかっていますが，それ以上に興味深かったのは，彼らが「火星人襲来！」というその情報を聞いてどのように考え，どのように行動したかということでした。

　信じなかった人々の多くは，「怪物や火星人などいるはずがない」「中継車の移動があまりにも速すぎる」と考え，またみずからにも言い聞かせ，「うその情報である」と結論づけました。仮に自分の考えが頼りないと感じた場合にも，チャンネルを変えて他局の報道を調べたり，新聞の番組欄を確認するなどして，確信を得ることができました。つまり，情報を安易に受け入れず，チェックすることに長けていたのです。

　他方，信じた人々では思い込みの強さがめだちました。彼らは次のように語っています。「窓から外を見たが何も見えなかったので，この辺にはまだ来ないのだと思った」「知人に電話をしたが返事がなかったので，すでに炎に包まれているんじゃないかと想像した」「道路を見ると車がたくさん走っていたので，みんな急いで逃げようとしていると思った」。深く考えることをやめ，状況を安易に解釈しているのです。また，驚きのあまり，ラジオを聞くのをやめてパニックになった人たち（「私たちは怖くてしかたがなかったんです」「私たちはもうダメだと思いました」）や，避難や死ぬ準備をした人たち（「私たちは荷物をまとめ始めました」「いつ死ぬかは神様が決めること，覚悟を決めました」）もいました。

　パニックになった人とならなかった人，両者のちがいはいったい何でしょうか？　キャントリルによると，よそから仕入れた情報や解釈を自分のものとして受け入れる前に，「ちょっと待てよ」「どうもおかしいぞ」といったん距離をおいて検討する，そうした態度や習慣を身につけているかどうか，そして正しい判断へとたどりつくための知識や技術をそなえているかどうか，このあたりが最大のポイントのようです。つまりは，よく考えること，これが大切なのです。

情報化社会を迎え，私たちの身のまわりでは日々大量の情報が生み出されては消えていきます。情報をうまく利用しコントロールしていたはずの私たちが，情報によって支配され，情報なくしては意思決定も行動もできない，そんなＳＦじみた空想が現実になる日ももしかしたら近いかもしれません。そんな時代にあって，私たちはどう立ち向かっていけばよいのでしょう？　その答えは，考えることのなかにあるような気がします。

わかることと考えること　8章

自分でやってみよう！

論理的に考える

　図のような4枚のカードがあります。カードの表側にはアルファベット，裏側には数字が書かれています。さらにカードには，「"K"の裏側は常に"8"である」という規則があります。さて，この規則がほんとうに守られているかどうかを確かめるために，2枚のカードだけをめくってもよいとしたら，どれとどれをめくるのが正しいでしょうか？

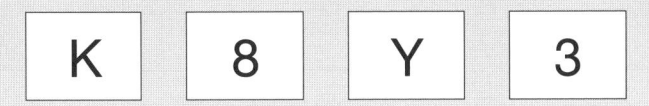

$$\boxed{K} \quad \boxed{8} \quad \boxed{Y} \quad \boxed{3}$$

図　4枚カード問題（Wason, 1968より改変）

　さて，これからみなさんの頭のなかをのぞいてみましょう。おそらくみなさんは，「そんなの簡単じゃないか。"K"と"8"だよ」とまず思うでしょう。しかし，「ちょっと待てよ。もしも"Y"の裏側が"8"だったら？　もしも"3"の裏側が"K"だったら？」と考えます。チックタック，チックタック（1分経過）。しばらく考えたあと，「あれ？『"K"の裏側は"8"じゃないといけない』と言っているけど，『"8"の裏側が"K"じゃないといけない』とは言っていないぞ」ということに気づくわけです。これに気づくことができたら，もう答えは出たも同然ですね。「"8"の裏側は"K"でなくても何だっていい。ということは，めくる必要なし。"Y"の裏側がもし"8"だったとしても，"8"の裏側は"K"じゃないといけないというわけではないので，"Y"の裏側は"8"でもいいわけだ。ということは，めくる必要なし。最後に残った"3"は，もし裏側が"K"だったとしたら，"K"の裏側は"8"じゃないといけないという規則に引っかかるので，これはチェックする必要があるな。よし，"3"はめくる必要あり」となるわけです。

　というわけで，答えは"K"と"3"です。みなさん，答えに到達することができたでしょうか？　ちなみに，この問題に対する正答率はかなり低いので，解けなかったとしても心配することはありません。

　ところで，この4枚カード問題は，**推理**の代表例として心理学の世界では広く知られています。推理とは，既知の事実や前提から未知の事実や可能性を導き出すこと，そして，それをもとにあれやこれや理由づけしたり，それが妥当かどうか考えたりすることをさします。推理ときくと，小説などに登場する名

探偵を思い浮かべるかもしれませんが，みなさんも日常的にこれを行なっているわけなんですね。

　推理はおおまかに**演繹推理**（前提命題から論理規則に従って結論を導こうとする推理）と**帰納推理**（いくつかの事例や知識から一般的結論を導こうとする推理）の2つに分けられます。したがって，4枚カード問題は演繹推理にあたります。

9章

人と人との結びつき

1節 人と人とのきずなの始まり

　人と人とのきずなを，人間の発達の過程のなかで体系的にまとめたのはエリクソン（Erikson, 1963）です。今でこそ**生涯発達**ということばもあたりまえのように受け止められていますが，人間の発達は生まれてから死ぬまで続く過程であるとし，**ライフ・サイクル（人生周期）**としてまとめたのがエリクソンです。この人生周期を8つの発達段階に区分し，各発達段階に達成されるべき特有の発達課題――**心理・社会的危機**，そのとき重要となる人間関係――重要な関係，発達課題を乗り越えることで獲得できる力――好ましい結果，課題を乗り越えることができないことによって将来起こる可能性のある問題――中核的病理をまとめたものが表9-1に示されています。ここでは，人と人とのきずなのはじまりをエリクソンの考えをもとに説明していきます。

1．乳児期——第1段階（0～1歳ごろ）

　人生の最初の発達課題は「基本的信頼 対 不信」です。この時期に基本的信

表9-1　エリクソンの心理・社会的発達（Erikson, 1963）

	段階	心理・社会的危機	重要な関係	好ましい結果	中核的病理
1	乳児期 0～1歳ごろ	基本的信頼 対 不信	母親的人物	信頼と楽観性	引きこもり
2	幼児期前期 1～3歳ごろ	自律性 対 恥・疑惑	親的人物	自己統制と適切さの感じ	強迫
3	幼児期後期 3～6歳ごろ	積極性 対 罪悪感	基本的家族	目的と方向：自分の活動を開始する能力	制止
4	児童期 6～12歳ごろ	勤勉性 対 劣等感	「近隣」，学校	知的・社会的・身体的技能の有能さ	不活発
5	青年期	同一性 対 同一性拡散	仲間集団と外集団：リーダーシップのモデル	自己を独自な人間として統合したイメージをもつこと	役割拒否
6	成人期初期	親密性 対 孤立	友情，性愛，競争，協同	親密で永続する関係を形成し，生涯を託するものを決める	排他性
7	壮年期	世代性 対 停滞性	分担する労働と共有する家庭	家族，社会，未来の世界への関心	拒否性
8	老年期	統合 対 絶望	"人類"："わが子"	充足と自分の生への満足感	侮蔑

頼が得られないと，その反対の不信ということになります。**基本的信頼**とは，「これから自分が生きていく世界は信頼できるか」，また「自分は人から愛される存在であるか」といった人のこころの基盤となるものです。このとき重要な絆の相手となるのが**母親的人物**です。ここでは必ずしも実の母親である必要はなく，愛情をもって養育をしてくれる人物という意味で"的人物"となっています。授乳やおむつ交換といった乳児の欲求が満たされると，乳児は基本的信頼を得ることができますが，十分な養育を受けないと，周囲の人との信頼あるきずなの形成が防げられます。人間は生まれながらにして人と人とのきずなを必要としている存在なのだといえるでしょう。

2．幼児期──第2段階（1～3歳ごろ）と第3段階（3～6歳ごろ）

第2段階の発達課題は「自律性　対　恥・疑惑」です。ここでいう自律性とは，**トイレット・トレーニング**に代表されるような，自分の体を自分でコントロールできるようになるということです。この時期の子どもは，立って歩く，ことばを話すなど，自分の意思で自分の体をコントロールすることを学び始める時期です。このとき重要なきずなとしての相手は親的人物ですが，この親的人物とは母親的人物＋父親的人物のことです。これは，人間関係のなかの母性的側面と，父性的側面を合わせたものととらえてもいいでしょう。優しさといった「愛情」を受けながら，厳しさといった「しつけ」を受け，徐々に自分をコントロールする力を獲得していくのが，幼児期の前期の課題となります。もちろん必ずしも父親が厳しくて母親が優しくある必要はなく，父親が優しくて母親が厳しくてもよいし，1人の人物が両方の役割をもってもよいのです。要するに，それぞれの役割やかかわりをもった人物がいることが大切なのです。

さらに第3段階の発達課題は，「積極性　対　罪悪感」となります。第2段階で自分をコントロールする力を獲得した子どもたちは，次に自分がやりたいことを見つけ，それをやりとげようとします。この姿が積極性といえるでしょう。このやりたいことの代表は「遊び」ですが，そのなかにはいたずらやほかの子と欲求がぶつかり合ってけんかになってしまうことも含まれます。この時期やりたいことを阻むのがルールや道徳です。このルールや道徳を担う重要な関係が，両親ときょうだいや祖父母などを含む「家族」となります。ただし現代社

会では，核家族化と少子化が進み，「家族」に親-子関係しか存在しない場合も少なくありません。幼稚園や保育所といった子どもにとっての仲間関係を補償する場面も大切となってきています。

2節 友だち関係のなかで育つ自分自身

1．児童期──第4段階（6〜12歳ごろ）

児童期の発達課題は「勤勉性 対 劣等感」となります。ここでの課題は，勉強，運動，そして人とのかかわりなどに熱心に取り組み，今までできなかったことができるようになることによって「自分にはこんないいところがある」や「自分はこんなことができる」といった**コンピテンス（有能感）**を獲得していくことです。

ブコスキーとホーザ（Bukowski & Hoza, 1989）は，子どもの仲間関係が以下の3つの点で重要であることを示しています。

①**社会的スキルの発達**：同年齢の子どもとかかわりをもつ機会がないと，効果的なコミュニケーション・スキル（技能），攻撃的行動を行なわない，性的社会化，道徳的価値観の形成が困難になります。

②**ソーシャル・サポート（社会的支持）の役割**：友人関係が各発達段階において起こる不安や恐れを和らげるソーシャル・サポートとなります。
③**自己概念の獲得**：人間は比較する（される）経験から自分自身がどのような存在であるかを理解します。同年齢の仲間関係は，最も一般的で基礎的な社会的関係として重要です。

2．不快感・劣等感の必要性

　以上のように，子どもたちが同年齢の仲間と関係をもつことは，社会に適応していくうえで重要な経験です。エリクソンの発達段階すべてに言えることですが，エリクソンの心理・社会的危機はポジティブな側面とネガティブな側面の拮抗から成り立っています。もちろん各発達段階では，ポジティブな側面を獲得できることが重要ですが，ネガティブな側面がまったくないほうがいいともいえないのです。エリクソンは「信頼」が優位の状態で拮抗していることをよい母親体験とよんでいます。乳児期の「不信」は母親の援助が受けられず欲求不満や不快な状態におちいっているときに感じられるものですが，多少その欲求不満や不快な状態を感じることが次の段階の自分をコントロールしようとする「自律」へとつながる動機づけとなります。同様に，児童期の心理・社会的危機においても劣等感を多少感じることで，子どもの精神力や社会性の発達にプラスに影響することもあります。子どもは仲間との関係のなかで「自分はほかの子より○○が得意だ（得意ではない）」という自分についての認識を深めていき，どういう状況ではどうふるまえばいいかといった社会的スキル（技能）を学びます。そのなかで時として仲間と言い争いになったり，傷つくようなことを言われたり，ほかの子よりも劣っている部分を実感させられたりすることもあります。そのときは劣等感を感じるかもしれませんが，それを乗り越えたり，ほかの仲間から優しいことばをかけてもらえたりする経験が，将来の精神的成長につながっていくのです。

3節 親密な2人の出会い

　青年期以降になると生活空間の広がりとともに多くの人間関係を築いていくことになります。そのなかではすべての人間関係がよいといえることのほうが少なく，人を好きになったり，きらいになったり，人から反発されたりとさまざまな関係が入り乱れてきます。うまくいっていると思っていた関係が，何らかのトラブルで壊れてしまうことも多々あります。しかしながら，そのような多様な人間関係のなかで，特定の人と親友や恋人といった親密な関係を徐々につくり上げていきます。ここでは，他者に対して好きという感情をもたらす**対人魅力**の観点から，親密な関係づくりのプロセスについて説明していきます。

1．対人魅力を高める要因──環境的要因

　フェスティンガーら（Festinger et al., 1950）は，大学の学生寮で友人関係の調査を行なっています。入居時には初対面であった学生が，6か月後の調査では，遠く離れた部屋や別のフロアーの部屋の学生よりも，隣の部屋の学生とより多く友人関係をつくっていました。このことは，物理的に近いほうが親密な関係をつくるきっかけが得やすいことを示しています。このように，近くにいると会う機会が増し，会う機会が増すと魅力も増すことを**単純接触仮説**といいます。コンビニなどでアルバイトをしているとき，よく来る顔なじみの客に対してなんとなく親近感がわくというのもこれにあたります。ただそれとは逆に，きらいな人に対しては，会えば会うほどますますきらいになるということもあります。

　また環境的要因として，一般的には，最初の出会いではお互いに心地よい環境で出会ったほうがよいと考えられますが，そうではない場合もあります。たとえば一種の連帯感があるとき，不快な状況ではその状況を共有している相手の魅力が増すことが示されています（Kenrick & Johnson, 1979）。映画でもよくあるように，逆境を乗り越えた2人の間に親密な関係が芽ばえるということは少なからずあるようです。さらにダットンとアロン（Dutton & Aron, 1974）は，渓谷にあるつり橋を渡ってきた男性と，小川にある固定された橋を

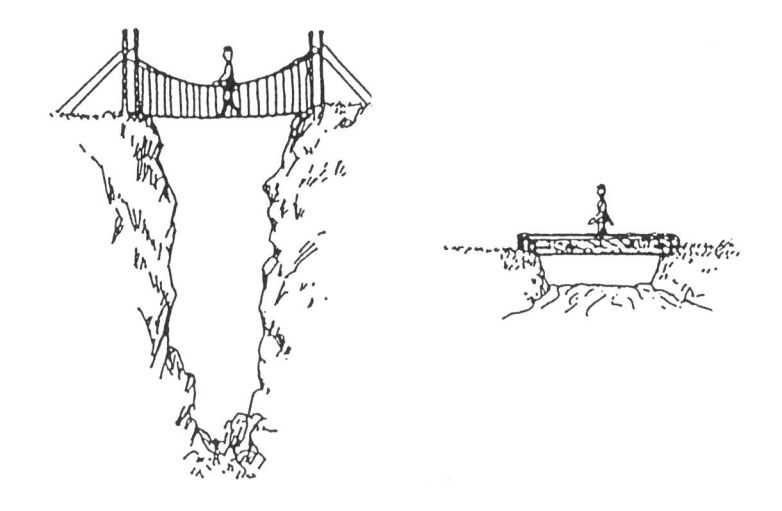

図9-1　2種類の橋での実験（Dutton & Aron, 1974）

渡ってきた男性それぞれに，若い女性のインタビュアーが質問をするという実験を行なっています。このとき女性は，「検査の内容を知りたければ後日説明します」と言って名前と電話番号が書かれたメモを渡します。そうすると，つり橋を渡ってきた男性のほうが数多く女性の質問に対して性的ニュアンスを含む回答をし，また後日電話連絡してきていました。つまり，つり橋を渡った男性は女性に性的魅力を感じていたのです。これは，つり橋を渡ったことによる生理的な興奮（恐怖感）を性的な興奮と錯覚してしまう，**錯誤帰属**を起こしたためです。このように最初のころのデートで絶叫マシーンやお化け屋敷に行くことは，お互いの親密さを深めるためには効果的かもしれません（図9-1）。

2．対人魅力を高める要因──個人的要因

外見的な美しさや体型といった**身体的魅力**は，やはり対人魅力のなかで大きな要因となります。ウォルスターら（Walster et al., 1966）は，「コンピュータがあなたにぴったりの相手を選びます」というふれこみで，ダンスパーティーを企画する実験を行なっています。参加する新入学の大学生男女376人に，事前にコンピュータに入力するためのさまざまな質問をし，当日のペアの相手（実際には身長以外はランダムに選ばれた相手）を組み合わせました。そして，

パーティーの休憩中にペアになった相手に対する好意度を調査したところ，事前に調べたさまざまな項目のなかで，相手の身体的魅力のみが好意度と関係があることが示されました。つまり出会いの段階では，身体的魅力が相手から好意をもたれるかどうかに強く影響することを示しています。

　しかし，身体的魅力が重要であることはまちがいありませんが，それはあくまでも最初の段階だけだといえます。人と人との結びつきでは，相手の性格や態度も重要となります。お互いの態度や興味・関心が似通っていることを**類似性**といいますが，類似性の高い相手に対して好意を感じやすいということがわかっています（Byrne & Nelson, 1965）。人は自分と似ているというだけで，相手に対して親近感をもってしまうことも多々あります。たとえば新入学の学生が，出身地や受講している講義がいっしょ，なかには，持っている携帯電話が同じ機種というだけで，なんとなく仲良くなってしまうということもあります。ただし反対に，友だちというだけで「同じものが好き」「同じ価値観をもっている」という思い込みが起こってしまい，2人の間で誤解が生じてしまうこともあるので注意が必要です。類似性とは対照的に，自分と違うタイプの人を好きになるという**相補性**も対人魅力に影響することがあります。つまり，話

好きな人どうしがうまくいくのか，話好きな人と聞き役の人のペアがうまくいくのかということです。ダック（Duck，1991）は，長く交際している2人の関係では相補性のほうが重要になると述べています。

4節 親密な関係を継続するために

1．愛の三角形理論

スターンバーグ（Sternberg，1986）は，愛情の構成要素として「親密性」「情熱」「コミットメント」からなる**愛の三角形理論**を提唱しています（図9-

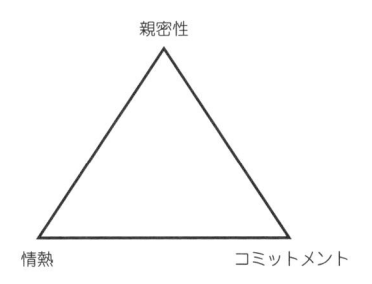

図9-2 スターンバーグの愛の三角形理論（Sternberg，1986）

表9-2 スターンバーグの愛の三角形理論（Sternberg，1986）

愛情の種類	親密性	情熱	コミットメント	特徴
愛なし	×	×	×	日常生活での出会い，接触程度
好意	○	×	×	親密さのみ，友だち
夢中になる愛	×	○	×	情熱のみ，一目ぼれ，ファン
形だけの愛	×	×	○	熱の冷めた状態，形だけの愛
ロマンティックな愛	○	○	×	身体的・情緒的結びつき
友愛的な愛	○	×	○	心理的結びつきが強い，長く続く夫婦や親友
愚かな愛	×	○	○	心のない愛
完全な愛	○	○	○	理想的な愛

注）○印はその要素が強いことを，×印は弱いことを表わす。

2, 表9-2)。「親密性」は相手に対する好意や尊敬, 緊密な結びつき,「情熱」はロマンスや魅力, 強い動機づけ,「コミットメント」とは, その人といっしょにいよう, その人を愛し続けようという決意, 自己関与のことです。この3つの要素の組み合わせで, さまざまな愛の形がつくられることになります。たとえば2人の関係を考えたとき, そこには相手に対する好意や尊敬といった「親密性」の要素がなければ, 一時的な情熱である一目惚れで終わってしまうこともあります。また, 冬にスキー場などで知り合い, 仲良くなって短期的に恋に落ちたものの, 少し時間をおいて再び会ってみると思っていたような人とは違ったというような, 思い違いの愛になってしまうこともあります。さらに, 親密性も情熱もなくコミットメントだけになってしまえば, 仮面夫婦のような形だけの愛となってしまいます。「親密性」に「情熱」が加わればロマンティックな愛となります。恋愛関係のはじまりは, 多くの場合この状態と思われます。けれども「情熱」はいつか必ず冷めるものです。だからこそ, 2人の関係を持続させていくためには, 時どき「情熱」を再燃させるイベントも必要ですが, より大切なのは「お互いに相手のためにどのように自己関与していけばいいのか」「相手のどの部分を支えていくのか」「2人の間の役割分担をどのようにしていくのか」といったコミットメントをつくっていくことです。もちろん相手に対する好意や尊敬の気持ちはその基盤になるものなので, それを失わないことは言うまでもありません。

2. SVR理論

　2人の関係をよりよい状態にしていくためには, 2人の関係をどのようにとらえていくかが重要になります。マースタイン (Murstein, 1987) は, 2人の関係の進展を**SVR理論**で説明しています (図9-3)。Sは**刺激** (stimulus) で, 外見や容貌, 服装, しぐさなどの魅力です。Vは**価値** (value) で, 興味・関心, 態度, 人生観などの一致や類似です。Rは**役割** (role) で, お互いに相手の期待にこたえる役割行動を取れるかどうかです。2人の関係の出会いの段階では外見的な魅力である刺激が重要な位置を占めますが, 初期の接触の段階になると興味・関心の一致や態度の類似といった価値が重要になります。そして中長期の接触では, お互いが相手の期待にこたえる役割ができるかどうかが重

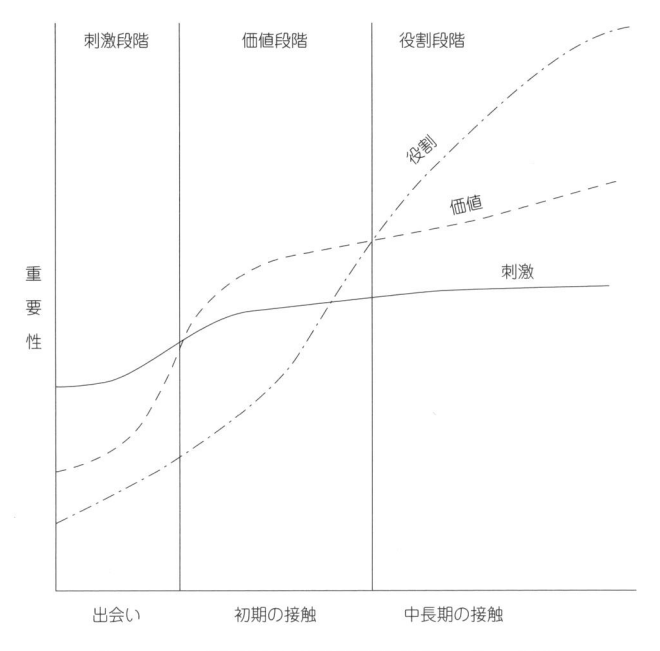

図9-3　SVR理論による交際段階（Murstein，1987）

要になると示しています。長い間，同棲関係にあった2人が，実生活にはとくに違いがないはずなのに，結婚したとたんなんとなくうまくいかなくなるというのは，結婚によって相手に対する期待が違ってきてしまうからかもしれません。

5節　親密な関係が壊れるとき

　すべての人が，現在の2人の関係に100％満足していることはありません。多少不満があってもその関係を継続し，ある部分は妥協するということで関係は成り立っています。しかしながら，場合によっては2人の関係を終結しようと決意したり，そうせざるを得なくなる場合もあります。

1．別れの理由

　人が別れるには，いくつかの理由が考えられます。まず1つ目に，親密な関

係の意味を理解していないということが考えられます。たとえば，「男は外で仕事，女は家で家事・育児」という考え方があります。2人がその考え方に納得してそうしているのであれば問題はありません。しかしながらどちらか一方が少しでも不満があれば，徐々に不満が積み重なり形だけの愛となってしまうかもしれません。「俺は外で仕事をしているんだから，家庭のことはお前に任せる」という発想も，お金という**物理的援助**はするけれども，相手の話を聴いたり，悩みを共有するという**心理的援助**を行なっていないということになります。これは「親密性」を基盤とする「コミットメント」をつくることができていないといえます。また「親密性」には相手に対する尊敬や信頼，感謝の気持ちも含まれます。相手の失敗を嘲笑したり，相手の秘密をぺらぺらと他人にしゃべったりすることはもちろん親密な関係を理解しているとはいえません。そして，最初は何かしてくれたことに「ありがとう」とこたえていたのに，その後はやるのがあたりまえになってしまうのも，親密性が失われつつあることになります。

　次に2つ目の理由として，自尊心の低さの問題があります。これは過去の経験などから，自分に自信がもてず現在の親密関係に疑問をもってしまうことです。自尊心の低い人は，無意識に自分や相手に不信感をいだいています。そしてそのことが「自分はほんとうにこの人に好かれているのだろうか」とか「相手の示している愛情は本物だろうか」という不安へとつながってしまいます。そのため，相手が自分を好きかどうかの確認をくり返してしまいます。しかしながら，そのような行動をくり返していけば，相手はうっとうしくなり，それがきっかけで，ほんとうに相手が離れていくことになってしまうこともあります。そうすると「やっぱりあの人は自分を好きではなかった」「私はだれからも愛されていない」という信念を再度形成して悪循環におちいってしまいます。このように，自分で「こうなるのではないか」と思って行動していると，実際にその予言が現実のものとして成就してしまうという現象を**自己成就的予言**といいます。

　3つ目の原因として，**関係づくりのスキル**（技能）が欠如している場合が考えられます。2人の関係がある程度進んでくると，今まで気にしなかったことが気になったり，がまんしていたことが徐々に表面化してくることがあります。

このときうまく自分の思っていることを相手に伝えることができる人もいれば，口に出すことができずますがまんしてしまい，どこかの時点で爆発してしまう人もいます。人間関係を継続していくためには，その時どきの状況に応じて必要とされる関係づくりのスキルがあります。そのスキルをうまく使うことができなかったり，スキル自体を知らないでいると，そこから2人の関係に溝ができることが多くあります。また，初対面の人と話すのは得意だけれど関係が深くなると何を話してよいかわからなくなる人や，逆に最初は遠慮しがちなのに慣れるとずうずうしくなる人など個人差があります。長く関係を維持していくためには，やはり自分の感情や考えをうまく相手に伝える表現方法を身につけておく必要があります。

　最後に4つ目の原因は，**運が悪かった**というものです。もしかしたらこれが最も多い別れの理由かもしれません。図9-4を見てください。これは大学1年生が異性との別れを経験した時期を調査したものですが，男女とも3月に別れている人が極端に多くなっています。これは3月が別れの季節だからというセンチメンタルな理由ではありません。4月は新入学や就職，職場内の転属などいろいろな意味で新しい生活環境が始まる時期です。そしてたまたま受験した大学がお互いに離れていたり，たまたま就職した場所が別々のところであったり，転勤が決まったりという生活スタイルの変化を現実問題として受け止める必要があります。それぞれの生活スタイルの変化はそのときたまたまそうな

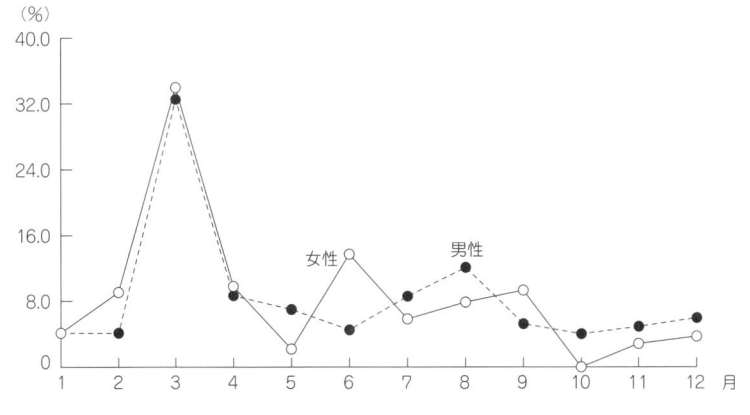

図9-4　大学1年生が異性との別れを体験した月（松井，1993）

っただけで,「運が悪かった」だけです。グラフの中の2つ目のピークは男性では8月,女性では6月になっていますが,これは4月に起こった生活スタイルの変化を何とか乗り越えようとしても,「遠くに離れてしまい今までのように会えなくなってしまった」「生活スタイルが変わって,今までのようには会えないし,相手を思う余裕がない」などで関係が徐々にうまくいかなくなり,どこかの時点で2人の関係に答えを出す必要が出てくるそのときだと思われます。このとき人は,どうしても2人の関係になぜ終止符が打たれたかについて理由を知りたがります。相手が悪かったと思う**他罰型**の人もいれば,自分が悪かったと思う**自罰型**の人もいるでしょうが,これはどちらかが悪かったわけでなく,たまたま「運が悪かった」のです。しかしながらこの原因をつくりたがる人間のこころが,「しょうがなかった」とあきらめきれない気持ちになってしまうのです。

2．別れのプロセス

ダック(Duck, 1991)は関係が壊れていくまでのプロセスを5つの段階に分けて説明しています。まず第1の段階は**不満の段階**で,ここでは2人の間がうまくいっていないと感じはじめる段階です。この不満の原因は,はっきりしていないこともあります。この段階では,多くの人はがまんすることでやり過ごそうとしますが,ある時点で「私はもうがまんできない」と感じ始めると次の段階に進むことになります。

第2の段階は**内心の段階**です。この段階は,自分の不満のうっぷんばらしのために,だれかに愚痴をこぼす時期です。この不満は,直接相手に話されることはほとんどなく,愚痴を言う相手も関係の深くない人物である場合が多いようです。ここでは不満の原因を解決することが目的ではなく,本気で関係を終わらせたいわけでもなく,気晴らしや同情してもらうことが目的だからです。しかしながら,実際の不満を感じる原因が解消されるわけではありません。そして,気晴らしもうまくいかなくなると不満が蓄積し,自分の主張は正しいはずだという思いが強くなります。

第3段階は**二者間の段階**です。この段階では,相手に対して自分の不満を表明し,2人の間で対決することになります。場合によってはこの段階まで,相

手が不満を感じていることさえ気づいていないことも少なくありません。この段階では，2人の関係の問題をどう解決するかとか，2人の関係をどう見直すかなどの話し合いが必要となります。しかしながら，話し合いのなかで2人の記憶やできごとに対する考え方，その重要性などにおいて大きくくい違うことが多く，話し合いは難航することがほとんどです。もちろん話し合いがうまく進み，修復と和解ができて2人の間の取り決めがまとまれば，関係は再出発することができます。場合によっては，関係を解消する方向で話し合いがまとまることもあります。しかしながら，交渉が決裂してしまうとさらに次の段階へと進みます。

　第4段階は**社会的段階**です。ここではトラブルについて第三者を交えて話し合いがもたれることとなります。このとき，友人，親，きょうだいなど自分の味方になってくれそうな人たちが巻き込まれていくことになります。

　第5段階は最終段階の**喪服の段階**です。この段階は「納得させる」ための段階です。2人の関係に終わりがきてしまったことがはっきりと認識され，2人の関係の始まり，経過，そして終わりについてのストーリーがつくられます。そして，「なぜ別れたのか」という原因についての理由づけを行ない，その理由に納得し別れを事実として受け入れようとします。

　ダックはこの関係崩壊のプロセスにおいて，どのように行動すべきかについ

てのポイントも示しています．まず「内心の段階」で必要なことは，相手に自分の感情を伝える**感情表出**と，自分や相手の行動に妥当性はあるかどうかを現実的に考える**現実認知療法**の2つです．この段階では，何かささいなことで不満を感じていても，相手にそれを表現しないでがまんしている段階です．がまんしているからこそ，「私はこんなにがまんしているのに，なぜあなたはわかってくれないの」と感じ，ますます不満がたまることになります．しかしながら，逆に考えればがまんしているからこそ相手は気づいていないともいえます．ここでは「相手に自分の気持ちをきちんと伝えていたか」「相手に○○してほしいと素直に伝えたか」「相手がなぜそうするかについて理由を尋ねたか」「自分の要求は相手にとって実現可能なことか」などについて現実的に考え，行動する必要があります．

また「二者間の段階」で必要なことは，**すれ違い非難サイクル**といっしょ**くた反応**におちいらないことです．「すれ違い非難サイクル」とは，事実に対するお互いの記憶や解釈，重要性がくい違ってしまい，「私は相手のことをこんなに理解しているのに，相手は私のことを理解していない」と思い込みで非難しあう状況におちいることです．また「いっしょくた反応」とは，話し合いをしているときに，トラブルのきっかけになった問題だけでなく「あのときはあああだった」と過去のことをもち出したり，違う問題もいっしょになって非難して売りことばに買いことばとなってしまうことです．人の記憶はいい加減なもので，自分の都合のいいようにつくり変えられてしまうことが多々あります．また自分の気持ちは話していないのに「私のことをわかってくれない」，あるいは相手の考えを確認したわけでもないのに「私はあなたのことを理解している」といったような思い込みもよくあります．話し合いをする場合には，お互いに相手の視点からみた事実はどのようなものであったかや，相手がどのように受け止めていたかを細かくチェックしながら進めていかなければなりません．また過去のことにこだわるよりも，現在の問題をどう解決するか，今後どうやっていくかに焦点をあてて話し合いを進めていく必要があります．

自分でやってみよう！

①ものごとを現実的にとらえる練習

どんなささいなことでもかまいません，自分がAにするかBにするか，または「○○する」か「○○しない」かなど迷っていることがあれば思い浮かべてみてください。次に，下のような表を作成し，「○○することによって起こる（かもしれない）よい点と悪い点」「○○しないことによって起こる（かもしれない）よい点と悪い点」の空欄に自分なりの考えを記入してみてください。

表　現実的にものごとをとらえるための練習例

	よい点　ポジティブな側面	悪い点　ネガティブな側面
○○する		
○○しない		

このとき重要なポイントは3つあります。

①4つの空欄をすべて埋める。このときどんなささいなことや重要なことであっても，現実的なことや非現実的なことであってもいいのでできるだけたくさん記入することが大切です。このときに，他の人に意見を聞いてみてもいいでしょう。同じ出来事であってもいろいろな視点からとらえ直してみることが，現実的に考えるためには重要になります。

②4つの欄に記入されたことをながめながら，自分にとって最も現実的で重要なことは何であるかを考え「する」か「しない」かを決定します。このとき4つの欄をバランスよくながめることが重要となります。人間は，怒りや悲しみなどの感情にとらわれてしまうと，1つのことにしか注意を払わなくなることがあります。一時の感情に流されずに判断する必要があります。また，この段階でもどちらにするか決められないこともあると思いますが，ここではなんらかの形で結論を出す勇気も必要となります。

③「する」か「しない」かを決定したならば，最後に「する」もしくは「しない」ことによって起こり得る「悪い点」について，どうすればそれを回避もしくは最小限にすることができるかどうかを考えたり，場合によってはそれを受け入れるこころの準備をします。

人間は，何らかのトラブルに巻き込まれると一時的な感情に流されたり，どう判断してよいかわからずパニックにおちいったりします。そのときにどう判断するのかには必ずしも正解があるわけではありませんが，事実を現実的にとらえて行動することは大切です。そのためにも，日ごろからものごとを現実的にとらえる練習をしておくとよいでしょう。

②別れの時期はなぜズレる？

　「大学1年生が異性との別れを体験した月」の図9-4で，男性と女性の2番目のピークが女性6月，男性8月と2か月ずれている理由を考えてみてください。
　もちろん男性どうし，女性どうしつきあっていた人がいたからではありません。下のような調査結果があります。

表　別れを言い出した人（松井，1993）

		自分	相手	両方	なんとなく	χ^2 (df=3)
切り出したのは	男 (134)	23.1	25.4	6.7	44.8	11.68
	女 (114)	43.0	21.1	6.1	29.8	($p<.001$)
最終的には	男 (134)	28.4	13.4	27.6	30.6	10.07
	女 (114)	41.2	9.6	33.3	15.8	($p<.05$)

　この結果から女性は自分から別れを言いだしたと回答している人の割合が多いのに対して，男性はなんとなく別れてしまったと回答している人の割合が多いことがわかります。このように，男女で別れた月のピークがずれているのは，女性が先に別れを決断し男性が会いたいといってもいろいろと理由をつけて会おうとしなくなり，この時点で女性はもう2人の関係は終わったと理解しているからだと考えられます。一方男性は，なかなか会えない状況でもその時点ではまだ別れを認識していない（もしくは認識したくない）が，それから2か月ほどたってようやく2人の関係が終わったことを認め（認められるようになり），しかしながらその理由はなんとなく別れてしまったと感じている，という関係が推測できます。ただし，これを鈍い男性が悪いとみるのか，はっきり言わない女性が悪いとみるのかはその人の考え方によってちがってくると思われます。

10章

私たちとコンピュータ

1節 コンピュータ，無限の可能性を秘めた道具

　A.D.やB.C.という略記をご存知ですね。前者はラテン語，Anno Dominiの略記でin the year of the Load，つまり，キリスト紀元という意味です。後者はbefore Christの略記で，つまりキリスト誕生前という意味です。西欧社会ではキリストの登場が，時代を区分するほどの衝撃的なできごとだったようです。

　そのキリストの登場に匹敵するできごととしてインターネットの登場をあげる人々がいます。読者のなかにはそれほどの力，可能性がインターネットにあるのだろうかと首をかしげる方もおられるかもしれません。

　しかし現実に，これまでの人間の**コミュニケーション**（communication：情報をやりとりすること）のありかた，社会のありかたを大きく変えていく力や可能性をインターネットはもっているのです。インターネットは，グーテンベルグの活版印刷あるいは産業革命にも匹敵するような影響を私たちの社会にもたらすでしょう。

　本章では，コンピュータとインターネット，とくにインターネットを取り上げながら，情報社会と私たちの暮らしについて考えていきます。最初にまずコンピュータとは何かを確認したあとに，インターネットの歴史について概観していきましょう。次に，インターネットのもつ可能性，危険性について学びながら，これからの情報社会を生きぬくための準備をしましょう。

1．考える力を高め増幅させる機械としてのコンピュータ

　コンピュータとはプログラムにしたがって演算を行なう機械のことをいいます（黒川，1992）。コンピュータがまだ高価で珍しかった時代にはプログラムというと，演奏会などのプログラムを連想する人が多かったようですが，今ではもうプログラムということばもよく知られるようになりました。プログラムという表現よりソフトウエアという表現のほうがよく使われるかもしれません。

　筆者が大学生のころにはコンピュータをさして「電子計算機」とよぶ先生がおられました。コンピュータとは英語でcomputerと書きます。computeとは

計算するという意味ですから，電子的な動力を用いて与えられた情報をもとに演算を行なっているコンピュータという道具にぴったりの日本語ですね。

たしかにコンピュータの原理を見る限り，「電子計算機」という命名はぴったりだと思うのですが，コンピュータのもつ可能性を考えると，その呼称は少し控えめという印象があります。計算機というと卓上計算機を連想してしまい，コンピュータという道具の可能性の一部分しか表現できていないように思われます。西垣（1994）によれば，コンピュータ，とくにパーソナル・コンピュータは**思考増幅装置**，すなわち私たちの思考能力を高め，広げてくれる装置です。私たちは記憶したものを確実にするために暗記でなく紙と鉛筆を使いメモをとります。正しく計算するために暗算ではなく卓上計算機を使います。そういった私たちの思考能力を高めるためにコンピュータを使うという発想です。

2．情報発信装置としてのコンピュータ

しかし，現在のコンピュータの使われ方をみていると，「思考増幅装置」として十分に機能しているとはけっしていえないようで，まだ，十分その潜在能力が活かされていないようです。

思考増幅装置という使い方が確立しているとはいえませんが，コンピュータを買ってもゲームやワープロにしか使われていないという少し前までの寂しい状況は急速に変わりつつあります。情報発信装置としてコンピュータが活用されるようになってきたのです（橋本，2005）。

堀部（1988）は次のように述べています。

　現代から近未来にかけての情報化は，独立のコンピュータといういわば「点」が通信回線という「線」と結合して「面」へと拡大し（ネットワーク化の進展），加速度的に社会のあらゆる分野，特に家庭生活にまで波及する傾向を示していると把握できる。そのため，今日いう情報化は，ちょうど産業革命がそうであったように，既存の制度に計り知れないインパクトを与える必然性を具備している。

現在，私たちの社会はこの堀部の予測のとおりの社会になっています。ネッ

トワーク化の進展は，仕事の内容や方法を変え，売買の方法を変え，知識の習得のあり方，人々のコミュニーションのあり方さえ変えようとしています。

2節 情報社会ってなに？

1．インターネットがなかったら？

最近，「インターネットがなかったときにはどうしていたのだろう？」と不思議に思ったり，恐ろしく思ったりします。

『インターネットⅡ』の冒頭で村井（1998）がみずからに問いかけます。夏の暑い日には冷凍庫からアイスクリームを取り出しひととき暑さをしのぎます。しかし，松下電器が家庭用冷蔵庫第1号機（NR-351）を発売したのが1953（昭和28）年，今から50年ほど前のことです。それまで私たちの一般家庭には冷蔵庫は存在しなかったのです。夏にはすぐ食物はいたんでしまいます。いったい，どうやって食物を保存していたのでしょう。今の私たちには想像もできませんね。

同じことが，インターネットにもいえます。昔は図書館で書籍を探すにしても膨大な蔵書カードをくりながら，所蔵の有無，開架場所をノートにメモしていたわけですが，今は図書館に出向かなくてもコンピュータの前に座ってキーボードを操作するだけで瞬時に知りたい情報を取り出すことができます。もちろん，学内の蔵書状況だけでなく，他大学等の蔵書状況も見ることができます。

インターネットがまだ一般的でなかった時代の共同研究者とのやりとりのようすをふり返る記事が雑誌『Linux Japan』に掲載されています（田口，1997）。それによれば，1986年当時，学外の共同研究者とのやりとりは手紙，1988年ごろからはファックスを用いて行なっていたといいます。発信されてから手元に届くまでの時間差は，手紙だと1週間，ファックスだと24時間程度あったそうです。1989年からインターネットのメールサービスを利用できるようになったそうですが，当時は現在のように恵まれたコンピュータ環境ではなく，メール

の読み書きをするためにはキャンパス内の計算機センターまで出かけるか，電話回線を用いて研究室からセンターに接続して読み書きしないといけなかったそうです。大学，職場などでは1人1台のコンピュータが用意されており，そのコンピュータがすべて大学などのサーバーコンピュータに接続されているのがあたりまえという現在の状況からみると想像することもできません。

　ところで，通信手段をコストの低い順に並べてみると，電子メール，ファックス，手紙の順になります。送信から受信までに要する時間順に並べてみても，やはり，電子メール，ファックス，手紙の順になります。電子メールは低コストで高スピードの通信手段であり，今では勉強したり，仕事をしたりするうえではなくてはならない通信手段であるだけでなく，日常生活での通信にもなくてはならない通信手段になっているのはみなさん実感されているとおりだと思います。

2．インターネットの歴史

　教育研究活動あるいは商業活動など，広く用いられているインターネットですが，その開発の発端は軍事的色彩の強いものでした。1969年にアメリカ合衆国国防総省高等研究計画庁（ARPA：Advanced Research Projects Agency）からある研究計画の募集がありました。その研究計画とは，コンピュータの通信技術に関するものでした。研究計画の目的は「パケット交換」による通信技術の確立にありました。パケットとは英語でpacketといい，「ひとつのかたまり」「小包」という意味をもつことばです。このパケット交換の技術はインターネット技術の根幹をなす技術であり，1969年はインターネットの胎動を人類が感じた最初の年だといえます。

　このパケット交換という通信技術は，従来の電話通信とはずいぶん異なる技術です（古瀬・廣瀬，1996）。電話通信網が一極集中管理型の通信システムだとすると，インターネットは分散管理型の通信システムだといえます。電話での通信では一組の通話のために1本の電話回線を確保しておく必要があります。つまり，電話回線というのはたとえば，同時に10個の通話を可能にするためには，10本の回線が確保されなくてはいけません。AさんとBさんとが通話をするためには，だれにも邪魔されないAさんとBさんだけの1本の線が必要

ということです。Aさんは常にBさんにしか電話をしないわけではありません。いろんな人に電話をします。そのたびAさんが意図するような通話が可能になるように交換機が電話線をつなぎ換えているのです。通信の管理は電話局の交換機が集中的に行なっているわけですね。このような状況では，交換機が何らかの事情で使用不可となると，まったく通話できなくなるという事態になってしまいます。

　パケット交換による通信では，電話のように通信線の確保は必要ありません。つまり，交換機のように集中的な通信の拠点を必要としない通信システムです。図10-1のようにいったん情報は細分化されます。細分化された情報は，ちょうど宛先表示がつけられた「小包」のようにほかの人が送信した情報といっしょに回線上を運ばれていきます。こうして回線上にはさまざまな人からの通信内容が流れていきます。小包（パケット）は各サーバーに中継されながら目的のサーバーに送られ，そのサーバーはその小包に書かれている宛先のユーザーに小包を渡すわけです。仮に途中のサーバーが何らかの原因で停止している場合でも，そのサーバーを迂回しながら小包は正しく送られるわけです。この分散管理という方法がインターネットの特徴といえます。

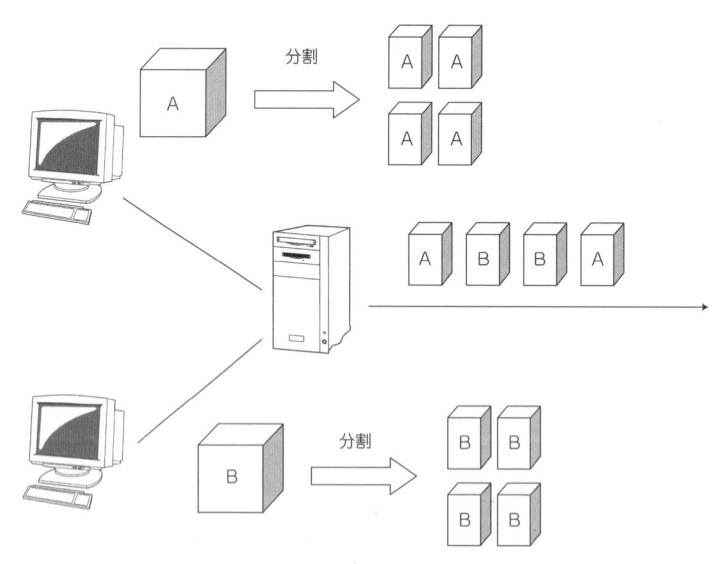

図10-1　パケット通信の概念図

ARPAの研究計画の募集があった当時，アメリカ合衆国とソビエト連邦共和国（当時）は対立が激化していた，いわゆる冷戦の時代でした。そのため，アメリカ国防総省は万一核戦争が起きても動作しつづける通信システムを必要としていたことも，このARPA研究計画策定の一因です（古瀬・廣瀬，1996）。電話網のように集中型のシステムではその交換機等が攻撃されると，まったく機能しなくなってしまいますが，インターネットのような分散型のシステムではある箇所が攻撃されても，ほかの通信機能は確保されるからです。このようなインターネットの長所は阪神淡路大震災のときに，はからずも実証されることになります。

3．インターネットの特徴

　1995年1月17日午前5時46分52秒，淡路島北部を震源として未曾有の大震災が起きました。淡路島および阪神間に大きな被害をもたらし，神戸市中心部は壊滅状態となりました。死者6,433人，行方不明者3人，負傷者43,792人，避難人数は30万人以上にのぼった大震災です。国の初動の遅さ，危機管理体制のお粗末さが大きな問題となりました。

　筆者は地震発生直後，岡山から兵庫県南部の実家に電話をかけ続けましたが，一度としてつながることはありませんでした。これは，先述した電話通信網のシステムに原因があります。通信可能な回線数には限りがありますので，本来もっている容量・能力を超えるアクセスが集中する場合，連絡をとろうとしてもつながらなくなるのです。そのため，警察や消防等への緊急度の高い通話ができなくなる可能性があります。そういう事態を防ぐために，被災地以外のほかの地域からの被災地への通話は遮断せざるを得なくなります。そのため，電話が通じなかったのです。

(1) 隔靴掻痒，一方向のメディア――テレビ

　テレビというメディアはもちろん利用できましたので，被災地の状況はわかりますが，テレビというのは個々の視聴者の知りたいという気持ちにそった報道ができるようなメディアではありません。不特定多数の「視聴者」がそのターゲットです。このようなメディアを西垣（2001）は**一対多のメディア**とよび

表10-1　各メディアのコミュニケーションの形態の特徴（西垣，2001）

形態	例	発信者	受信者	双方向性の有無
一対一	電話	個人	個人	有
一対多	マスメディア	マスメディア	多くの人々	無
多対多	インターネット	多くの人々	多くの人々	有

ました。「一」とはテレビ局，「多」とは視聴者であり，ラジオやテレビはテレビ局から視聴者へ一方的に情報が伝達されるのみで，視聴者からテレビ局へ情報が流れるというメディアではないということです（表10-1）。

(2) 具体的，双方向のメディア——インターネット

　阪神淡路大震災時，きわめて有効に機能したメディアがあります。それがインターネットでした。古瀬と廣瀬（1996）によれば，「被害が大きく，停電もしていた地域は別にして，その周辺部では電話線（専用線，公衆電話回線のいずれか）とコンピュータが無事だった人たちは，発信制限のゆるやかな被災地内の市内通話を介して，市内にあるコンピュータネットワークのアクセスポイントにつなぎ，あとは専用線を使ったコンピュータネットワークの幹線に乗り入れて，他地域とのコミュニケーションをとることができたのである。コンピュータネットワークでは，震災当日でもこうした人たちを介して，被災地と確実に連絡をとることができた」そうです。

　一対一のコミュニケーションである電話，**一対多**であるマスメディアと異なり，インターネットのコミュニケーションの特徴は**多対多**といえます（西垣，2001）。インターネット上のコミュニケーションは電話のように一組の人しか共有されないものでもなく，マスメディアのように情報の受け手が反応できないメディアでもありません。だれかの質問にはだれかがこたえ，そのやりとりはインターネット上の多くの人に共有されます。インターネット上の人は情報受信者であるとともに発信者にもなることができます。震災時ある地区の被害状況を知りたいとインターネット上で掲示板に書き込めば，それを知っている人，その地区のそばに住んでいる人が答えることができます。その情報は実際目にした経験から提供されたものなので，たいへん具体的です。質問をした人

だけでなく，それを読んでいるすべての人にその情報は共有されます。追加，補足，訂正等があれば必要に応じて書き込みが行なわれ，情報が蓄積され共有されていきます（古瀬・廣瀬，1996）。

だれでも情報発信者になること，多対多のコミュニケーションの可能性の大きさを改めて認識させられる契機であったといえます。

ただ，インターネットの正の力はそのまま負の力にもなりうる危険性をもっています。それは，インターネットのもつ匿名性から生じる危険性です。

3節 情報社会を生き抜く

1．I'm Nobody！ Who are You?

わたしは誰でもない人！ あなたは誰？
あなたも―また―誰でもない人？
それならわたし達お似合いね？
だまってて！ ばれちゃうわ ― いいこと！

ディキンソン『I'm Nobody！ Who are you ?』

アメリカの詩人エミリー・ディキンソン（Emily Dickinson, 1930-86）のこの詩は，自分をだれでもない人（nobody）ととらえることで，存在の自由を確保しようとしていると解釈される詩です（亀井，1998）。何者か（somebody）であろうとすること，地位や名声を追い求めることで自分を見失うようなまねはしたくないとディキンソンは，自分をnobodyととらえることで自分自身に忠実でありたいと望んだわけです。残念ながらディキンソンならぬ私たちがnobodyとなると，かえって自分を見失い，ふだん罪や恥によって抑制がきいている行動，するべきでない行動をいとも簡単にしてしまうようです。

インターネットの世界では時折自分を見失った人々に出会います。日常生活において私たちはみな良識ある社会人を装っていますが，その仮面をひとたび取れば，きわめて幼稚で醜悪な面をのぞかせるようです。インターネットは時

代を映す鏡です。

2．「真昼の悪魔」自殺サイト

　インターネットにはさまざまなサイトがあります。そのうちの1つに「自殺サイト」とよばれるものも存在しています。自殺サイトとは自殺志願者どうしが集まり，自殺方法などについて情報交換をしたり，実際に集団自殺を企てたりすることを目的としたサイトです。インターネットプロバイダの1つである「hi-ho」は自殺サイトの危険性を訴えるホームページを作成し，公開しています。そのホームページによると，自殺サイトには自殺するかしないか迷っている人を強引に自殺に引き込む手引き役的な人物のいることを指摘し，注意を呼びかけています。

　日本でこの自殺サイトの存在がマスメディアに取り上げられ始めたのは，1998年12月に起きた「ドクター・キリコ事件」からです。手塚治虫の作品「ブラック・ジャック」の登場人物名である「ドクター・キリコ」を名のるある男性がインターネットで青酸カリを販売し，その青酸カリを手に入れた女性が自殺を遂げたという事件です。男性は事件発覚後自殺しましたが，死亡後自殺幇助罪で書類送検されています。そのおよそ3年後には，自殺サイトによる群発自殺ともよべるような事件が起きました。それ以降，自殺サイトによる集団自殺が連鎖的に全国で発生することになります。

　2002年2月11日の16時15分ごろ，埼玉県I市のアパートの空き室で，3人の男女が倒れているのを高校生が発見しました。窓や入り口は粘着テープで目張りがされており，室内には4個の七輪が置かれていました。自殺者の男性が部屋などを準備し，インターネットを用いて自殺者を募った結果であることがのちの警察の調べでわかりました。

　だれしも長い人生の間にはいっそ死んでしまおうという思いにとらわれてしまうことがあるかもしれません。高橋（1997）は自殺の危険因子について表10－2のように整理しています。いくつかある危険因子の1つに「援助組織の欠如」があります。自殺をさして「孤独の病」とよぶ研究者もいるそうですが，信頼できる人間関係がない，たとえば，未婚者，離婚者，配偶者との死別などでなんでも相談できる人がまわりにいないということです。もちろん，家族が

表10-2　自殺の危険因子（高橋，1997より一部改変）

番号	危険因子	説明
1	自殺未遂歴	自殺未遂の状況，方法，意図
2	精神疾患	躁うつ病，統合失調症，人格障害，アルコール症，薬物依存など
3	援助組織の欠如	未婚者，離婚者，配偶者との離別，近親者の死亡を最近経験
4	性別	自殺既遂者：男＞女　自殺未遂者：女＞男
5	年齢	年齢が高くなるとともに，自殺率も上昇する
6	喪失体験	経済的損失，地位の失墜，病気や外傷，近親者の死亡，訴訟など
7	事故傾性	事故を防ぐのに必要な措置を不注意にも取らない 慢性疾患に対する予防あるいは医学的な助言を無視する
8	性格傾向	未熟・依存的，衝動的，完全主義的，孤立・抑うつ的，反社会的
9	その他	児童虐待，他者の死から受ける影響

そろっていても，そのなかで疎外感を感じているという状況もあるでしょう。

　孤独の病に苦しむ人が偶然インターネットの自殺サイトを訪れてしまう。生きるための援助ではなく死ぬための援助者・組織を見つけてしまう。自殺サイト（の参加者）はそういう孤立無縁の人の背中を押すのです。そして，その押し方は非常に強力なものであるようです。たとえば，ある事例では，自殺を思いとどまらせようとしている人が，逆に説得されてしまい自殺未遂事件に発展したという例もあります。自殺をやめさせようとする人を逆に説得してしまうほどの強力な手引きがあるということです。

　『自殺論』を著わした社会学者デュルケーム（Durkheim, 1897）は自殺を「当の受難者自身によってなされた積極的・消極的行為から直接，間接に生じる一切の死を，自殺と名づける」と定義しています。匿名性に守られながら，人の生き死にに強い影響力を及ぼそうとする自殺サイト，自殺をやめさせようとする人を逆に自殺に引き入れるような強引な手引きの行なわれる自殺サイトの存在に気を配る必要があります。

　インターネット上にはこのように反社会的な活動を展開しているサイトがあります。自殺サイトはその1つの典型例といえます。また，インターネットは商取引や法律，社会で起きていることがらへの私たちの関心の低さもありありと目の前に提示し続けています。それは，インターネットによる商取引に関す

るトラブルという形で明らかになりました。

3．電子商取引トラブル

　読者のみなさんも電子商取引サイトを訪れた経験があるかもしれません。**電子商取引**（electronic commerce）とはインターネット等を利用して，契約や決済などを行なう取引のことをさします。インターネットの登場以前，私たちは対面取引あるいは書面交換という形で商品等の売買を行なってきました。対面取引の場合，商品を販売しようとしているのがだれであるかは明らかですし，商品と金銭の交換はその場で行なわれてきました。

　五味（2000）はインターネット取引において解決すべき問題の第一に，身元確認をあげています。インターネットの性格上，本人確認がたいへんむずかしくそれに関するトラブルが増加しています。代金を振り込んだのにもかかわらず，商品が届かないというトラブルがその代表例です。詐欺の犯人は，商品がないのに，あるような情報をインターネット上に掲載し，架空口座に代金を入金させます。架空口座には他人名義口座（他人の開設した口座を購入したもの），架空名義口座（実在しない架空の人物名義で開設した口座）があります。振り込まれた代金を引き出したあと，犯人はインターネット上から姿を消し連絡がとれなくなるというものです。

　この種の詐欺は必ずしもインターネットだけがその舞台となるわけではなく，日常生活でも起こりうるものです。しかし日常生活で起こりにくいのは，売り手の素性を確かめやすいこと，売り手と買い手の間にある程度の信頼関係があるためです。インターネットにおいても大手である，購入経験がある知人がいるなど，ある程度信用できる業者を選んで取引を行なうことが必要です。詐欺行為を行なったものは断罪されるべきなのは当然のことですが，買い手も取引に関してあまりに無防備であると言わざるを得ません。つまり，詐欺の被害にあうかどうかはインターネットの問題ではなく，私たちの常識の欠如が問題視されるべきです。

　インターネットが急速に普及するにつれ，その正の力は十分に認識されながらも，その負の力に不安も広がってきています。インターネットを利用した犯罪の増加による社会への悪影響の心配もあります。インターネットを安全に利

用するために「インターネット免許制」の提案もあります（河崎，2001）。

　これまでも新しい技術の登場は既存の社会の秩序を崩壊させるものとみなされることがままあったようです。たとえば，グーテンベルグによる活版印刷技術は民衆に安価に知識を広める可能性をもった技術でしたが，それまで知識を独占し民衆に発信していた教会の権威失墜を心配する声があったといいます。また，テレビが民間に普及し始めた際も，テレビが子どもに及ぼす影響，とくに悪影響が心配されました。インターネットの登場も社会に暗い影を落とすのではないかという漠然とした不安があるようです。

　結論を言えば，インターネットがあるからこうした犯罪が起きるのではありません。インターネット犯罪が絶えないのは社会の未成熟さ，私たちの社会的事象についての関心の低さにあるといえるでしょう。インターネットがあるからインターネットを利用した違法行為が起こるというのはそのとおりですが，インターネット犯罪にひっかかる人がいるからといって，インターネットにかかわるすべてのものや人が悪いという議論は成り立ちません。たとえば，日常生活においてネズミ講やマルチ商法にひっかかる人がいますが，この場合断罪されるべきは違法行為の企画者です。被害者には今どきそんな商法にひっかかるのかと哀れみの視線が注がれます。一般に，常識のある人というのは多くの知識をもっている人をいうのではなく，社会のしくみをおおまかにとらえ，そ

れにしたがって行動することのできる人のことをいいます。安全にインターネットを利用するためには，これらの詐欺の被害者にならない程度の社会的関心が必要です。

4．虚報——自転車日本一周中の高校球児

　2005年の全国高等学校野球選手権大会は残念ながら球場内での選手の健闘よりも場外でのできごとに注目が集まりました。開会直前に，ある代表校のA校が不祥事を理由に出場を取り下げるという事態になったのです。代わりに地方予選で準優勝したB校が急きょくり上げで大会に出場することになりました。

　A校の選手の落胆ぶりとB校があわただしく出場準備を進めるようすが報道されている最中，あるうわさが広まりつつありました。ある人は，急きょ出場の決まったB校野球部のレギュラーの数人と連絡がとれなくなっており，そのうちの1人U君は自転車で日本一周の旅の途中であると言います。また，ある人は，U君は旅の途中立ち寄った秋田県の食堂でB校がくり上げ出場になったことを知り，今あわてて自転車で秋田から甲子園に向かっていると言います。

　しかし，不自然さを感じたので，各社の新聞で該当する記事があるかを調べてみましたが，見つけることはできませんでした。そこで，インターネットで調べてみるとどうも「2ちゃんねる」で投稿された「ネタ」であることがわかりました。「2ちゃんねる」というのは総合掲示板サイトであり，ネタというのは，おもしろ半分に創作される虚報のことをさします。2ちゃんねるで使われるジャーゴン（仲間内でしか通用しないことばの使い方）だったのです。

　インターネットの普及により，個人が情報発信を容易に行なうことができるようになりました。先述したとおり，多対多のコミュニケーションの時代に入ったといえます。インターネットの普及により，マスメディアの力を借りなくてもだれもが安価にしかも容易に情報を発信できるようなってきました。そのこと自体はたいへん喜ばしいことですが，その反面，大きな不安もあります。

　インターネットを「多対多」のメディアと述べましたが，「多対多」であるとは，つまり「オープン」であることです。オープンであるということの意味はだれもがインターネットを利用できるということです。子どもであっても高齢者であっても，犯罪者であってもだれであっても，インターネットに接続す

ることができます。だれであっても参加でき，同時にだれであるかは特定されない世界です。なかにはおもしろ半分に，あるいは悪意をもってうわさを流す人もいることに注意が必要です。

(1) ウワサはどう広まるの？

うわさはどんな条件のときに広まるのでしょうか。このことについて過去から研究が行なわれてきました。流言の伝播についての研究です。**流言**（rumor）とは具体的なデータがないのにもかかわらず，口から耳へと伝えられ人間に言いふらされ信じられていくことと定義されます。「口から耳へと」とあるので，インターネットにおけるうわさにそのままあてはめて考えることは不用意かもしれませんが，うわさはなぜ広がるのか，騙されないためにはどうすればよいのか，流言の伝播の研究を取り上げ考えてみましょう。

$$（式1）\quad R \sim i \times a$$

オルポートとポストマン（Allport & Postman, 1945）は流言の広がりを式1のようにモデリングしています。ここで，Rはどれくらい流言が広がったか，iは情報の重要度，aは曖昧性をそれぞれ表わしています。このiとaの2つの変数を掛け合わすことによって，人々のおかれた状況が曖昧で，その状況においてその状況がもつ意味が大きい場合に流言が広まることを表わしています。関東大震災の際，朝鮮人が暴動を起こしたという根拠のない流言が広がりました。震災直後の混乱時，つまり確たる情報の入手が困難で「曖昧」な状況において，暴動という非常に関心を引く話題，すなわち「重要」な情報が生み出されたために流言が広がってしまったといえます。

$$（式2）\quad R \sim i \times a \times \frac{1}{c}$$

また，このことに関連してコーラス（Chorus, 1953）は式2のようなモデルを提案しています。さきほどのオルポートとポストマンのモデルと異なる点は，さらに $1/c$ を掛け合わせていることにあります。ここで，cは情報の受け

手の分析能力を表わしています。分析能力とは手に入れた情報が信じるに値する情報であるかを吟味する能力のことです。社会調査のなかにはその方法および結果の解釈の妥当性に首をかしげざるを得ないものがありますし（谷岡, 2000），編集・再現の名のもとでやらせともいえる番組制作が行なわれている事実もあります（今野，2004；松岡，2001）。私たちが社会調査の方法や結果について正しい知識をもっている場合，つまり，情報の分析能力値 c の値が高い場合，式2の左式の値は低くなります。情報を正しく読む力があれば，怪しげな情報にふりまわされることが少なくなるということですね。このモデルでは，情報の受け手の分析能力が流言の広がりを抑える一因であると提案しているのです。

(2) 虚報から身を守るために

　私たちはいかにして誤報・虚報からわが身を守ることができるでしょうか。後藤（1996）によれば，「情報の出所，クレジットがはっきり示されていない」ものは全面的に信頼しないことを勧めています。そういう視点からさきの2ちゃんねる発信の投稿を見てみると，だれがだれにどうやって調べたのかという情報がまったく欠落しています。また，ある筋から得た情報，関係者の話として報道される情報にも同じことが言えます。すべてが誤報・虚報と限りませんが，あくまでも1つの情報として考えておくべきであり，情報の出所が明示されていない情報については全面的に信頼するべきではないでしょう。

　ただし，出所が明示されているからといって，その情報を鵜呑みにすることは危険です。ホスパーズ（Hospers, 1967）は情報の確からしさを判断する根拠の1つに権威をあげています。「その情報はX氏が言っているものであり，またX氏はその主題についての権威であるので，それが正しいと私は思う」という具合に，ある情報の正しさを私たちは権威に頼ることがあります。私たちは多くの情報を日々受け取っています。能力的にも時間的にも私たちが情報の確かさをいちいち自分自身で調査し，吟味することは不可能なため，いきおい「高名なX先生が言っているから」とそれを信じてしまう傾向があります。しかし，ホスパーズは次の3点に注意しなければならないと言います。

　1点目は，その権威者はその情報の内容の権威であるかどうかという点です。

たとえば，脳科学の権威者が脳科学について述べている内容は権威あるものと考えてよいかもしれませんが，彼が国際政治について述べている内容は権威あるものとはけっしていえないでしょう。

　2点目は，領域によっては複数の権威があり，その権威の間で意見が対立している場合があるということです。意見の対立がある場合，私たちは当分の間判断を停止するほかないとホスパーズは述べています。

　3点目は，もし時間と能力が許すならば，その情報の確からしさを吟味できるかどうかを考えてみるということです。たとえば，私たちに何十年という時間と訓練を受ける機会が与えられるとしたら，脳科学の権威が述べている内容を吟味することも可能かもしれません。しかし，内容によってはそれを吟味することができないものもあります。たとえば，アメリカ合衆国では近年「生命の誕生にはなんらかの知的な存在がかかわっている」といった論が主張されているそうですが，このような主張は科学的な検討の域を超えた主張のため，何年かけてもその主張の確からしさを吟味することはできません。つまり，主張にはその妥当性を検討できるものとそうでないものがあるということです。検討することができない主張について判断を停止する必要があるでしょう。

　時間的にも能力的にも各界の権威が主張する内容を一から吟味することは私たちにはできません。ただ，主張とは何らかの調査結果を根拠に展開されるものです。もし，根拠が明確に示されていないならば，それを鵜呑みにする理由はありません。その根拠となる研究手法と主張とが対応しているかどうかを知ろうとする態度は必要でしょう。たとえば，「ゲームをして過ごす時間の長い人はそうでない人よりも攻撃性が高い」という主張が定期的にマスメディアに取り上げられます。ゲームをする（原因）と攻撃性が高まる（結果）という具合にゲームで遊ぶことと攻撃性の高さの間に因果関係があるかのように報道されることがあります。しかし，あることがらとあることがらとの間に因果関係があるということを示すことはきわめて困難な作業です。とくに社会的なことがらを扱う研究領域ではきわめてむずかしいのです。このことは読者のみなさんが学生であれば，大学で開講されている「実験計画法」などの講義を受講すれば理解されるでしょう。さきに述べた「情報の分析能力」とは具体的には調査の手法，得られたデータの処理のされ方を吟味する能力といえるでしょう。

この能力も情報社会に生きる私たちに必要な能力です。

4節 子どもたちのために大人がすべきこと，できること

1．有害な情報から子どもを守る

　インターネットはオープンなメディアです。ですから環境さえあれば小学生でも利用することができます。先述したとおり，インターネット上で展開される世界は人間の幼稚さや暴力性を露骨に映し出す世界でもあります。子どもには見せるべきではない情報も含まれています。見せるべきでない情報とは違法および有害な情報です。違法な情報とは私たちの権利を侵害するものであり，有害な情報とは，暴力や性に関する表現，反社会的な宗教的信条，人種問題についての偏った意見等，人々が不愉快な思いをするものをいいます（名和，1999）。

　このような違法および有害な情報は子どもの目に触れないよう大人がコントロールしなければなりません。私たち大人であってもそれほど情報を吟味する力をもっていないのですから，子どもはなおさらです。情報を吟味するとはその情報と距離を置き，さまざまな観点から検討を行なうことといえます。それは抽象的な思考力を要する作業だと思われます。比較的単純な課題についての抽象的な思考が可能になるのはおよそ11歳以降ですので，受けた情報の真偽，妥当性を判断する能力は十分ではありません。ですから，違法あるいは有害な情報に接することに対して親が十分に注意しコントロールしなければならないのです。

　それは子どもの知る権利を奪うという意見がありますが，それは子どもの発達過程に無関心であり，子どもに対してあまりに無責任な態度です。小学生が自動車を運転したいからといって，それをすすめる親はいませんし，戦時下の国に１人で旅行したいという子どもを許す親はいません。親が子どものインターネットの利用に制限を加えることは当然のことだといえます。

　インターネットから受け取る情報をコントロールするには，具体的にはフィ

ルタリングソフトウエアあるいはフィルタリングサービスを導入します。フィルタリングということばどおり，有害な情報が画面に表示されないように遮断する機能をもっています。

2．「おや，なんだろう」がある環境づくり

　私たち大人は有害情報から子どもを守らなければなりませんが，その一方でフィルタリングソフトウエアがなくても，自分自身で情報を吟味できる力を育てるよう配慮する必要があります。与えられた情報を鵜呑みにせず，それに対して主体的に批判的にとらえることのできる力を育てることが必要です。

　佐伯と苅宿（2000）は学校教育，とくに小学校のインターネット導入についての問題点を指摘しています。「インターネット信仰」ということばから情報の吟味能力の不足を指摘しています。「『インターネットで調べた』といえばもうそれだけでホントのことだと信じてしまう，というよりも，むしろ，『インターネットにありました』でオシマイなのである。ウソかホントかということ自体，問題にしないのである。ウソ情報でも『情報がありました』ということを調べるだけで，もう満足なのだ」。

　また菅谷（2000）はインターネット上で見つけたホロコースト否定論をもとにレポートを作成した14歳の少年の例を紹介しています。彼はホロコーストに関する知識が乏しく，またその否定論の著者が有名大学教授であったことから否定論を信じるにいたったといいます。菅谷（2000）も佐伯と同様インターネット上にあるものはすべて正しいと信じる傾向を子どもはもつことを指摘して

います。

　このような事例はおそらくその調べようとしているものが子どもたちにとって別段意味のあるものでないために生じたのでしょう。もしも，その調べようとしているものが，自分にとって大切なこと，あるいは自分の生活に影響を及ぼすようなものであれば，その吟味のしかたは変わってくるはずです。ある子どもにとっての大切なことは飼っているウサギの飼育方法かもしれません。「お母さんはウサギにキャベツはやっちゃいけないって言うけど，サニーレタスはいいって言うんだ。キャベツとレタスってよく似てるのに，どうしてキャベツはだめなのかな」。そういうなんだろうという疑念が契機となって，信念へいたろうという努力が始まるのです。疑念から行動は生まれませんが信念から行動は生まれます。そしてこの疑念を信念に変えようとするこの努力のことを哲学者のパースは**探求**と名づけています（上山，1980）。「おや，なんだろう」という疑念とは生活のなかで出会うものです。教室のなかで用意される「おや，なんだろう」に対して，子どもたちはほんとうに「おや，なんだろう」と感じているのでしょうか。調べようとしているものが子どもにとって大切なものであったら，「ウソかホントか」は大問題になるはずです。

　インターネットにしか探求の場がないわけではありません。いくらインターネットで情報検索の練習をしても，ほんとうに問題だとは思えないものについて調べてレポートを書いても情報吟味力が育つとは思えません。

　子どもたちに情報を吟味する能力を育てるためには，まずはたくさんの「どうして？」を経験できるような環境づくりが必要でしょう。そしてその「どうして？」に応答的にかかわる環境が必要です。その環境をつくるのは親であり，地域の住民であり，学校の先生だと思われます。そしてその応答的な環境のなかで，子どもたちが実際に試行錯誤しながら学ぶことが重要です。たとえば，1メートルの大型シャボン玉の作り方はインターネットで検索すると多数見つけることができます。そこには混合液の作り方，洗剤と水の配分の仕方が1：9といったふうに掲載されています。あとは道具さえあればすぐにでも大型シャボン玉を作ることのできる気分になってしまいます。しかし，実際のところ，地域によって水の質は異なりますし，洗剤にもいろいろな種類がありますから，1：9の配分ではうまく大型シャボン玉が作れない場合が多々あります。試行

錯誤をくり返しながら最適な配分を自分なりに発見していかないといけません。何であってもすぐに調べることのできる現代にあって，「知っていること」と「できること」がちがうことを子どもたちに気づかせることが大切です。

　インターネットはイーサネット（Ethernet）技術に支えられていますが，村井（1998）によればこのEthernetの名前の由来はEtherつまり「エーテル」だそうです。過去に宇宙はエーテルという精気で満たされていると考えられていましたが，インターネットは今や地球上を満たしているといってもよいでしょう。そのインターネットが空気のように自然でなくてはならないものとなるか，排ガスのように私たちの健康を，そして子どもたちの未来の健康を蝕むものとなるのか，それはすべて私たち大人個々のありようにかかっているといえるでしょう。

自分でやってみよう！

子どもへの虐待が急増している？

　近年，「子どもへの虐待が急増している」とよく言われます。その根拠として児童相談所への虐待相談件数のデータが用いられることが多いようです。

　ブラウザ，Googleのイメージ検索を用いて，キーワードに「虐待相談件数」と入力し，検索してみましょう。虐待相談件数の年度別推移グラフが全国，県ごとに多数表示されることでしょう。それらのグラフなどを参考にして，「最近，子どもへの虐待が急増している」という意見が確からしいかどうか考えてみましょう。その際，大切なことは，日本では虐待に関する相談件数を報告するようになったのは何年からであるかをインターネットや書籍などを用いて調べることです。

　また，近年，少年犯罪が急増しているともよく言われることですね。やはりGoogleのイメージ検索を用いて，「少年犯罪」をキーワードに年度別の犯罪件数の推移を調べてみましょう。報告されているデータから少年犯罪が急増していると言えるかどうかを考えてみましょう。

11章

社会に適応すること

1節 関係のなかから

1．適応する私たち

(1) 人はひとりで生きられない（適応とは）

　入学当時のことを思い出してみてください。まわりは知らない人ばかり，友だちが欲しいのになかなかうちとけられない，そうした経験はありませんでしたか。時には，親や友だちと衝突して「だれにも会いたくない」とか，「ひとりで生きていけたなら……」と思ったこともあるかもしれませんね。

　では，人はひとりきりで生きることができるのでしょうか。あなたに名前があり，ことばを話しているのなら，それはすでに人との交流をもちながら社会のなかで生きてきたことの証です。あなただけではありません。どんな人も生まれてからだれかといっしょに生きてきたのです。そして，ひとりでは生きられない私たちにとって，社会や他者への**適応**（adjustment）は——時には苦しみをともなうこともありますが——重要な課題なのです。

　「適応」というと，自分をまわりに合わせることだと考えてしまうかもしれません。でも，そうした一方向の変化だけをさすわけではありません。実際には相手もこちらの変化に応じて変わっているんです。なかなか気づきにくいものですが，双方が変化することで調和は維持されているのです。

　誕生してからずっと私たちは，家族，友だち，先生，地域の人々など，身近な人々を観察して，また，さまざまな衝突を乗り越えながら社会への適応を学習しています。このことについて，詳しくみていきましょう。

(2) 社会の一員になるためには

　あなたはいつ，どこで，どんなふうに生まれましたか。私たちは生まれると同時に，ある時代の，ある文化の，ある家族に属して生活しています。そして，社会に通用する知識や価値基準，たとえば，あいさつのしかたやものごとの良し悪しなどを日々習得しています。このように，「所属している集団や社会に適合する行動様式を発達させたり内面化させる過程」を**社会化**（socialization）

といいます。

　私たちの社会化には家族が多大な影響を及ぼしています。それは，子どもにとって初めて出会う社会が家族だからです。赤ちゃんは，家族の愛情のもとで基本的生活習慣を獲得していきます。歩行・食事・排泄・衣服着脱の方法習得や自立，礼儀作法や道徳規範の学習，人とのつきあい方などは，社会で生きていくために必要なことです。こういったことは，おもに**しつけ**として親（保護者）や教師（保育者）によって行なわれています。ただし，こうした生活習慣の獲得だけではうまく生きていくことはできません。他者に対して自分の気持ちを上手に伝えたり抑えたりして，社会へ適応していくことが必要なのです。

　日本の乳幼児の自己主張・自己抑制行動の発達についての調査（柏木，1988）では，がまんやルールに従うなどの自己を抑制する行動は，3～6歳にかけて順調に増加していました。他方，自分のしたいことを言ったり抗議する自己主張行動は，3～4歳半では急増しますが，その後5歳前後からはほとんど増加しないといいます。では，自己主張行動と比べて日本の幼児の自己抑制行動のみが順調に発達するのはなぜでしょうか。それは，日本の親のしつけや発達期待が，子どもの自己主張より自己抑制を重視するためだといわれています。

(3) 社会への適応を学ぶのは子どもだけ？

　毎日のように，子どもをめぐる悲しいニュースを耳にします。なかでも昨今，**幼児虐待**のように**育児不安**，**育児ノイローゼ**とかかわった問題は増えています。こうした問題は，いわば育児をめぐる大人の不適応によって生じていると考えることができます。

　実際日々，適応を迫られているのは子どもだけではありません。大人もまた，常に社会・環境の変化に適応しながら生きています。

　たとえば，育児経験のない母親の場合，子どもの誕生によって出会う新しい環境や，自分勝手な子どもに何とかうまく対応しようと努力するでしょう。しかし，手助けしてくれるはずの夫の多くは，夜も休日も仕事中心であったり，無関心であったりして育児は妻に任せきりということをよく聞きます。核家族化の進む現代です。育児に関する疑問や不安が生じても，だれかに助けてほしくても，多くの母親にはすぐに相談したり頼れる人は身近にいない場合が多い

のです。

　その反面，しつけや早期教育に関する情報はあふれています。相談相手がそばにいない孤独な母親の多くは，多量の情報に頼って翻弄され，ますます育児不安を募らせます。それでも，何とかわが子を社会に適応できる立派な人間に育てようとがんばります。そのうち育児を過度に担う母親は，疲れと不安や不満をかかえきれずにドカーン，ガラガラ……。爆発が自分の外側へと向くと攻撃的になり虐待を招きがちです。崩壊が自分の内側で起こればノイローゼやうつ状態におちいることが多いのです。気づけばわが子ではなく自分が社会に適応できなくなっている……。恐ろしいことにだれにでも起こりうることであり，明日のあなた（私）の姿かもしれません。

　厚生労働省が全国の児童相談所に持ち込まれた虐待の相談処理件数を調査しています。1999（平成11）年度では11,631件でしたが2003（平成15）年度には２倍以上に増え，さらに，2004（平成16）年度には３倍近くの33,408件でした。2005（平成17）年度には改正児童福祉法が施行され，市町村でも児童虐待相談に対応できるようになりました。相談件数の増加に対応した体制が整いつつあるといえるでしょう（厚生労働省，2005）。こうしたなか，虐待の発生予防から被虐待児の自立にいたるまで，総合的な支援体制が強化されはじめています。さらに，被虐待児だけでなく，育児に大変な親を援助することも重視され，各地域の行政機関・NPOなどが中心となって「子育て支援」活動などが行なわれています。

　しかしながら，虐待の多くは他者の視線の届かない空間で行なわれているため，発見は容易ではありません。また，しつけと虐待の境界線が曖昧なため，しつけの名のもとに虐待が行なわれている場合もあります。状況を少しでも改善するために，私たちに何ができるでしょうか。まず，子どもの周囲にいる身近な大人が，子どもの示すわずかなサインや変化を早期に発見し，虐待を黙認・放置せず早期対応することが不可欠です。通報は子どもの人権を守るための義務であることを自覚すべきです。さらに，しつけを含めそもそも教育という行為には，子どもの将来の幸福を願うがゆえに目の前の子どもの意見を尊重しないという暴力的な側面が含まれている（丸山，2005）ということをだれもが認識する必要があります。大人が子どもに対して一方的に変化を要求するの

ではなく，大人自身も変わるという姿勢が大切です。

　ここまで述べてきたように，子どもの社会への適応には，身近な人のかかわりや適切な指導が重要です。しかしそれだけではなく，これから紹介するような，子ども自身に潜むみずから成長しようとする力や，子どもどうしの関係のなかでこそ育つものもあるのです。

2．他者・異文化との関係のなかで

(1) けんかするほど仲がいい

　子どもの間でけんかやいざこざが始まると，周囲は止めに入ることが多いものです。人と人との対立を示す**対人葛藤**（interpersonal conflict）は回避すべきものと考える人も多いと思います。しかし子どもは，両親，兄弟姉妹，友だちと対立することで，自分とは異なる他者の気持ちを知ることができます。そして，自分の気持ちや考えにも明確に気づくことができるのです。このように，適度な対人葛藤にはプラスの機能があります。とりわけ幼児期において，自分や他者の存在に気づかせる対人葛藤の経験は，他者を理解したり，自分の意思を適切に表現できるようになるためのよい機会といえます。

　とはいうものの，子どもどうしで遊ぶ機会は少なくなるばかりです。核家族化，少子化，共働き夫婦の増加，テレビ・コンピュータゲーム使用の低年齢化や長時間化，外遊びの減少，おけいこごと・塾通いの低年齢化と増加などが進む現代社会です。その意味で，幼稚園や保育所での友だちとの交流や対立は，子どもが適応を学ぶうえで，ますます貴重なものになっているといえます。

　幼稚園や保育所への入園・入所によって，子どもは家族以外の人とはじめて集団生活をします。そこでは，それまで各家庭では当然であったルールの多くが通用しないため，子どもは混乱し，衝突も頻繁にみられます。親との別れ，おもちゃや保育者の共有，仲間入り，さまざまなルールの習得など，子どもが乗り越えなくてはならない課題はたくさんあります。混乱や衝突の原因は，物や場所の取り合い，突然の不快なはたらきかけ，遊びに関する意見のズレ，ルール違反などさまざまです。このような場面で子どもは，問題を解決しようとして，泣いたり，叩いたり，先生や友だちに助けを求めたり，自力で交渉・抗議したり，がまんしたりします。こうした**解決方略**は年長になるとともに種類が

多様になり，だれにも頼らずにことばを用いて解決する方略が多くなっていきますが，相手との親しさの度合いや相手に敵意があるか否かといった要因などとも関係しています（丸山（山本），1999）。幼児であっても人間関係や文脈を考慮したうえで，各状況に適した解決をしようとしているのです。

とはいっても，とくに乳幼児は自己中心的なものの見方をすることが多いため，当事者間の意見が噛み合わず，平行線をたどるばかりで問題が解決されないこともしばしばあります。乳幼児は**他者の視点**から問題を客観的に見ることが十分にできないため，自分の意見や視点のみを事実と思い込んだり，あることがらだけを過大評価しがちです。しかし，他者の立場に立ってものごとを考えられるようになると，相手への思いやり行動が増えたり，自分本位な言動を抑制できるようになるものです。指導する側は，こういった子どもの特性を踏まえつつ，状況を十分に把握して適切な支援を行なうことが大切です。

たとえばけんかの場面では，まず，当事者を落ち着かせて両者の意見を聴くこと，共感すること，そして相手の気持ちを理解していなかったり，事実の解釈に相違があれば，その点をはっきりさせて双方の誤解を解くようにします。しかし，保育者が中心となってただ代弁するのではなく，最終的には子どもどうしで問題解決できるように，子ども自身に相手の気持ちやしたことを考えさせ，各人の発達段階に応じた援助をすることが重要です。

集団生活に適応しづらいといわれている引っ込み思案児や攻撃児の不適切な

行動を改善するには，**社会的スキル訓練**や**認知行動療法**が有効です。

社会的スキル訓練では，紙芝居などを利用し架空の対立場面を見せて，適切な人間関係をつくったり維持するにはどのように行動したらいいのかを考えさせます。その後，適切なスキルを教えたり練習したりしながら，日常場面でも実行できるように援助していきます。

「けんかするほど仲がいい」と言いますが，仲良しの子どもどうしの対人葛藤は円滑にすぐに解決され，ことばでの自己主張や協調的行動が多く見られます。仲良しとは過ごす時間が長い分，必然的に意見の対立も多くなるものです。しかし衝突回数の多い相手であるほど，相手の情動や行動を予測・推測しやすいために早期に問題解決ができます。

一般に知り合ったばかりの人に対してより，気心の知れた相手の方が言いたいことも言えるものです。それには，信頼感の相違が関係しているようです。仲良しの相手とは信頼できる相手でもあるため自己主張しやすいものです。また，仲良しの多くは好きな人でもあるため，相手の意見を聴いてあげたい・嫌われたくないなどの気持ちからがまんしやすく，自分が悪いと思っている場合には謝罪もしやすいのです。社会への適応を学ぶ子どもにとって友だちの存在は大きいといえます。友だちとの対人葛藤の経験が社会への適応において重要であるとはいえ，なかにはいじめのように望ましくないものがあることに注意しなくてはなりません。

(2) だれかとつながっていると安心だ

今日，いじめは，日本だけでなく世界各国でみられる現象です。「いじめ」は「けんか」とは質的に大きく異なります。「けんか」はおもに，二者間の対立として短期的にその場限りで行なわれるものです。多くの場合は原因が明らかであるため，適切な指導によって比較的早く問題解決しやすいものです。しかし「いじめ」は，1人あるいは少数の弱者を，強者側あるいは集団が，長期にわたって攻撃したり傷つけるものです。原因は曖昧であることも多く，いじめ自体が外から見えにくいため事態が複雑化・悪化し，解決に時間がかかる点に注意を要します。

公立の小中高校を対象に文部科学省が行なった調査では，2004（平成16）年

度に報告された子どものいじめや暴力行為の発生件数は，小学生が1,890件（前年度比18％増），中学生が2万3,110件（6％減），高校生が5,022件（4％減）でした。とくに小学生の校内暴力は，2年連続で大幅に増加していました（2003（平成15）年度調査でも前年度比27％増）。なかでも，子どもどうしのいじめや暴力が992件（16％増）と最も多くかつ増え続けています。教師への暴力は336件（33％増）と過去最多で，増加は突出していました。ただし，このデータはあくまで報告された件数のみであり，氷山の一角といわれていますし，また幼稚園は調査対象とはなっていません。

　上記のデータにおいても，いじめが最も多いのは思春期です。第二反抗期と時期的に重なるため，心身の発達がバランスを崩しやすく，この時期に多く発生するのです。しかし，このデータからも確実にいじめの低年齢化は見てとれます。畠山と山崎（2003）は，幼児期でも長期間にわたって1人の幼児を仲間はずれにするなど，いじめの芽と考えられる攻撃行動が見られることを報告しています。

　相手を直接叩いたり蹴ったりする明らかな身体的攻撃を**外顕的攻撃**といいます。一方，悪いうわさを流して排斥・孤立させたりして，間接的な方法で相手を傷つける攻撃を**関係性攻撃**といいます。けんかでは外顕的攻撃が多いのに対して，いじめでは関係性攻撃も多くみられます。関係性攻撃は表面化しにくいために周囲から発見しづらく，そのため対応が遅れて問題が深刻化します。また，いじめられる子どもが相談を避けたり，いじめを受けていることを隠すことが，状況の悪化につながる場合もあります。いじめの相談をした大人がいじめた側を叱った場合，そのことがきっかけでさらにいじめられるかもしれないといった心配が先立って，だれかに助けを求めたくても相談できないことになりやすいのです。

　人にはどこかに所属していたい，だれかとつながっていたいという欲求があります。そのためいじめられる側は強い孤立感を味わい，不安定な情緒状態におちいります。いじめによってこうむる精神的苦痛は，その後の適切な人間関係の形成に多大に影響します。早期発見・早期介入はもとより，保護者と保育者ときには専門家がいっしょになって毅然とした態度をとりながらも，愛情深く適切な指導や介入を継続的に行なうことが重要です。

いじめの問題を解決するには，いじめる子どもといじめられる子どもそれぞれへの適切な対応が重要ですが，何もせずに見ている傍観者などの存在も見逃せません。無関係を装う行動は，いじめの対象とならないように自分の安全を守る自己防衛行動であると同時に，いじめを助長する働きももっているのです。いじめる子どもやいじめられる子どもだけでなく，第三者や学級全体への指導や対策の充実も必要不可欠といえます。
　このようないじめの問題は，実は多文化理解の問題と密接に関連しています。

(3) 多文化・異文化を理解する

　国際交流がさかんになった現代，日本人家族の海外移住・駐在が増えています。同様に日本においても海外からの移住者や駐在する家族が増加し，「多文化」「異文化」ということばを耳にすることが多くなってきました。
　社会にスムーズに適応するには，移住者が移住先の言語を習得することが重要な課題となります。しかし新しい言語の習得は容易ではないため，意思の疎通が十分にできない場合には，移住者は新しい環境でさまざまな問題にぶつかります。同様に，おもに母国語しか使えない保育者や教師にとって，理解できない言語を使う親子への対応や指導はたいへん難しいものです。このような場合，同一言語を介して理解を深めることができにくいという問題以外にも，相手の文化に対する**偏見**と**無知**が双方の適応を阻む要因になります。
　性差，年齢差，心身障害，宗教，社会階層など，同一の文化内においても偏

見は生じるものです。子どもに対して偏見のない教育をしようとする場合，まず，指導者みずからが自分の偏見に気づこうと努力することが重要です（Derman-Sparks, 1993）。それは気がつかないまま偏った考えを伝えている場合が多いからです。また，たとえ偏見をなくそうとしても，文化をつまみ食いするだけの観光旅行的アプローチ（たとえば，振りそでを着て和菓子を食べるだけで満足する）によって異文化を紹介するにとどまれば，逆にステレオタイプを生んでしまうことが多いために注意が必要です。

ほかの人との相違を否定的にとらえず，あるがままを認めることから，諸問題を解決する糸口がみえてくるでしょう。ほかの人と異なる考えや意見をもちつつも，お互いを尊重しともに生きてゆくためには，まず，他者や社会と接してその多様な存在を知ることが重要なのです。多様性を自然なこととして受け入れ，認めることにより，**異文化との共生**は可能になります。そして，多文化・異文化社会での適応もうながされていくのです。

2節 ストレス社会のなかで生きること

1. ストレス社会のなかで生きる大人

(1) ストレスとは

私たちは現代社会のなかで，多くの**ストレス**にさらされています。たとえば，学校や職場での人間関係や家族関係のトラブル，冷房の効きすぎや騒音などの環境的なストレス，仕事の重圧からくるストレス，病気やけがなどの身体的なストレス，また，好きな人から別れを告げられるといった失恋体験もストレスといえます。表11-1では，ストレスの種類を示しています。

このように私たちは，多くのストレスを経験しているのです。一般的にストレスとは，「身体的健康や心理的幸福感をおびやかすと知覚されたできごと」であるといわれています。そして，それらのできごとは**ストレッサー**（stressor）とよばれ，ストレッサーに対して起こる反応を**ストレス反応**とよんでいます。

しかしストレスにさらされると，すべての人がストレス反応を起こすわけで

表11-1 ストレスの種類 (村上, 1991)

ストレスの種類	おもな内容
物理的ストレス	温熱, 寒冷, 高気圧, 低気圧
環境的ストレス	公害, 騒音, 照明, 空気汚染, 振動
社会的ストレス	仕事が多忙, 残業, 夜勤, 重い責任, 借金
肉体的ストレス	病気, けが, 睡眠不足, 不規則な生活
精神的ストレス	家族・身内の病気・死・不幸, 失恋, 失敗, 挫折, 仕事や責任に対する精神的負担, 健康・将来に対する不安
人間関係ストレス	職場での上司・同僚・部下とのまずい人間関係, 家族・親戚とのトラブル, 友人とのトラブル

はありません。ストレス反応として、不安，抑うつ感，身体的病気になる人もいる一方で、同じできごとに直面しても何の問題もなく，そのできごとを乗り越えることを前向きにとらえる人もいます。これらの違いは，次に述べる3つの点に関連しているとラザラスとフォークマン（Lazarus & Folkman, 1984）は述べています。つまり，①あるできごとに対してどの程度対処できるものか（自分の力でストレス状況を排除できるという信念），②どの程度予測可能であるか（ストレス状況が起こるということを予測できるか否か），③自分の能力や自己概念に挑戦的なものであるか（たとえば，テストをストレッサーと感じるか，自分にとってチャレンジの機会だと感じるか），がさまざまなできごとをストレッサーと評価するか否かにかかわっているというのです。彼らの主張によると，あるできごとが，自分で対処でき，いつ起こるか予測できて，チャレンジだと感じたとき，人はそのできごとを何の問題もなく乗り越えることができるということになります。そして，ストレスに対する反応として，心理的不安（不安，怒りと攻撃性，無力感と抑うつ感，認知的障害）や生理反応を引き起こします。これらのストレス反応を長期化させておくと，セリエ（Selye, 1978）が言うところの「疲憊期」，つまり，人は脅威から逃げ出すことも脅威と戦うこともできない状態になってしまうのです。人間が体験する苦悩の通常の閾を超えたできごとを経験したあと起こる「心的外傷後ストレス障害（PTSD）」のような症状については心理臨床家の治療に委ねることが必要ですが，それ以外のストレッサーとなるできごとについて，どのような対処方法があるのかについてはあとで述べることにします。

(2) 欲求不満とストレス

　人間は，排泄，呼吸，食物充足などの生理的欲求をもって生まれ，そして誕生後には，さまざまな社会的欲求を獲得していきます。欲求は人の行動を引き起こす原動力になり，その行動が向かう対象を目標といいます。欲求は目標に到達すると欲求充足の状態になりますが，私たちの生活において，いつも欲求が充足されているわけではなく，目的に向かっていた行動が何らかの障害によって阻止され妨害されることもあります。

　このように欲求が妨害されると，人はイライラした情緒的緊張状態におちいります。これを**欲求不満**（フラストレーション：frustration）といいます。欲求不満の状態が長引くと，人はさまざまな**欲求不満反応**を示しやすくなります。おもな欲求不満反応には，攻撃，退行，固着，逃避などがあげられます。

　欲求不満の原因は，欲求が妨害された場合や欲求の対象が存在しない場合のほか，2つ以上の欲求が存在し，それぞれの欲求を同時に充足させることができない場合などがあります。このような状態を**葛藤**とよびます。

　葛藤には，正の誘意性をもつ2つ以上の対象があり，どちらか一方を選ばなければならない「接近―接近の葛藤」，負の誘意性をもつ2つ以上の好ましくない対象にはさまれて，どうしてもどちらか一方を選ばなければならない「回避―回避の葛藤」，1つの対象が同時に正の誘意性と負の誘意性をもち，接近したい欲求と回避したい欲求が対立する状況でどちらか一方を選ばなければならない「接近―回避の葛藤」があります。

　同じできごとを体験してもストレスを感じやすい人と感じにくい人がいます。フリードマンとローゼンマン（Friedman & Rosenman, 1974）という2人の心臓病学者が，人の行動特性を**タイプA**と**タイプB**に分け，非常に競争的で，達成志向が強く，いつも時間に追われて少ない時間で多くのことを達成しようとするタイプAの人は，くつろいでいて時間に追い立てられることもなく忍耐力があるタイプBの人に比べて心臓疾患にかかりやすい，すなわちストレスを受けやすい行動特性であると述べています。さらに，フリードマンはこのようなタイプA行動を訓練によって減少させることができることを明らかにしました。彼の研究では，認知療法と行動療法を組み合わせて，せきたてられる時間感覚をやわらげたり，行動を駆り立てる信念について再評価できるように

援助するといったものでした。そして，タイプＡ行動を修正することを学習した人は，心臓発作の再発率が低くなったという結果が得られました。このようにストレスを引き起こしやすい行動特性をもっている人は，できるだけゆったりと過ごすようにすることがストレスを受けにくくする方策のようです。

次に，ストレスを感じやすいかどうかということには，ストレスに対する抵抗力が関係しています。前述したラザラスらの研究のなかで出てきた，できごとをチャレンジの機会だと感じることができる人も，ストレスに対する抵抗力が高いといえますが，ほかにも，ローゼンツヴァイク（Rosenzweig, 1938）が定義している**欲求不満耐性**もストレスに対する抵抗力の１つと考えられます。また，時どき，ストレッサーにさらされても，途中で回復期があるような場合には，しだいに身体的に耐性を身につけていくという研究結果があります（Dienstbier, 1989）。最近の子どもたちは，がまんする経験が昔に比べると少なくなってきているといわれていますが，子どものころに欲しいものをがまんしたり，きついことでも最後までがんばるような経験をすることも欲求不満耐性を身につけるためには必要なのです。

（3）ストレスとのつきあい方

人がストレスに満ちた要求を何とか克服しようとすることを**コーピング**（coping）といいます。コーピングには**問題焦点型コーピング**と**情動焦点型コーピング**があります。問題焦点型コーピングとは，特定の問題や状況に焦点をあてて，それを変える方法や将来同じ経験をしないでいい方法を探す方略です。ストレス状況において問題焦点型コーピングを用いる傾向のある人は，ストレス状況の渦中もその後も抑うつ状態になりにくく（Billings & Moos, 1984），うつ病患者に問題焦点型コーピングの用い方を教えることで，うつ状態を改善し，ストレッサーにより適応的に反応できるようになったという研究もあります（Nezu et al., 1989）。

一方，ストレス状況そのものを変える対処方法でなく，ストレスにともなう情動を軽減することに焦点をあてた方略を情動焦点型コーピングといいます。とくに，問題が自分の力では制御不可能だと感じたときにこの方略を使います。この方略には，体を動かしたり，当たり散らしたり，友だちに情緒的サポート

を求めるなどの「行動的方略」と，問題について一時的に考えることをやめたり状況に対する再評価をするなどの「認知的方略」があります。行動的方略に含まれる友だちからの情緒的サポートは後述するソーシャル・サポートのことであり，他者に援助を求めるということもコーピングの大事な方略の1つです。

　上述した情動焦点型コーピングについては**防衛機制**という用語で精神分析学の分野で古くから研究されていました。このコーピングと防衛機制の違いは，コーピング方略は意識的に用いられるのに対して，防衛機制は無意識的に用いられるという点です。防衛機制とは，こころが傷つかないように守る自我のはたらきのことです。私たちは，知らず知らずのうちに防衛機制を使っています。防衛機制は私たちを助けて，ストレスとなる状況にもっと直接的に対処できるようにしてくれますが，それが極端に用いられると不適応な状態になることがあります。おもな防衛機制を表11-2に示しています。

　コーピングの有効な方略の1つとして**ソーシャル・サポート**があります。ソーシャル・サポートとは，個人を取りまく人間関係のネットワークのなかから差し伸べられる援助のことです。

　多くの研究において，配偶者，友人，親戚，所属集団などとの社会的関係をもっている人は，それをもたない人に比べて，ストレスに関係した病気にかかりにくいことを示しています（Cohen, 1996）。

　また，肯定的なソーシャル・サポートは，ストレッサーについての反芻(はんすう)思考を回避させて，情動的によりよくストレスに順応するのを助けてくれるという

表11-2　おもな防衛機制

抑　圧	あまりに恐ろしく心痛むような衝動や記憶を意識から排除する。
合理化	正当に行動したかのようにみせるため，自分がしたことを論理的あるいは社会的に望ましい動機のせいだとする。
反動形成	正反対の動機を強く表現することで本来の動機を自分からも隠す。
投　影	自分自身がもっている好ましくない特質をよりおおげさにして他者がもっている特質のようにしてしまう。
知性化	抽象的・知的な言葉でストレス状況に対処することでその状況から距離をとろうとする。
否　認	不愉快な現実が存在することを否定する。
置き換え	ある形では満足できない動機を別の形に変える。

研究もあります（Nolen-Hoeksema, 1991）。あまり人とかかわらずひとりで問題を悩みを抱え込んでいる人は，反芻思考におちいりやすく，抑うつ的になりやすいのです。そして，反芻思考してもまったく問題解決には役に立たないという研究結果もあり，ひとりでくよくよ悩まず，だれかに相談してみることがストレスの軽減には大切なのです。

2．ストレスを受けやすい子どもたち

(1) 中学生になって増加する不登校

不登校は，以前は，学校恐怖症，登校拒否とよばれていましたが，現在では不登校という呼び名が定着しています。学校基本調査によると，2004（平成16）年度の不登校による30日以上欠席した児童生徒の数は，小学生2万3,310人で全児童に占める割合は0.32%（前年度比0.01%減），中学生10万7人で全生徒に占める割合は2.73%（前年度と同じ）で合計18万6,936人（前年度比6,391人減）でした。ここ2，3年，不登校が減少傾向にあるものの，1992（平成4）年度の不登校数3万6,817人（小学校1万2,645人，中学校2万4,172人）と比較するとかなり大きい数字であるといえます。さらに，最近は自治体ごとに適応指導教室が設立され，そこに通っている子どもは出席扱いとなり，保健室登校等の別室登校をしている子どもも同様に，不登校数には含まれません。このようなことを考えると，実際の不登校の数は発表されているデータよりも多いのではないでしょうか。

表11-3には2004（平成16）年度の理由別の長期欠席者数を示しています。不登校は長期欠席全体のなかで約70%を占める大きな理由になっています。また，不登校による長期欠席者数は小学校から中学校にかけて急増しています。

文部科学省の不登校の分類では，①神経症的不登校，②非行・怠学的不登校，③無気力的不登校，④学校回避的不登校，⑤その他，となっています。小泉（1988）は，神経症的不登校をさらに「**分離不安型**」「**甘やかされ型**」「**優等生の息切れ型**」の3つに分類しています。それぞれのタイプで不登校になった原因が異なります。「分離不安型」は幼児期の親子関係の不適切さ，たとえば，過保護や拒否が原因ですので，家族から離れて子ども自身の自立につなげていく支援が大切です。「甘やかされ型」は自己中心的で耐性が低いという特徴が

表11-3 2004（平成16）年度の理由別の長期欠席者数（文部科学省，2005）

区分		計	病気	経済的理由	不登校	その他
小学校	計	59,315	26,517	62	23,310	9,426
	国立	121	39	—	60	22
	公立	58,805	26,225	62	23,186	9,332
	私立	389	253	—	64	72
中学校	計	127,621	18,467	191	100,007	8,956
	国立	311	71	—	233	7
	公立	123,937	17,264	187	97,802	8,684
	私立	3,373	1,132	4	1,972	265

あるので，家庭や学校において困難なことを少しずつ乗り越えていく経験をさせていくことが大事になります。「優等生の息切れ型」は完全主義や強迫的症状が破綻をきたしてしまった状態にあるので，ゆっくり休ませて受容的態度で接することによって，自己理解や自己洞察力の高まりを待つことが大切です。

　中学校になって不登校が増加する原因にはさまざまなものが考えられます。まず1つ目は，中学生は**思春期**でもあり，他者から自分自身がどのようにみられているのかを非常に気にして自意識過剰な状態になったり，自分に自信がもてない**自己否定**が強くなることがあります。そのため，神経を張りつめたり，他者に受け入れてもらうために無理をしてしまって，結果的に燃え尽きたような状態になり登校できなくなるということもあります。このような場合は，本人のよいところに気づかせるような周囲のあたたかい支援や見守りが必要になってきます。2つ目には，中学生になるまでの育ちのなかでの，**基本的信頼関係の獲得**の不十分さがあげられます。幼児期から小学校時代にかけて，子どもはもっと親に甘えたい，他のきょうだいよりも自分だけを見てほしいという気持ちをもっていても，それをなかなかことばで親に伝えることができないようです。そして，子どもは中学生になり，自己主張ができるようになったとき，不登校という形で自分の気持ちを表現します。このようなとき，親が自分自身の養育態度をふり返り，子どもの不安や心配事に目を向けることで，子どももこころの底から受容してくれる親に対してこころを開いていくのです。3つ目には**社会的スキルの獲得**の不十分さがあげられます（沢崎，2003）。少子化のためきょうだいや近所の子どもたちとのコミュニケーションの機会がなかなかもてず育った子どもは，ちょっとしたいさかいやいじめに対してどのように対

処してよいのかわからず,なかなか立ち直ることができません。そのようなときにはソーシャルスキル訓練によって他者とのコミュニケーション能力を高めたり,日常生活においては家族とのコミュニケーションから始め,休日などに友だちと遊んだりする経験から集団のなかの居場所を感じることがその後の成長につながっていくのです。

　この本を読んでいる方のなかには,将来,学校の先生をめざしている人もいるかもしれません。現在,不登校生徒の数は単純計算で各クラスに1人以上の割合になります。教師になったら,いずれ不登校の生徒と接することになるでしょう。または親になったとき,自分の子どもが不登校になるかもしれません。そう考えると,不登校生徒への対応のしかたはだれもが学んでおいたほうがよさそうです。

　一般的に,不登校の初期症状が出たときの担任の対応としては,生徒が身体症状を訴えてきたときには,まず保健室に相談しますが,教室のなかでの対応としては,常にクラスの友人関係に目を配って孤立したり仲間はずれになっていないか配慮をする,子ども一人ひとりに自信をもたせるはたらきかけや承認の場を与えます。また,カウンセリングの手法の1つでもある**受容的態度**で生徒に接し,子どもが楽しく遊ぶことができる機会をつくることも大切です。そして,中学校は教科担当性で担任教師が一日中教室にいて子どもたちとかかわ

ることができないので，担任との密接な人間関係を求めている子どもにとっては，精神的な不安感をため込みやすい状況にあります。できるだけ，そのような子どもに対しては日記や連絡帳をとおして意思の疎通を図りたいものです。担任が子どもたちの発する小さなサインに気づいたおかげで不登校を短期間で終わらせた事例もたくさんあります。

(2) さまざまな生徒への対応

　学校は集団生活を学ぶ場でもあるので，校則違反をする反社会的生徒に対しては生徒指導の観点から厳しく叱責することも必要になってきますし，不登校やいじめにあう生徒に対しては**カウンセリングマインド**で受容するかかわりが必要になってきます。学校というのは個人を尊重しながら集団を管理するという二律背反状態が存在するため，教師は非常に大変です。

　ほとんどの中学校において校則が存在し，登下校の時間や服装にいたるまでこと細かな規定があります。不登校傾向のため遅れて登校する生徒，別室で自習をする生徒，自分の性別を受容できないため制服のスカートをはきたがらない女子生徒などを，個性を尊重し受け入れてしまうと学級運営が困難になり，教師は規律の重視と個性の尊重とのジレンマにおちいります。最近では**スクールカウンセラー**の配置により，不登校や別室登校の生徒に対するかかわりについては，**集団内適応**よりもまず**個人内適応**をさせることを大切にした受容的対応が浸透してきました。

　しかしながら，**性役割の受容**ができない子どもたち（医学的診断では性同一性障害の可能性もある）に対しては，集団内適応をせまり，結果的に不登校に追いやってしまうケースも見受けられます。この点については，学校だけでなく家庭や社会も考えていかなければならない今後の課題です。

(3) 大学生のストレス

　ここまでは，小中学生のストレスについて述べましたが，読者のみなさん自身のストレスについて考えてみましょう。

　大学生は，青年期の後期に分類されます。青年期の発達課題は自我同一性の確立であり，具体的には職業生活，配偶者の選択，社会的責任の負担などがあ

げられます。これらの発達課題は，青年期になって初めて遭遇するものであり，さまざまな不安や悩みと格闘しなければなりません。

　大学生になり，1年目は新しい環境のなかでわくわくした気持ちで毎日を過ごしていても2年目，3年目になると目標を見失い，大学をさぼるようになったり，学業以外のアルバイトなどにのめり込むなど**スチューデント・アパシー**（学生無気力症）とよばれる状態になる人もいます。大学4年生までに就職や進学などの進路の目標を見つけることができればよいのですが，目標を見つけることができないまま卒業する（または退学する）と，最近，世の中でいわれている**ニート**の状態になってしまいます。

　最近，日本でも少子化が問題になっていますが，子どもの数が少なくなると家庭において親が先回りして子どもの障壁を取り除いたり，がまんさせる機会を与えることが少なくなる傾向があります。青年期後期は，まさに就職や進学の自己決定をしていかなければならない大事な時期です。だれもが自分の人生に悩み苦しみ，何らかの決定をしていかなければならないわけですが，小さいころに自分自身でものごとを決定した経験の少ない人は，青年期に大きな困難にぶつかったときストレスを強く感じ，アイデンティティの障害におちいる可能性があります。今のような急激な変化の起きる社会，競争社会の時代，だれしもがおちいりやすい危険性をもっているというわけです。このような状況にならないためにも，常日ごろからひとりになって自分自身のことについて考え，自分のことは自分で決定する習慣をつけておきたいものです。

(4) ストレスの対処法

　食事や睡眠をきちんと取り，軽い運動をこころがけることは，ストレスをためずに，こころのバランスを保つために大切なことです。しかしながら，不安や悩みなどをためこんでしまうことによって，ストレスが大きくなってしまい，心的エネルギーが枯渇して引きこもりの状態になってしまうケースもあります。このような場合は，自分自身で悩みを抱え込まず，信頼できる友だちや先輩，家族に相談してみましょう。もし，友だちや家族などに相談しても解決しないような場合は，大学の**学生相談室**や**保健管理センター**に相談してみましょう。相談室のカウンセラーはこころの専門家ですから，相談者の状況に応じて

関係機関と連携をとりながら援助してくれます。他者に援助を求めることは，ひとりで抱え込んで悩み続けるよりもストレスを軽減し立ち直ることにつながります。また，みなさんの周囲に悩んでいる人がいたら，相談にのってあげたり，学生相談室に行くことをすすめましょう。一人ひとりがソーシャル・サポートの一員になれるような環境をつくっていくことも大切なことです。

自分でやってみよう！

もしかして「タイプA」？

次の項目は，タイプA行動のチェックリストです。あなたの行動にあてはまるものにチェックをしてみましょう。どれか1つでもあてはまる項目があれば，タイプA行動（競争的で，達成志向が強く，いつも時間に追われているタイプ）の傾向がありますから，日常生活をゆったりとリラックスして過ごすようにこころがけてください。

タイプA行動のチェックリスト（Friedman & Rosenman, 1974）

- □ 1 同時に2つのことを考えたり，したりする。
- □ 2 より少ない時間により多くの活動をしようと計画する。
- □ 3 まわりの環境や美しいものに気付かなかったり，関心がなかったりする。
- □ 4 他人の話をせかす。
- □ 5 列に並んで待たなければならなかったり，とてもゆっくり走っている車の後ろを運転している時，過度にいらいらする。
- □ 6 うまくやりたいのなら，自分一人でしなければならないと思っている。
- □ 7 話す時，身振りを盛んにする。
- □ 8 しばしば貧乏揺すりをしたり，指でトントンと音を立てたりする。
- □ 9 意見の衝突を起こしやすい話し方や，不快な言葉をよく使う。
- □ 10 時間通りであることにひたすらこだわっている。
- □ 11 ただ座って何もしない，ということができない。
- □ 12 たとえ，子どもとゲームをする時でさえ，ほぼどんなゲームでも勝つためにする。
- □ 13 自分自身や他人の成功を，数字によって，評価する（診断した患者の数，書いた記事の数など）。
- □ 14 話をするとき，舌打ちをしたり，首を振って頷いたり，拳を握り締めたり，テーブルをドンと叩いたり，息が荒くなったりする。
- □ 15 自分の方がうまいし早くできると思うことを他人がしているのを見ていると，いらいらしてくる。
- □ 16 まばたきを早くしたり，チックのように眉毛をぴくぴく動かしたりする。

12章

こころのトラブル

人は，だれでも，多かれ少なかれ，不満や悩みをもって生きています。近年の社会や私たちを取りまく環境の急激な変化や人間関係の複雑化にともない，その可変的な環境にうまく適応できないで，悩みや不安をもつ人が増えてきているのです。とくに人間関係にともなうストレスは，仕事へのやる気がなくなり，「体がだるい」「夜，眠れない」「人とのつきあいが面倒になる」などの身体症状にまで発展することがあります。もともとこころの問題だとはいえ，最終的に，自殺を考えるなど，深刻な事態におちいることにもなりかねません。本章では，こころのトラブルによる症状にはどのようなものがあるのか，こころのトラブルに直面したときにどのような治療法があるのか，また，こころのトラブルの原因になっているストレスの正体やストレスへの対処法について考えていきます。

1節　こころのトラブルが原因になる症状

1．心身症

　心身症とは，心理的原因による精神的ストレスによってもたらされる病理です。こころの状態はあらゆる病気に関係します。そのなかで，とくにストレスとの関係がはっきりしている病気を心身症といいます。心身症という，単一の病名があるわけではなく，さまざまなからだの器官に症状として表われます。頭が痛いとか，耳鳴りがする，胃がむかつくなどで，医学的原因が見あたらないとき，心理的原因から症状がみられます。胃かいようやぜんそくは心身症の代表的な例で，ストレスを無視しては治療できません。そのほか，高血圧，過敏性大腸症候群，片頭痛，リウマチ，じんましん，円形脱毛症などもあります（表12−1）。

2．神経症

　何となくこころの具合がスムーズにいかない，悩みがなかなかこころのなかから消えない，しかし生活が持続できないというほど重い症状でもないという

こころのトラブル | **12**章

表12-1 心身症の分類と種類(山岡,1986)

①	循環器系	本態性高血圧症,本態性低血圧症(低血圧症候群),神経性狭心症,一部の不整脈,心臓神経症
②	呼吸器系	気管支喘息,過呼吸症候群,神経性咳嗽
③	消化器系	消化性潰瘍,潰瘍性大腸炎,過敏性腸症候群,神経性食欲不振症,神経性嘔吐症,腹部膨満症,空気嚥下
④	内分泌代謝系	肥満症,糖尿病,心因性多飲症,甲状腺機能亢進症(バセドウ病)
⑤	神経系	偏頭痛,筋緊張性頭痛,自律神経失調症
⑥	泌尿器系	夜尿症,インポテンツ,過敏性膀胱
⑦	骨筋肉系	慢性関節リウマチ,全身性筋痛症,脊椎過敏症,書痙,痙性斜頸,頸腕症候群,チック,外傷性神経症
⑧	皮膚系	神経性皮膚炎,皮膚瘙痒症,円形脱毛症,多汗症,慢性蕁麻疹,湿疹,疣贅
⑨	耳鼻咽喉科領域	メニエール症候群,咽喉頭部異物感症,難聴,耳鳴り,乗物酔い,嗄声,失声,吃音
⑩	眼科領域	原発性緑内障,眼精疲労,眼瞼けいれん,眼ヒステリー
⑪	産婦人科領域	月経困難症,無月経,月経異常,機能性子宮出血,更年期障害,不感症,不妊症
⑫	小児科領域	起立性調節障害,再発性臍疝痛,心因性の発熱,夜驚症
⑬	手術前後の状態	腸管癒着症,ダンピング症候群,頻回手術症(ポリサージャリー),形成手術後神経症
⑭	口腔領域	特発性舌痛症,ある種の口内炎,口臭症,唾液分泌異常,咬筋チック,義歯神経症(以上の疾患には心身症としての病態をもつものが多い)

のが**神経症**です。神経症では,「不安」を中心として,その症状によって,心気症,強迫神経症,ヒステリー型神経症などの名前がついています。

神経症は,精神障害と異なり,主として心理的要因によって生じます。

表12-2に見られるように,神経症の症状は主観面,身体面,行動面の3つに分類されます。

神経症とは,社会的環境,人間的環境にその人がうまく適応できないことが原因で起こるこころの障害です。ただし,脳の障害による症状は,神経症とはいいません。

また神経症は,どんどん進行して重い精神障害に移行するということはありません。なかには,いつのまにかよくなる場合もあります。ただ,神経症の症状が長く続いたまま社会生活を送ると,こころもからだも疲れやすく,ひいては本来自分のもつ能力を発揮できないということにもなります。神経症の症状

表12-2　神経症の症状（笠原ら，1984）

主観面	不安：不安発作（呼吸困難や心悸亢進などの身体症状を伴う，理由のない突然の苦悶感） 慢性不安状態（不安発作が起こるのを予期し，不安が慢性化した状態） 恐怖：特定の対象や状況で不安になり，抑えられない（①物理的空間に関係した高所恐怖や閉所恐怖，②対人状況に関係した対人恐怖，③物体に関係した先端恐怖，細菌恐怖，不潔恐怖など） 強迫：ばかげた考えや行為が，自分の意志に反して繰り返し起こる（繰り返し手を洗う洗浄強迫など） 抑うつ：うつ状態を訴えるが，躁うつ病のうつ状態よりは軽く，不安や焦燥が目立つ 離人：外界，自分の身体，自分の存在に関して，生き生きした現実感がなくなる
身体面	心気：ささいな身体の異常を重い病気と思い込み，それにこだわる 転換症状：身体的な異常がないのに，知覚や運動の障害を示す（視力・聴力の減退，痛み，不感症，失立，失歩，失声，ヒステリー性けいれん発作など）
行動面	解離症状：一時的に人格が解体する（二重人格，遁走，生活史健忘など） 自己破壊行動：自殺，自傷など 攻撃的行動：児童や配偶者への虐待，両親虐待（家庭内暴力）など 衝動行動：摂食障害（過食，拒食），薬物乱用，非行など 無気力的行動：登校拒否，長期留年など

が軽いからといって放っておかずに，勇気を出して，専門の相談機関や医療機関に相談するようにしましょう。

　さきに述べた心身症というのは神経症と似ていますが，神経症の人がこころの内側で悩むのに対し，心身症の人は身体の症状で悩むことになります。症状が出るのは，どちらもこころのトラブルが原因なのですが，症状の現われる舞台が，神経症では「こころ」，心身症では「身体」という違いがあります。なかには，心身症と神経症の2つを合わせもっている人もいます。

3．精神障害

　精神障害は，「現実を吟味する能力の障害が起こり，通常の人間の考えと違った認識をもってしまう病態」といわれています。

　簡単に言うと，現実と非現実の区別がつかない状態です。現実の見当識（日時，場所，人に対する認識，つまり，自分はだれ，ここはどこ状態）がなくなり，幻覚や妄想が表われて，日常生活に支障をきたす状態のことです。精神障害の代表的なものには統合失調症があります。

　統合失調症は，おもに青年期に発症して，幻覚や妄想が出現する病気です。幻覚や妄想が出現するために現実と非現実との区別がつきにくくなり，社会生

活を送ることが困難になります。かつては「不治の病」とされていましたが，精神薬の発達にともなって，薬物療法を中心とした心理療法やリハビリテーションなどを多面的に活用して治療できるようになってきています。

2節 こころのトラブルはこう克服しよう──カウンセリングってなに？

21世紀は，こころの時代といわれ，こころの豊かさを尊重することが強調されています。そこで，スクールカウンセラー，大災害や身内の死の後のPTSD（心的外傷後ストレス障害）のカウンセリング，子育て支援や高齢者支援の専門相談員など，近年の社会でのこころのケアが求められるようになってきました。

たとえば，新入社員で1年以内に会社を辞めた人の4割は，その原因が社内の対人関係だといわれています。また，身近に自分の悩みや個人的問題を相談できる友人や知人がいれば，悩みを解消したり，うさばらしもある程度できるものですが，人間関係の希薄な今の時代では，なかなかそういうこともできません。ひとりで悩みを抱え込んでしまい，ますます問題が深刻化して，心身の病までに発展することになってしまいます。

カウンセリングとは専門家に自分の悩みや不安を相談したり助言を求めたりする活動です。相談者をカウンセラー，来談者をクライエントといいます。カウンセリングは，教育相談・職業相談・結婚相談などの幅広い相談カウンセリングを含む場合もありますが，一般には，不適応行動を示す人やこころの不健康に悩む人を，心理学的手段に基づいて治療する心理療法をさします。

こころのトラブルが生じた場合には，まず保健管理センター，学生相談，心理学の先生に相談しましょう。

心理療法の代表的なものは，来談者中心療法（人間性療法），精神分析療法，行動療法の3つですが，ほかにもさまざまな心理療法が数多くあります。

1. 自分の力を信じて──来談者中心療法

来談者中心療法はロジャーズ（Rogers, C.）によって創案された心理療法で，

非指示的カウンセリングもしくは人間性療法ともいわれます。この立場では，人間はすべて成長したい，健康になりたい，適応したいといった欲求をもっており，受動的に環境からの影響を受け入れるのではなく，みずからを充実させていくことをめざしていると考えています。そこでは，精神分析療法が強調する幼児期の外傷経験（こころの傷となって残るような体験）よりも，現在自分が直面している状況を見つめ直し，主として知的な面よりも情緒的な面での適応を強調するのがこの心理療法の特徴です。また，治療の過程そのものが，個人の成長の経験でもあります。

　来談者中心療法の具体的手続きでは，カウンセラーが直接，教示したり，指示したりしないで，来談者を中心に話し合いを進め，自分の気持ちを自由に表現させるようにします。そして，来談者の表現や態度は，すべて受け入れたり，承認したり，くり返したりして，来談者の緊張感をなくしていきます。要するに，無条件の肯定的受容と共感的理解，すなわちカウンセリング・マインドが重視されます。来談者はそれによって抑えられていた感情から解放され，自分を率直に抵抗なく受け入れ，理解することができ，新しい自分を発見していくことができます。すなわち，他の療法では，来談者は，カウンセラーとの面接が終わったあとに成長―変化し，よりよい改善がなされていくのに対して，来談者中心療法では，治療の過程そのものが治療的効果をもつということになります。

2．過去にさかのぼって自分を見つめ直す──精神分析療法

　1890年代にフロイト（Freud, S.）によってヒステリーや神経症の治療法として**精神分析療法**が創案されました。その後，この療法は精神分析の原理と方法を取り入れた心理療法に大きな影響を与えています。その原型となる精神分析療法では，幼児期の外傷経験とそれに基づいてつくられた無意識のなかに抑圧されている衝動（不安や恐れ）を自由連想によって意識のなかに取り出させ，それを見直し，不安や恐れをなくし，現在の生活に適応できるようにしようとするものです。

　自由連想法では，日常生活の常識からくる遠慮や抑制なしに，どんな考え方や感情でも自由に表現させることが求められます。一方治療者は来談者のそう

した話から彼らの過去にさかのぼり，来談者のこころの奥底に隠されたトラウマ（こころの傷）を発見することをめざします。最終的には，来談者がこころのわだかまりや不快の原因を明らかにし，自分自身で問題の原因を理解し，洞察を深め，自分自身の統制ができるようになることを目的としています。では，どのようにして治療が始められるのでしょうか。

まず，前もって精神分析に基づく治療がふさわしいかどうかの判断のための質問が行なわれます。人によっては，自分のことを話すのに強い抵抗を示す人もいるからです。尋ねられる質問としては，来談者の仕事，家族構成，生い立ち，友人，恋人のことなど，さまざまな事項があります。

いよいよ精神分析療法が役立つとわかった場合の治療では，カウンセラーが来談者と1対1での面接を行ないます。面接は週に1回くらいのペースで行なわれます。来談者はこころに次つぎに浮かぶものごとをカウンセラーの前で自由に話していき，カウンセラーはその話に耳を傾けます。そして，それらの話から来談者のこころの奥底に隠されている意識を分析しながら，さらにその分析に基づいて，来談者の連想をさらに導くことで，来談者のこころのトラブルとなっている原因のトラウマへとたどりつきます。こうした来談者のこころのトラブルの真の原因を発見することによって治療を行なっていくのです。精神分析療法は年齢を問わずさまざまなこころのトラブルの治療に効果を発揮しており，とくにこころの深層のトラウマが原因と考えられる社会恐怖症，PTSD，強迫性障害，恐慌性（パニック）障害などの神経症の治療に有効といわれています。

3．まずは行動から変えよう──行動療法

行動療法は，不適応な行動や異常な行動は，生まれつきある行動ではなく学習された行動と考え，学習原理に基づいて望ましくない行動を除去し，望ましい行動を形成することによって治療しようとするものです。アイゼンク（Eysenck, H. T.）はその主張の代表者です。

学習の原理を用いて条件づけの理論を取り入れる場合が多く，たとえば，喫煙の習慣をやめさせたいときには，喫煙と同時に嫌悪をもよおす刺激（電気ショック，叱責，不快な臭いなど）を与え，この条件づけを何度もくり返すこと

で，やがてタバコを見るだけで嫌悪感が生じるようになり，喫煙の習慣をなくしていくという方法がとられます。

行動療法の具体的な方法としては，次のようなものがあります。

負の練習　習慣性の強い行為に対して，その行為を何度も再現させ，休息時間を与えるということをくり返し，それによって望ましくない反応を消失させる手法です。たとえば，喫煙の習慣をなくすために，あえて喫煙を過度に行なわせることで，無意識に喫煙を行なわないようにしていきます。この方法は，チック・書痙(しょけい)・吃音の改善に用いられることがあります。

オペラント条件づけ　望ましい行動をしたときだけ，ほうびを与えたり，ほめたりして，しだいに目標とする行動に近づけていく方法です。このオペラント条件づけは，現代では幼い子どものしつけによく使われるものです。いつまでたっても好き嫌いが直らない子どもは，シェイピング（形成化）の方法がとられます。たとえば，ニンジンが嫌いな子どもには，①ニンジンだけを残してもいいから，ニンジンの入った料理を少しでも食べられる，②ニンジンも含めて少し料理を食べられる，③すべて残さず食べられる，④ニンジンだけの料理でも食べられる，という順序に4段階の目標を達成させるようにします。1つの段階が達成されるたびに「母親がほめてあげる」という報酬がともないます。子どもに無理に達成させようとせず，たまたま，目標が達成されたときに，ごほうびをあげるとかほめるなどの行為を子どもに影響力のある母親（父親）が

行なう方法です。

モデリング　モデルとなる人の行動や行動の結果をみたり，まねしたりすることで，問題となる行動を改善しようとする方法をモデリングといいます。モデルとしては，現実のモデル，映画やビデオでのモデル，イメージ上のモデルが考えられます。恐怖症や引っ込み思案などの治療に用いられます。たとえば，肺がんにかかった有名な映画スターが，自分ががんであることをテレビで告知し，喫煙の害をアピールする姿を見て，禁煙するようになるというような場合です。

認知的行動療法　行動療法と認知療法を効果的に組み合わせて治療を行なう心理療法を総称して，認知的行動療法とよんでいます。不適応行動は自己・環境・未来などについての本人の不合理な考え方に基づいているので，行動的な技法を用いて，認知的変化を生じさせ不適応行動を改善しようとするものです。1980年代まで，心理療法の主流はフロイトによって創始された精神分析療法でしたが，1980年代以降になって，心理学，精神医学における行動主義の発展にともない，行動療法や認知療法が，急速に普及してきました。行動療法とよばれるものは，パニック障害，依存的行動などの不適応行動の行為自体を変えていくことを目的としていますが，認知療法では，「自分は自分では何もできない人間だ」などといった否定的な自己に対する考え方を変えることを目的とします。

4．家族みんなで考えてみよう――家族療法

家族療法はアッカーマン（Ackerman, N.）が提唱した心理療法です。これは，家族を，個々の成員が互いに影響を与えあう1つのシステムとしてとらえ，個人のさまざまな問題は，当事者だけでなく，家族全体のひずみから生じるとし，家族全体へのはたらきかけが重要だという考え方に基づいています。すなわち，家族全体に心理的支援を行ない，家族間のトラブルやひずみを改善し，家族間の望ましい関係を背景に，当事者の抱える問題を治療しようとするものです。

たとえば，子どもが学校へ行きたくないと言うと，親は，学校でいじめがあるのではないか，先生や友だちとの関係がうまくいっていないのではないか，

自分の育て方がまちがっていたのではないかなど，直接の原因を考えようとします。家族療法では個々の個人的原因に注目するのではなく，家族の一員に何か問題・症状が生じると，家族全体が変化するようはたらきかけます。カウンセラーのアドバイスに基づいて，家族どうしが話し合ったり，絵を描いたりしながら，自分や家族の気持ちに気づくようにします。そうすることによって，自分は家族に認められ，支えられているという存在価値を感じます。そのような認知から，自分の考えや行動に自信がもてるようになり，その結果，今までになかった，新しいコミュニケーション・パターンを見いだし，問題の解決をめざすのです。

5．仲間のなかで自分自身を見つめる──グループカウンセリング

　自分に自信がない，自己主張が苦手，やりたいことが見つからないなど，同じような悩みをもつ人たちのなかで自分のいいところや課題を見つけようというのが，**グループカウンセリング**です。グループカウンセリングの利点は，グループのなかでは非難や罰を恐れることなく，自由気ままに自分のこころのなかの不満や怒りを表現できることです。周囲の人が自由に自分の気持ちを表現し，表現された内容は周囲の人によってすべて支持されるので，自分自身も抑圧されてきた生活体験を表現しようという気持ちになってきます。来談者はグループのなかで，現実を理解する機会が与えられ，それによって新しい洞察と確信を得ることができるのです。

　具体的方法としては，心理劇，集団遊戯療法，集団作業療法，レクリエーション療法などがあります。

心理劇　モレノ（Moreno, J. L.）によって創案された劇による心理療法です。筋書きのない劇のなかで，与えられた役割をとおしてみずから自分の生活場面を演じ，こころのなかに隠された不安や恐れ，怒り，罪悪感などの感情を表現することで，実生活のなかで満たされない欲求を満足させようとするものです。

集団遊戯療法　子どもを対象とすることが多く，たとえば，描画，フィンガーペインティング，粘土細工，人形で自由に遊ぶように指示します。遊びのなかで自由に自己を表現させ，それによって欲求不満の程度を診断し，同時に抑圧された感情を解放させて不適応の治療を行なおうとするものです。

集団作業療法　共通の目標をもった集団作業の過程のなかで，自分自身の何らかの役割や個人がもてる可能性に気づき，社会生活への適応をめざすものです。
レクリエーション療法　スポーツ，音楽，ダンスなどレクリエーション活動に基づく心理療法です。

　さまざまな，心理療法について考えてきましたが，では，どの療法が効果的なのでしょうか？　最近では，心理療法だけでなく，脳科学と薬学の発展により，薬物療法がこれまで以上に効果を上げてきていることも事実ですが，心理療法を受けている人もますます増えてきています。いろいろな比較調査も行なわれていますが，どの治療法が最も効果的であると結論を出すのはむずかしいようです。ただどの調査でも言えることは，来談者に合わせていくつかの適切な療法を選択し，また併用するといった**折衷的療法**を用いるというケースが最も多く，治療効果も単一の心理療法と比較して高い効果が見られるようです（図12-1）。

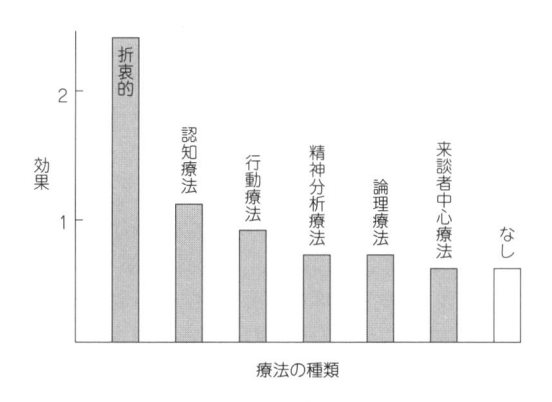

図12-1　各心理療法の効果
（Smith，1982；Glass ＆ Kliegle，1983；齊藤，2005を一部著者によって作成）

自分でやってみよう！

ストレスで病気になる可能性は？

事象	ストレス度	事象	ストレス度
1. 配偶者の死	100	23. 子どもの家庭離れ	
2. 離婚	73	（結婚，入寮など）	29
3. 夫婦別居	65	24. 婚姻のトラブル	29
4. 服役期間	63	25. 著名な個人的業績	28
5. 近親者の死	63	26. 妻の就職や転職	26
6. 傷害，疾患	53	27. 入学または卒業	26
7. 結婚	50	28. 生活状況の変化（新装，改装など）	25
8. 失業	47	29. 個人的習慣の変化	
9. 夫（妻）への忍従	45	（服装，交際など）	24
10. 退職	45	30. 上司とのトラブル	23
11. 家族の健康の変化	44	31. 仕事の時間や状況の変化	20
12. 妊娠	40	32. 転居	20
13. 性的傷害	39	33. 転校	20
14. 家族の増加		34. レクレーションの変化	19
（誕生，養子，老人入居など）	39	35. 社会活動の変化	
15. 仕事の変化（破産，合併など）	39	（クラブ，ダンスなど）	18
16. 家計の変動（向上，悪化など）	38	36. 1万ドル以下の借金	17
17. 親友の死	37	37. 睡眠習慣の変化	16
18. 転職	36	38. 同居家族数の増減	15
19. 配偶者との口論回数の変化	35	39. 食習慣の変化	
20. 1万ドル以上の借金	31	（少食，時間変更など）	15
21. 抵当権喪失	30	40. 休暇	13
22. 職務責任度の変化		41. クリスマス	12
（昇進，降格など）	29	42. 軽微違法行為	11

上の表は，ホームズら（Holmes et al., 1970）が提唱した社会的再適応尺度です。生活上の変化がどれくらいのストレスになるかの自己評価リストです。これは，生活を変化させるような重大事件（ライフ・イベント）が起きた場合，もとの生活に戻るにはどれくらいの時間や努力が必要かを，「結婚」を50，「配偶者の死」を100として，アメリカ市民に直接その量を評定させたものです。日本とアメリカの文化には多少のズレはあるかもしれませんが，人間関係の喪失にかかわるできごとが上位にランクされることは日本の文化でも同じだと思われます。

過去1年間に，自分の身のまわりで起こったできごとをチェックして，その合計値を出してみてください。

合計値が300点以上の場合：ストレスにかかわる病気（たとえば，うつ病・心身症）になる確率が80％あります。

合計値が150〜300点の場合：ストレスにかかわる病気になる確率が53％あり

ます。
　合計値が150点未満の場合：ストレスにかかわる病気になる確率が33％あります。

引用・参考文献

■1章
以下の文献を参考にしました。
Smith, E. E., Nolen-Hoeksema, S., Fredrickson, B. L., & Loftus, G. R.(Eds.) 2003 *Atkinson & Hilgard's Introduction to Psychology*. 14th ed. Belmont, CA: Wadworth/Thomson Learning.

■2章
甘利俊一・伊藤正男・利根川　進　2004　脳の中身が見えてきた　岩波書店
Atkinson, R. L., Atkinson, R. C., Smith, E. E., Bem, D. J., & Nolen-Hoeksema, S. 2000 *Hilgard's introduction to psychology*. 13th ed. London: Harcourt College Publishers. 内田一成（監訳） 2002　ヒルガードの心理学　ブレーン出版
Atkinson, L. A., Atkinson, R. C., & Hilgard, E. R. 1983 *Introduction to Psychology(8th ed.)*. New York: Harcourt Brace Jovanovich.
Blakemore, C., & Cooper, G. F. 1970 Development of the brain depends on the visual environment. *Nature*, **228**, 477-478.
Bruner, J. S., & Minturn, A. L. 1955 Perceptual identification and perceptual organitation. *Journal of General Psychology*, **53**, 21-78.
Bushnell, I. W. R., Sai, F., & Mullin, J. T. 1989 Neonatal recognition of the mother's face. *British Journal of Developmental Psychology*, **7**, 3-15.
Fantz, R. L. 1961 The origin of form perception. *Scientific American*, **204**, 66-72.
Gibson, E. J., & Walk, R. 1960 The "visual cliff". *Scientific American*, **202**, 64-71.
Kagan, J., & Segal, J. 1988 *Psychology: An Introduction*. 6th ed. New York: Harcourt Brace Jovanovich.
北尾倫彦・中島　実・井上　毅・石王敦子　1997　グラフィック心理学　サイエンス社
Lindsay, P. H., & Norman, D. A. 1977 *Human information processing: an introduction to psychology(2nd ed.)*. New York: Academic Press.　中溝幸夫・箱田裕司・近藤倫明（訳）　1983　情報処理心理学入門　―注意と記憶―　サイエンス社
Moray, N. 1970 *Attention: selective processes in vision and hearing*. New York: Academic Press.
無藤　隆・森　敏昭・遠藤由美・玉瀬耕治　2004　心理学　有斐閣
Selfridge, O. 1959 Pandemonium: A paradigm for learning. In Proceedings of *symposium on the mechanization of thought processes*. London: HM Stationery Office.
Sperling, G. 1960 The information available in brief visual presentation. *Psychological Monograph*, **74**, 329.
Spoehr, K. T., & Lehmkuhle, S. W. 1982 *Visual information processing*. San Francisco: W. H. Freeman. 苧阪直行ほか（訳）　1986　視覚の情報処理―＜見ること＞のソフトウェア―　サイエンス社
Wertheimer, M. 1923 Untersuchungen zur Lehre von der Gestalt. *Psychologische Forschung*, **4**, 301-350.
山口真美　2003　赤ちゃんは顔をよむ―視覚と心の発達学―　紀伊國屋書店
吉成真由美　1999　やわらかな脳のつくり方　新潮社

■3章

東 洋 1976 知的行動とその発達 岡本夏木ほか（編） 認識と思考―児童心理学講座4― 金子書房

Erikson, E. H. 1963 *Childhood and society*. 2nd ed. New York: Norton. 仁科弥生（訳） 1977 幼児期と社会Ⅰ・Ⅱ みすず書房

Harlow, H. F., Harlow, M. K., & Sonomi, S. J. 1971 From thought to therapy. *American Scientist*, **59**, 538-649.

今泉信人・加来秀俊 1984 胎児期から青年期まで 山本多喜司（編） 児童心理学図説 北大路書房 Pp.33-52.

亀村五郎 1999 幼児のつぶやきと成長（新装版） 大月書店

桂 広介 1977 青年期―意識と行動― 金子書房

Kohlberg, L. 1976 Moral stages and moralization: The cognitive-developmental approach. In T. Lickona(Ed.), *Moral development and behavior: Theory, research and social issues*. New York: Holt, Reinhart & Winston.

Kohlberg, L., & Higgins, A. 1971 Stage of moral development as a basis for moral education. In C. M. Beck et al.(Eds.), *Moral education*. Toronto: University of Toronto Press. 岩佐信道（訳） 1987 道徳性の発達と道徳教育 広池学園出版部

内藤美智子 1991 モラトリアム人間 青柳 肇ほか（編） トピックスこころのサイエンス 福村出版 Pp.82-83.

野村庄吾 1990 乳幼児の世界―こころの発達― 岩波新書

小沢一仁 1991 青年と社会 山添 正（編著） 心理学から見た現代日本人のライフ・スタイル―生涯発達・教育・国際化― ブレーン出版 Pp.165-221.

Piaget, J. 1964 *Six études de psychologie*. Paris: Gonthier. 滝沢武久（訳） 1968 思考の心理学 みすず書房

下仲順子 2000 老人の心理がわかる本 河出書房新社

Shirley, M. M. 1933 *The first two years. Child Welfare Monograph, 2, NO.7*. Minneapolis: University of Minnesota Press.

Watson, J. B. 1930 *Behaviorism(rev.ed.)*. New York: Norton. 安田一郎（訳） 1968 行動主義の心理学 河出書房

■4章

Allport, G. 1937 *Personality: A psychological interpretations*. New York: Henry Holt. 詫摩武俊・青木孝悦・近藤由紀子・堀 正（訳） 1982 パーソナリティ―心理学的解釈― 新曜社

Bowlby, J. 1951 *Mental care and mental health*. Geneva: World Health Organization. 黒田実郎（訳） 1967 乳幼児の精神衛生 岩崎学術出版社

Gesell, A. L. 1941 *Wolf child and human child*. London: Methuen. 生月雅子（訳） 1967 狼にそだてられた子 家政教育社

杉田峰康 1985 講座サイコセラピー第8巻 交流分析 日本文化学社

詫摩武俊 1967 性格はいかにつくられるか 岩波新書

詫摩武俊 1986 性格の類型論 詫摩武俊（監） パッケージ・性格の心理第4巻 性格の諸側面 ブレーン出版

詫摩武俊ほか　1988　武蔵野市子供の生活実態と親子関係の調査報告書　武蔵野市企画部（詫摩武俊　1990　性役割の習得　詫摩武俊・瀧本孝雄・鈴木乙史・松井　豊　性格心理学への招待　サイエンス社　Pp.107-122.より）

詫摩武俊　1990　性格の発達　詫摩武俊・瀧本孝雄・鈴木乙史・松井　豊　性格心理学への招待　サイエンス社　Pp.76-89.

玉瀬耕治　2004　性格　無藤　隆・森　敏昭・遠藤由美・玉瀬耕治　心理学　有斐閣　Pp.213-234.

Thomas, A., & Chess, S.　1996　*Temperament: Theory and Practice*. New York: Brunner/Mazel Publishers.

辻岡美延　Y-G性格検査判定マニュアル　日本心理テスト研究所

このほか，以下の文献を参考にしました。

大貫敬一・佐々木正宏（編著）　1987　パーソナリティの心理学　福村出版
高橋恵子　1995　自立への旅立ち　岩波書店
戸田まり・サトウタツヤ・伊藤美奈子　2005　グラフィック性格心理学　サイエンス社
山崎　晃・浜崎隆司（編）　1995　はじめて学ぶこころの世界　北大路書房

■5章

Bridges, K. M. B.　1932　Emotional development in early infancy. *Child Development*, **3**, 324-341.

陳　省仁　2002　関係の中の情動と情動の中の関係　須田　治・別府　哲（編）　社会・情動発達とその支援　ミネルヴァ書房　Pp.22-29.

Deci, E. L.　1971　The effects of externally mediated rewards on extrinsic motivation. *Journal of Personality and Social Psychology*, **18**, 105-115.

Dweck, C. S.　1986　Motivation processes affecting learning. *American Psychologist*, **41**, 1040-1048.

市川伸一　2001　学ぶ意欲の心理学　PHP研究所

Izard, C. E.　1977　*Human emotions*. New York: Plenum Press.

Maslow, A. H.　1943　A theory of human motivation. *Psychological Review*, **50**, 370-396.

McClelland, D. C., Atkinson, J. W., Clark, R. A., & Lowell, E. L.　1953　*The achievement motive*. New York: Appleton-Century-Crofts.

宮本美沙子　1981　やる気の心理学　創元社

那須正裕　1995　達成動機づけ理論　宮本美沙子・那須正裕（編）　達成動機の理論と展開　金子書房　Pp.54.

桜井茂男・高野清純　1985　内発的―外発的動機づけ測定尺度の開発―　筑波大学心理学研究会, **2**(4), 34-54.

Seligman, M. E. P., & Maier, S. F.　1967　Failure to escape traumatic shock. *Journal of Experimental Psychology*, **74**, 1-9.

Sroufe, L. A.　1996　*Emotional development: The organization of emotional life in the early years*. New York: Cambridge University Press.

Watson, J. B., & Rayner, R.　1920　Conditioned emotional reactions. *Journal of Experimental Psychology*, **3**, 1-14.

Weiner, B.　1972　*Theories of motivation*. Chicago: Rand McNally.

■6章

Atkinson, R. C., & Shiffrin, R. M. 1971 The control of short-term memory. *Scientific American*, **225**, 82-90.
Bayley, N. 1955 On the growth of intelligence. *American Psychologist*, **10**, 805-818.
Bourne, L., & Archer, E. J. 1956 Time continuously on target as a function of distribution of practice. *Journal of Experimental Psychology*, **51**, 25-33.
Carmichael, L., Hogan, H. P., & Walter, A. A. 1932 An experimental study of the effects of language on the reproduction of visually received forms. *Journal of Experimental Psychology*, **15**, 73-86.
Collins, A. M., & Quillian, M. R. 1969 Retrieval time from semantic memory. *Journal of Verbal Learning and Verbal Behavior*, **8**, 240-248.
Ebbinghaus, H. 1987 *Memory: A contribution to experimental psychology*. New York: Dover.
Guilford, J. P. 1967 *The nature of intelligence*. New York: McGraw-Hill.
Heron, W. 1961 Cognitive and physiological effects of perceptual isolation. In P. Solomon et al.(Eds.), *Sensory deprivation*. Cambridge, Mass.: Harvard University Press. Pp.6-33.（ヴァーノン（著）　大熊輝雄（訳）　1969　暗室のなかの世界―感覚遮断の研究―　みすず書房より）
Jenkins, J. G., & Dallenbach, K. M. 1924 Obliviscence during sleep and waking. *American Journal of Psychology*, **35**, 605-612.
菊池春雄　1986　記憶と忘却　杉村　健（編）　こころと行動の科学　小林出版　Pp.57-70.
Köhler, W. 1921 *Intelligenzprüfungen an Menschenaffen (2.Aufl.)* Berlin: Springer.　宮　孝一（訳）　1962　類人猿の知恵試験　岩波書店
Loftus, E. F., Miller, D. G., & Burns, H. J. 1978 Semantic integration of verbal information into a visual memory. *Journal of Experimental Psychology: Human Learning and Memory*, **4**, 19-31.
無藤　隆・森　敏昭・遠藤由美・玉瀬耕治　2004　心理学　有斐閣
中沢小百合　1986　知能の理解　杉村　健（編）　こころと行動の科学　小林出版　Pp.99-112.
太田信夫　1985　学習研究の発展　梶田正巳・太田信夫（編）　学習心理学　Pp.26-41.
Pavlov, I. P. 1927 *Conditioned Reflexes: An Investigation of the Physiological Activity of the Cerebral Cortex*. Humphrey Milford: Oxford University Press.
Skinner, B. F. 1954 The science of learning and the art of teaching. *Harvard Educational Review*, **24**, 86-97.
Spearman, C. E. 1904 General intelligence, objectively determined and measured. *American Journal of Psychology*, **15**, 201-293.
Thurstone, L. L. 1938 Primary mental abilities. *Psychometric Monograph, NO.1*.
豊田弘司　1986　経験の効用　杉村　健（編）　こころと行動の科学　小林出版　Pp.71-84.
Wechsler, D. 1958 *The measurement and appraisal of adult intelligence*. 4th ed. Baltimore: William and Wilkins.

このほか，以下の文献を参考にしました。
波多野誼余夫・稲垣佳世子　1973　知的好奇心　中央公論社
大村政夫・花沢成一・佐藤　誠　1985　新訂・心理検査の理論と実際　駿河台出版社
梶田正巳・太田信夫（編）　1985　学習心理学　福村出版
太田信夫・多鹿秀継（編著）　2000　記憶研究の最前線　北大路書房
渋谷昌三　1992　心理おもしろ実験ノート　三笠書房
杉村　健（編著）　1986　こころと行動の科学　小林出版

高野陽太郎（編）　1995　認知心理学2―記憶―　東京大学出版会

■7章

Asher, S. R., & Coie, J. D.　1990　*Peer rejection in childhood*. New York: Cambridge University Press. 山崎　晃・中澤　潤（訳）　1996　子どもと仲間の心理学―友だちを拒否するこころ―　北大路書房
Dewey, J.　1910　*How we think*. Boston: D. C. Heath.
江川玟成　1993　創造性教育の心理学的基礎（その1）―基礎概念の明確化―　教育学研究年報　東京学芸大学教育学科, **12**, 3-15.
江川玟成　1994　創造的思考の発達に関する理論的考察―創造性発達モデルの提唱―　東京学芸大学紀要, **45**, 33-46.
Goleman, D.　1995　*Emotional Intelligence: Why it can matter more than IQ*. New York: Bantam Books. 土屋京子（訳）　1996　EQ―こころの知能指数―　講談社
Goleman, D., Boyatzis, R., & McKee, A.　2002　*Primal leadership: Realizing the power of emotional intelligence*. Boston: Harvard Business School Press.　土屋京子（訳）　2002　EQリーダーシップ―成功する人の「こころの知能指数」の活かし方―　日本経済新聞社
Guilford, J. P.　1959　Traits of creativity. In H. H. Anderson(Ed.), *Creativity and its cultivation*. New York: Harper & Brothers. Pp.142-161.
川喜田二郎　1967　発想法―創造性開発のために―　中央公論社
川喜田二郎　1970　続・発想法―KJ法の展開と応用―　中央公論社
久米　稔　1977　創造性テストにおける諸問題　人事試験研究, **85**, 2-6.
久米　稔・小関　賢・高野隆一・矢沢圭介・黒岩　誠・三島正英　1976　創造性の評価基準について―Originality反応評価の試み―　早稲田心理学年報, **8**, 45-65.
LaFreniere, P., & Sroufe, L. A.　1985　Profiles of peer competence in the preschool: Interrelations between measures, influences of social ecology, and attachment history. *Developmental Psychology*, **21**, 56-69.
三島正英　1980　児童における創造的思考と他者評価との関連について　山口女子大学研究報告, **6**, 107-118.
中山正和　1980　NM法のすべて―アイデア生成の理論と実践的方法（増補版）―　産業能率大学出版部
小花和Wright花子　2004　幼児期のレジリエンス　ナカニシヤ出版
恩田　彰　1971　創造性の研究　恒星社厚生閣
大村政男　1997　ズバリ診断！EQテスト　現代書林
Osborn, A. F.　1953　*Applied imagination*. New York: Charles Scribner's Sons.
Poincaré, H.　1908　*Science et méthode*. Paris: Ernest Flammarion. 吉田洋一（訳）　1950　科学と方法　創元社.
三宮真智子　1999　思考の創造性―豊かで柔軟な発想が生まれる条件―　北尾倫彦（編）　自ら学び自ら考える力を育てる授業の実際　図書文化社　Pp.50-53.
三宮真智子　2001　創造的思考：創造的な問題解決力を高める　森　敏昭（編）　おもしろ思考のラボラトリー―認知心理学を語る3―　北大路書房　Pp.121-138.
Sternberg, R. J., Conway, B. E., Ketron, J. L., & Bernstein, M.　1981　Peoples conceptions of

intelligence. *Journal of Personality and Social Psychology*, **41**, 37-58.
Tager, M. J.　2001　*Power source: How people and organizations can transform stress and manage change.* CA: Works Skills-Life Skills.　住友光男・和栗　章(訳)　2004　ストレスをパワーに変える！　ダイヤモンド社
高野隆一　1989　創造的思考の評価基準　心理学研究, **60**, 17-23.
高辻千恵　2002　幼児の園生活におけるレジリエンス―尺度の作成と対人葛藤場面への反応による妥当性の検討―　教育心理学研究, **50**, 427-435.
Wallas, G.　1926　*The art of thought.* London: Jonathan Cape.
Weiner, B.(Ed.)　1972　*Theories of motivation: From mechanism to cognition.* Chicago: Rand McNally.

このほか，以下の文献を参考にしました。
川田　侃・尾藤正英・山鹿誠次(監修)　1989　新編新しい社会(歴史)　東京書籍
三田博雄　1972　アルキメデスの科学　田村松平(編)　世界の名著9　ギリシアの科学　中央公論社 Pp.383-506.
森　敏昭　2004　思考　無藤　隆・森　敏昭・遠藤由美・玉瀬耕治　心理学　有斐閣　Pp.149-170.
鶴見尚弘・遲塚忠躬・小島淑男・太田幸男・松本宣郎・木畑洋一・仁木　久・秋葉幹夫(編)　1993　世界史(四訂版)　実教出版

■8章

Astington, J. W.　1993　*The child's discovery of the mind.* Cambridge, MA.: Harvard University Press.　松村暢隆(訳)　1995　子供はどのように心を発見するか　新曜社
Cantril, H.　1940　*The invasion from Mars: A study in the psychology of panic.* Princeton, N. J.: Princeton University press.　斎藤耕二・菊池章夫(訳)　1971　火星からの侵入　川島書店
Flavell, J. H.　1968　*The development of role-taking and communication skills in children.* New York: John Wiley.
Flavell, J. H., Flavell, E. R., & Green, F. L.　1983　Development of the appearance-reality distinction. *Cognitive Psychology*, **15**, 95-120.
岩田純一・増井恵理子　1994　幼児の因果性認識について―誰が一番力持ちか？―　京都教育大学紀要, **85**, 43-56.
Johnson-Laird, P. N.　1988　*The computer and the mind: An introduction to cognitive science.* Cambridge, MA: Harvard University Press.　海保博之・横山昭一・中溝幸夫・守　一雄(訳)　1989　心のシミュレーション　新曜社
加用文男　1990　子ども心と秋の空―保育のなかの遊び論―　ひとなる書房
加用文男　1992　ごっこ遊びの矛盾に関する研究―心理状態主義へのアプローチ―　心理科学, **14**, 1-19.
Köhler, W.　1925　*The mentality of apes.* New York: Harcourt Brace.　宮　孝一(訳)　1962　類人猿の知恵試験　岩波書店
守　一雄　1988　思考と言語のまとめ―考える葦―　松井　洋・田島信元(編)　心理学の探求88　ブレーン出版　Pp.78-79.
Perner, J.　1991　*Understanding the representational mind.* Cambridge, MA: Bradford Books/MIT Press.
Piaget, J.　1926　*The language and thought of the child.* London: Kegan Paul.　大伴　茂(訳)　1954　児

童の自己中心性　同文書院
Piaget, J.　1964　*Six études de psychologie*. Paris: Gonthier.　滝沢武久（訳）　1968　思考の心理学　みすず書房
杉山　亮　1996　子どものことを子どもにきく　岩波書店
Szasz, S.　1978　*The body language of children*. New York: Norton.　東　淳一（訳）　1987　子どものボディー・ランゲージ　同朋舎出版
田中　敏　1983　幼児の物語理解を促進する効果的自己言語化の喚起　教育心理学研究, **31**, 1-9.
Vygotsky, L. S.　1962　*Thought and language*. Cambridge, MA: MIT Press.　柴田義松（訳）　1973　言語と思考　明治図書
Wason, P. C.　1968　Reasoning about a rule. *Quarterly Journal of Experimental Psychology*, **20**, 273-281.
Woolf, M.　1949　The child's moral development. In K. R. Eissler & P. Federn(Eds.), *Searchlights on delinquency: New psychoanalytic studies*. New York: International Universities Press. Pp.263-272.（チャールズ・V・フォード（著）　森　英明（訳）　2002　うそつき―うそと自己欺まんの心理学―　草思社より）

このほか，以下の文献を参考にしました。
岩田純一・浜田寿美男・矢野喜夫・落合正行・松沢哲郎（編）　1995　発達心理学辞典　ミネルヴァ書房
松井　洋・田島信元（編）　1988　心理学の探求88　ブレーン出版
村田孝次　1990　児童心理学入門（三訂版）　培風館
村田孝次　1990　児童発達心理学　培風館
中嶋義明（編）　1996　メディアにまなぶ心理学　有斐閣ブックス
中嶋義明・繁桝算男・箱田裕司（編）　2005　新・心理学の基礎知識　有斐閣ブックス
重野　純（編）　1994　心理学　新曜社
託摩武俊（編）　1990　心理学（改訂版）　新曜社
辰野千寿（編）　1985　心理学　日本文化科学社

■9章

Bukowski, W. M., & Hoza, B.　1989　Popularity and friendship: Issues in theory, measurement, and outcome. In T. J. Berndt & G. W. Ladd(Eds.), *Peer relationships in child development*. New York: John Wiley & Sons. Pp. 15-45.
Byrne, D., & Nelson, D.　1965　Attraction as a linear function of proportion of positive reinforcements. *Journal of Personality and Social Psychology*, **1**, 659-663.
Duck, S.　1991　*Friends, for life: The psychology of personal relationships*. 2nd ed. London: Harvester Wheatsheaf.　仁平義明（監訳）　1995　フレンズ―スキル社会の人間関係学―　福村出版
Dutton, D. G., & Aron, A. P.　1974　Some evidence for heightened sexual attraction under conditions for high anxiety. *Journal of Personality and Social Psychology*, **30**, 510-517.
Erikson, E. H.　1963　*Childhood and society*. 2nd ed. New York: Norton.　仁科弥生（訳）　1977　幼児期と社会Ⅰ・Ⅱ　みすず書房
Festinger, L., Schachter, S., & Back, K.　1950　*Social pressures in informal groups: A study of human factors in housing*. New York: Harper & Row.
Kenrich, D. T., & Johnson, G. A.　1979　Interpersonal attraction in aversive environments: A problem for

the classical conditioning paradigm. *Journal of Personality and Social Psychology*, **37**, 522-533.
松井 豊 1993 恋ごころの科学 サイエンス社
Murstein, B. I. 1987 A clarification and extension for the SVR theory of dyadic pairing. *Journal of Marriage and the Family*, **49**, 929-933.
Sternberg, R. J. 1986 A triangular theory of love. *Psychological Review*, **93**, 119-135.
Walster, E., Aronson, E., Abrahams, D., & Rottnam, L. 1966 Importance of physical attractiveness in dating behavior. *Journal of Personality and Social Psychology*, **4**, 508-516.

■10章

Allport, G. W., & Postman, L. 1945 The basic psychology of rumor. *New York Academy of Sciences Transactions*, **8**, 61-81.
Chorus, A. 1953 The basic law of rumor. *Journal of Abnormal and Social Psychology*, **48**, 313-314.
Durkheim, E. 1897 Le-suicide: étude de sociologie 宮島 喬(訳) 1985 自殺論 中央公論社
五味俊夫 2000 インターネット取引は安全か 文藝春秋
後藤文康 1996 誤報—新聞報道の死角— 岩波書店
橋本英美 2005 コンピュータの基礎知識—「ハード」「ソフト」の仕組みから,「法律」「健康」問題まで— 工学社
堀部政男 1988 プライバシーと高度情報化社会 岩波書店
Hospers, J. 1967 *An introduction to philosophical analysis*. Englewood Cliffs, N. J.: Prentice-Hall. 斎藤哲雄(訳) 1971 分析哲学入門2—認識論— 法政大学出版局
古瀬幸広・廣瀬克哉 1996 インターネットが変える世界 岩波書店
亀井俊介(編) 1998 対訳ディキンソン詩集 岩波書店
河崎貴一 2001 インターネット犯罪 文藝春秋
今野 勉 2004 テレビの嘘を見破る 新潮社
黒川利明 1992 ソフトウエアの話 岩波書店
松岡正剛 2001 知の編集工学 朝日新聞社
村井 純 1998 インターネットⅡ—次世代への扉— 岩波書店
名和小太郎 1999 デジタル・ミレニアムの到来—ネット社会における消費者— 丸善
西垣 通 1994 マルチメディア 岩波書店
西垣 通 2001 IT革命 岩波書店
佐伯 胖・苅宿俊文 2000 インターネット学習をどう支援するか 岩波書店
菅谷明子 2000 メディア・リテラシー—世界の現場から— 岩波書店
田口善弘 1997 コミュニケーション現在・過去・未来 LINUX JAPAN, **4**, 172-175.
高橋祥友 1997 自殺の心理学 講談社
谷岡一郎 2000 「社会調査」のウソ—リサーチ・リテラシーのすすめ— 文藝春秋
上山春平(編) 1980 世界の名著59 パース・ジェイムズ・デューイ 中央公論社

■11章

Billings, A. G., & Moos, R. H. 1984 Coping, stress, and social resources among adults with unipolar depression. *Journal of Personality and Social Psychology*, **46**, 887-891.

Cohen, S. 1996 Psychological stress, immunity, and upper respiratory infections. *Current Directions in Psychological Science*, **5**, 86-90.

Derman-Sparks, L. 1993 Empowering Children to Create a Caring Culture in a World of Differences. *Childhood Education*, **70**(2), 66-71.

Dienstbier, R. A. 1989 Arousal and physiological toughness: Implication for mental and physical health. *Psychological Review*, **96**, 84-100.

Friedman, M., & Rosenman, R. H. 1974 *Type A behavior*. New York: Knopf.

畠山美穂・山崎　晃　2003　幼児の攻撃・拒否的行動と保育者の対応に関する研究―参与観察を通して得られたいじめの実態―　発達心理学研究, **14**, 84-294.

柏木恵子　1988　幼児期における「自己」の発達　東京大学出版会

小泉英二　1988　教育相談の立場から見た不登校の問題　児童・青年精神医学とその近接領域, **29**, 359-366.

厚生労働省　2005　厚生労働白書

Lazarus, R. S., & Folkman, S. 1984 *Stress, appraisal, and coping*. New York: Springer.

丸山（山本）愛子　1999　対人葛藤場面における幼児の社会的認知と社会的問題解決方略の発達的研究　教育心理学研究, **47**, 451-461.

丸山恭司　2005　教育現場の暴力性と学習者の他者性　越智貢・金井淑子・川本隆史・高橋久一郎・中岡成文・丸山徳次・水谷雅彦（編）　応用倫理学講義6―教育―　岩波書店　Pp. 116-131.

文部科学省　2005　学校基本調査速報

村上正人　1991　ストレスとは　桂　戴作（編）　医療心理のための心身医学　医薬ジャーナル社　Pp.41-42.

Nezu, A. M., Nezu, C. M., & Perri, M. G. 1989 *Problem-solving therapy for depression: Theory, research, and clinical guidelines*. New York: Wiley.

Nolen-Hoeksema, S. 1991 Responses to depression and their effects on the duration of depressive episodes. *Journal of Abnormal Psychology*, **100**, 569-582.

Rosenzweig, S. 1938 A general outline of frustration. *Character and Personality*, **7**, 151-160.

沢崎達夫　2003　不登校対応のカウンセリングのあり方　児童心理　2003年6月号臨時増刊　金子書房　Pp.2-11.

Selye, H. 1978 *The stress of life*. New York: McGraw-Hill.

■12章

Glass, G. V., & Kliegle, R. M. 1983 An apology for research integration in the study of psychotherapy. *Journal of Consulting and Clinical Psychology*, **31**, 28-41.

Holmes, T. S., & Holmes, T. H. 1970 Short-term instructions into the life-style routine. *Journal of Psychosomatic Research*, **14**, 121-132.

笠原　嘉・武正健一・風祭　元（編）　1984　必修精神医学　南江堂

齊藤　勇　2005　どの心理療法が本当に治るのか　齊藤　勇（編）　図説心理学入門（第2版）　誠信書房　Pp.235.

Smith, D. 1982 Trends in counseling and psychotherapy. *American Psychologist*, **37**, 802-809.

山岡昌之　1986　ストレス病の医療　河野友信・田中正敏（編）　ストレスの科学と健康　朝倉書店　p.260.

索　引

人名索引

【あ】
アーチャー（Archer, E. J.）　110
アイゼンク（Eysenck, H. J.）　63
アイゼンク（Eysenck, H. T.）　227
アスティントン（Astington, J. W.）　147
アッカーマン（Ackerman, N.）　229
アッシャー（Asher, S. R.）　130
アトキンソン（Atkinson, R. L）　23
アトキンソン（Atkinson, R. C）　97
アロン（Aron, A. P.）　166

【い】
イザード（Izard, C. E.）　79
市川伸一　88
今泉信人　45

【う】
ヴィゴツキー（Vygotsky, L. S.）　152
ウェクスラー（Wechsler, D.）　114
上山春平　198
ウェルトハイマー（Wertheimer, M.）　7
ウォーク（Walk, R.）　30
ウォルスター（Walster, E.）　167
ウルフ（Woolf, M.）　148
ヴント（Wundt, W.）　4

【え】
江川玟成　120
エビングハウス（Ebbinghaus, H.）　4, 99
エリクソン（Erikson, E. H.）　49, 50, 74, 162

【お】
大村政男　132
小花和 Wright 花子　133
オルポート（Allport, G. W.）　63, 193
恩田　彰　121

【か】
カーマイケル（Carmichael, L.）　101
加来秀俊　45
柏木恵子　203
桂　広介　50
亀井俊介　187
加用文男　141
苅宿俊文　197
河崎貴一　191

【き】
ギブソン（Gibson, E. J.）　30
キャッテル（Cattell, R. B.）　63
キャントリル（Cantril, H.）　157
キリアン（Quillian, M. R.）　103
ギルフォード（Guilford, J. P.）　112, 121, 128

【く】
クーイ（Coie, J. D.）　130

245

クーパー（Cooper, G. F.）　31
久米　稔　121, 122, 124
クレッチマー（Kretschmer, E.）　62
黒川利明　180

【け】
ケーラー（Köhler, W.）　7, 107, 154
ゲゼル（Gesell, A. L.）　39, 68
ケンリッチ（Kenrich, D. T）　166

【こ】
小泉英二　215
コーラス（Chorus, A.）　193
ゴールトン（Galton, F.）　39, 66
コールバーグ（Kohlberg, L.）　45
ゴールマン（Goleman, D.）　131, 132
ゴットシャルト（Gottschaldt, K.）　67
後藤文康　194
コフカ（Koffka, K.）　7
五味俊夫　190
コリンズ（Collins, A. M.）　103
今野　勉　194

【さ】
サース（Szasz, S.）　149
サーストン（Thurstone, L. L.）　111
佐伯　胖　197
サイモン（Simon, H.）　8
沢崎達夫　216
三宮真智子　129

【し】
ジェームス（James, W.）　6
ジェンキンス（Jenkins, J. G.）　99
ジェンセン（Jensen, A. R.）　39
シフリン（Shiffrin, R. M.）　97

下仲順子　55
シモン（Simon, T.）　113
シャーレイ（Shirley, M. M.）　41
シュテルン（Stern, W.）　39
ジョンソン（Johnson, G. A）　166
ジョンソン-レアード（Johnson-Laird, P. N.）　153

【す】
菅谷明子　197
スキナー（Skinner, B. F.）　106
スターンバーグ（Sternberg, R. J.）　130, 169
スパーリング（Sperling, G.）　24
スピアマン（Spearman, C. E.）　111
スペリー（Sperry, R.）　9
スルーフ（Sroufe, L. A.）　79, 133

【せ】
セリエ（Selye, H.）　211
セリグマン（Seligman, M. E. P.）　89
セルフリッジ（Selfridge, O.）　26

【た】
ダーマン-スパークス（Derman-Sparks, L.）　210
タガー（Tager, M. J.）　133
高辻千恵　133
高野　隆　122, 124
高橋祥友　188
田口善弘　182
ダグデール（Dugdale, R. L.）　67
詫摩武俊　69, 72
ダック（Duck, S.）　169, 174
ダットン（Dutton, D. G.）　166
田中　敏　151

谷岡一郎　194
ダレンバック（Dallenbach, K. M.）　99

【ち】
チェス（Chess, S.）　70
チョムスキー（Chomsky, N.）　9

【て】
ディキンソン（Dickinson, E.）　187
ティチナー（Titchener, E. B.）　6
デカルト（Descartes, R.）　5
デシ（Deci, E. L.）　87
デューイ（Dewey, J.）　126
デュルケーム（Durkheim, E.）　189

【と】
ドゥエック（Dweck, C. S.）　90
トーマス（Thomas, A.）　70

【な】
名和小太郎　196
内藤美智子　49

【に】
西垣　通　181, 185, 186

【ね】
ネズ（Nezu, A. M.）　213
ネルソン（Nelson, D.）　168

【の】
ノーレン-ホークシーマ（Nolen-Hoeksema, S.）　215
野村庄吾　43

【は】
ハーロー（Harlow, H. F.）　40, 68
バーン（Byrne, D.）　168
橋本英美　181
畠山美穂　208
パブロフ（Pavlov, I. P.）　105

【ひ】
ピアジェ（Piaget, J.）　44, 45, 146, 152
ヒギンズ（Higgins, A.）　45
ビネー（Binet, A.）　113
ビリングス（Billings, A. G.）　213
廣瀬克哉　183, 185-187

【ふ】
ファンツ（Fantz, R. L.）　29
フェスティンガー（Festinger, L.）　166
フォークマン（Folkman, S.）　211
ブコスキー（Bukowski, W. M.）　164
ブリッジェス（Bridges, K. M. B.）　79
フリードマン（Friedman, M.）　212
古瀬幸弘　183, 185-187
フレイヴェル（Flavell, J. H.）　145, 148
ブレイクモア（Blakemore, C.）　31
フロイト（Freud, S.）　8, 226

【へ】
ヘロン（Heron, W.）　104

【ほ】
ポアンカレ（Poincaré, H.）　127
ボウルビィ（Bowlby, J.）　68
ホーザ（Hoza, B.）　164
ホームズ（Holmes, T. S.）　232
ボーン（Bourne, L.）　110
ポストマン（Postman, L.）　193

ホスパーズ (Hospers, J.)　194
堀部政男　181
ポルトマン (Portmann, A.)　41

【ま】

マースタイン (Murstein, B. I.)　170
マズロー (Maslow, A. H.)　73, 85
松岡正剛　194
マックレランド (McClelland, D. C.)
　　85
丸山（山本）愛子　206
丸山恭司　204

【み】

三島正英　124

【む】

ムース (Moos, R. H.)　213
村井　純　182, 199

【め】

メイヤー (Maier, S. F.)　89

【も】

守　一雄　156
モレイ (Moray, N.)　23
モレノ (Moreno, J. L.)　230

【や】

山口真美　28, 31
山崎　晃　208

【ゆ】

ユング (Jung, C. G.)　62

【ら】

ラザラス (Lazarus, R. S)　211
ラフレニエール (LaFreniere, P.)　133

【れ】

レイナー (Rayner, R.)　80

【ろ】

ローゼンツヴァイク (Rosenzweig, S.)
　　213
ローゼンマン (Rosenman, R. H.)　212
ローレンツ (Lorenz, K. Z.)　40
ロジャーズ (Rogers, C.)　73, 225
ロック (Locke, J.)　5
ロフタス (Loftus, E. F.)　100

【わ】

ワイナー (Weiner, B.)　91, 131
ワトソン (Watson, J. B.)　6, 39, 68, 80
ワラス (Wallas, G.)　126

事項索引

【あ】
アイコニックメモリー　25
アイデンティティの確立　49
愛の三角形理論　169
アニミズム　146
アルゴリズム　155

【い】
EQ（Emotional Quotient）　131
いじめ　207
遺伝説　39, 66
遺伝と環境　39
因果推論　144
インターネット　182

【う】
ウェクスラー式知能検査　114
内田クレペリン精神検査　65
運動視差　20

【え】
エコイックメモリー　25
S-R　7
SVR理論　170

【か】
外言　152
階層性理論　84
概念形成　143
外発的動機づけ　86
カウンセリング　225
カウンセリングマインド　218

拡散的思考　128
学習　105
学習性無力感　89
カクテルパーティー効果　22
重なり　20
家族療法　229
葛藤　212
カテゴリー化　143
感覚-運動期　146
感覚記憶　24
環境閾値説　39
環境説　39
干渉説　99

【き】
記憶　96
気質（temperament）　61
機能主義　6
きめの勾配　20
キャノン・バード説　82
共通運命の要因　18
近接の要因　18

【く】
具体的操作期　146
グループカウンセリング　230
群因子（多因子）説　112

【け】
形式的操作期　146
ゲシュタルト心理学　7
原因帰属　91, 131

【こ】
構成主義　6
行動主義　6

249

行動療法　227
コーピング（coping）　213
刻印づけ（刷り込み＝インプリンティング）
　　40
古典的条件づけ（レスポンデント条件づけ）
　　106
コンピテンス（有能感）　164
コンピュータ　154

【さ】
作業検査法　65
錯誤帰属　167
錯視　17

【し】
ジェームズ・ランゲ説　81
視覚的断崖　30
自己概念　165
自己効力感　89
自己実現　85
自己成就的予言　172
自己中心語　152
自己中心性（ego-centrism）　44, 145
自己中心的思考　146
思春期　46
自然観察法　10
自然崩壊説　99
実験法　11
実在論　146
質問紙法　64
社会化　202
社会的スキル訓練　207
社会的動機　85
社会的欲求　84
収束の思考　128
集団式知能検査　114

自由連想法　226
生涯発達　162
生涯発達心理学　38
情緒　78
情動　78
情動焦点型コーピング　213
情動の分化　79
初期経験　40
神経細胞（ニューロン：Neuron）　32
神経症　223
人工論　146
心身症　222
心的イメージ　140

【す】
スクールカウンセラー　218
鈴木・ビネー知能検査　114
スチューデント・アパシー（学生無気力症）
　　219
ストレス　210
ストレス反応　210
ストレッサー（stressor）　210

【せ】
性格　60
精神障害　224
精神年齢　114
精神分析学　8
精神分析療法　226
生理的早産　41
生理的欲求　84
線遠近法　20
前操作期　146
選択的注意　22

索　引

【そ】
創造性検査　121
創造的思考力　120
相対的大きさ　20
相補性　168
ソーシャル・サポート（社会的支持）
　　　165, 214

【た】
対人葛藤（interpersonal conflict）　205
対人認知　60
第二次性徴　47
第二反抗期　47
大脳半球の優位性　33
タイプA　212
タイプB　212
多重貯蔵庫モデル　97, 98
達成動機　131
田中・ビネー知能検査　114
単純接触仮説　166

【ち】
知覚　16
知覚的群化　18
知的好奇心　87
知能　111
知能検査　112
知能構造モデル　112
知能指数（IQ）　114
直観的思考　145

【て】
TAT（絵画統覚検査）　65
適応　202

【と】
動因（drive）　84
動因低減説　86
投影法　65
動機づけ（motivation）　84
道具的条件づけ（オペラント条件づけ）
　　　106
洞察　107
特性論　63
トップダウン処理（概念駆動型処理）
　　　28

【な】
内言　152
内発的動機づけ　87, 130
内閉的思考　153
なぎの時期　45

【に】
ニート　53
2因子説　111
二要因モデル　88
認知行動療法　207
認知地図　140
認知理論　107

【は】
パーソナリティ　60
パターン認知　26
発達（development）　38
パンデモニアム（Pandemonium）モデル
　　　26

【ひ】
ヒューリスティックス　155

251

【ふ】
輻輳説　39
不登校　215

【へ】
閉合の要因　18
弁別　28

【ほ】
防衛機制　214
保存の概念　146
ボトムアップ処理（データ駆動型処理）
　　27

【ま】
末梢起源説　82

【も】
目標指向的思考　153
モラトリアム　49
問題解決　154
問題焦点型コーピング　213

【や】
矢田部・ギルフォード性格検査（YGPI®）
　　64

【ゆ】
誘因（incentive）　84

【よ】
要求水準　90
欲求不満（フラストレーション：
　　frustration）　212
欲求不満耐性　213
欲求不満反応　212

【ら】
来談者中心療法　225
ライフ・サイクル（人生周期）　162

【り】
リハーサル　98
流言（rumor）　193
両眼視差　20
臨界期　40

【る】
類型論　61
類似性　168
類同　18

【れ】
レジリエンス　133
連合主義心理学　5
連合理論　107

【ろ】
ロールシャッハ・テスト　65
論理的思考　145

【編者紹介】

山崎　晃（やまざき・あきら）

　　1945年　長崎県に生まれる
　　1972年　広島大学大学院教育学研究科博士課程実験心理学専攻退学
　　1987年　広島大学教育学部助教授
　　1993年　広島大学教育学部教授
　　　　　　広島大学大学院教育学研究科教授，明治学院大学大学院心理学研究科教授を経て，
　　現　在　広島文化学園大学学芸学部教授・博士（心理学）
　　主　著　乳幼児心理学（共著）　協同出版　1982年
　　　　　　幼児教育論（共著）　ミネルヴァ書房　1987年
　　　　　　ストレス・マネジメント（共訳）　北大路書房　1991年
　　　　　　衝動型－熟慮型認知スタイルの走査方略に関する研究　北大路書房　1994年
　　　　　　ちょっと変わった幼児学用語集（編著）　北大路書房　1996年
　　　　　　スマートに生きる女性と心理学（共著編）　北大路書房　1998年
　　　　　　臨床発達心理士－わかりやすい資格案内（共著）　金子書房　2008年　　ほか

浜崎隆司（はまざき・たかし）

　　1956年　福岡県に生まれる
　　2000年　広島大学大学院教育学研究科学習開発専攻博士課程後期修了
　　現　在　鳴門教育大学大学院学校教育研究科教授・博士（教育学）
　　主　著　発達心理学要論（共著）　北大路書房　1997年
　　　　　　スマートに生きる女性と心理学（共編著）　北大路書房　1998年
　　　　　　思いやりとホスピタリティの心理学（共著）　北大路書房　2000年
　　　　　　心理学マニュアル研究法レッスン（共著）　北大路書房　2002年
　　　　　　保育ライブラリ「保育内容　環境」（共著）　北大路書房　2003年　　ほか

新・はじめて学ぶこころの世界

2006年9月10日	初版第1刷発行	定価はカバーに表示
2020年2月20日	初版第10刷発行	してあります。

編著者　山　崎　　　晃
　　　　浜　崎　隆　司
発行所　㈱北大路書房
〒603-8303　京都市北区紫野十二坊町12-8
　　　　　　電　話　(075) 4 3 1 - 0 3 6 1 ㈹
　　　　　　F A X　(075) 4 3 1 - 9 3 9 3
　　　　　　振　替　0 1 0 5 0 - 4 - 2 0 8 3

Ⓒ2006　制作　ラインアート日向・華洲屋　印刷／製本　創栄図書印刷㈱
検印省略　落丁・乱丁本はお取り替えいたします。

ISBN978-4-7628-2528-6　　　　Printed in Japan

・ JCOPY 〈㈳出版者著作権管理機構 委託出版物〉
本書の無断複写は著作権法上での例外を除き禁じられています。
複写される場合は，そのつど事前に，㈳出版者著作権管理機構
(電話 03-5244-5088,FAX 03-5244-5089,e-mail: info@jcopy.or.jp)
の許諾を得てください。